汽车覆盖件模/具/设/计
技巧、经验及实例

廖伟 编著

化学工业出版社
·北京·

图书在版编目（CIP）数据

汽车覆盖件模具设计技巧、经验及实例/廖伟编著. —北京：化学工业出版社，2013.6（2023.3重印）
 ISBN 978-7-122-17195-5

Ⅰ.①汽⋯ Ⅱ.①廖⋯ Ⅲ.①汽车-车体覆盖件-模具-设计 Ⅳ.①U463.820.6

中国版本图书馆 CIP 数据核字（2013）第 086687 号

责任编辑：贾　娜　　　　　　　　　　　　文字编辑：张燕文
责任校对：陶燕华　　　　　　　　　　　　装帧设计：王晓宇

出版发行：化学工业出版社（北京市东城区青年湖南街 13 号　邮政编码 100011）
印　　装：北京科印技术咨询服务有限公司数码印刷分部
787mm×1092mm　1/16　印张 20½　字数 540 千字　2023 年 3 月北京第 1 版第 4 次印刷

购书咨询：010-64518888　　　　　　　　售后服务：010-64518899
网　　址：http://www.cip.com.cn
凡购买本书，如有缺损质量问题，本社销售中心负责调换。

定　价：89.00 元　　　　　　　　　　　　　　　　　　　　版权所有　违者必究

前 言
FOREWORD

  汽车工业是我国的支柱产业之一，随着改革开放的逐步深入，我国汽车制造业得到了迅速发展。汽车产量从 2001 年 233.4 万辆，2011 年达到 1841.9 万辆，十年间产量增加了将近 7 倍，2012 年的产量达到了 1927.18 万辆。伴随着汽车工业的发展，汽车车身造型的不断更新，大量的车身内、外覆盖件等金属冲压件的模具也要随之更新。这就要求模具设计和制造必须跟上时代的步伐。

  汽车覆盖件模具是汽车车身生产的重要工艺装备，其主要特点是尺寸大、工作型面复杂，一般多为 3D 自由曲面，尺寸精度和表面粗糙度均要求较高。模具设计质量的高低，是汽车覆盖件冲压成型技术水平的重要标志之一，是实现覆盖件质量要求和工艺要求的关键，直接影响到模具的制造水平、模具装配的难易程度及调试工作量的大小，影响到汽车生产准备周期的长短，甚至影响到新车型的开发进度。

  本书针对汽车覆盖件冲压模具设计与应用的实际状况，从工程实用角度出发，通过对冲压工艺特征分析，结合冲压模具设计实例，从理论和实践两个方面深入细致地讲述了汽车覆盖件拉延模、修边冲孔模、翻边整形模以及斜楔模的设计过程，总结了设计经验和设计技巧。每章列举的实例均有工艺分析、主要计算方法和步骤、模具结构分析和主要零部件设计过程及设备的选用等方面的详细内容，使读者能对本章所学习的内容进一步加深理解。

  本书内容按照冲压模具实际设计工作的流程进行编排，书中采用的实例均来自生产实践。本书主要内容包括汽车覆盖件基础知识、汽车覆盖件模具通用结构设计、汽车覆盖件拉延模具设计、汽车覆盖件修边冲孔模具设计、汽车覆盖件翻边整形模具设计、汽车覆盖件斜楔模具设计、汽车覆盖件模具标准件设计等。本书可供从事汽车覆盖件模具设计的工程技术人员或从事模具设计与制造的工程技术人员参考，也可供高等院校相关专业师生学习使用。

  书中所列实例给出了部分设计图，可在出版社网站 www.cip.com.cn 中"资源下载"区下载，以供读者参考。

  本书由廖伟编著。感谢杨跃、焦艳华、于晓曦及齐明等同仁为本书的完成所付出的辛勤劳动！

  由于作者水平所限，书中不足之处在所难免，恳请广大专家及读者朋友提出宝贵意见。

编　者

目 录
CONTENTS

第1章 汽车覆盖件基础知识 /1

1.1 汽车覆盖件 /1
  1.1.1 汽车覆盖件的定义 /1
  1.1.2 汽车覆盖件的分类 /1
  1.1.3 汽车覆盖件的特点 /1
  1.1.4 汽车覆盖件的表面质量要求 /2
  1.1.5 汽车覆盖件的尺寸和形状要求 /5
  1.1.6 汽车覆盖件的刚度要求 /5

1.2 汽车覆盖件的工艺设计 /5
  1.2.1 汽车覆盖件的工艺性 /6
  1.2.2 工艺设计时重点应考虑的若干问题 /6
  1.2.3 工艺设计的步骤 /8
  1.2.4 工程规划图（DL图）的设计 /8

1.3 汽车覆盖件模具 /10
  1.3.1 拉延模 /11
  1.3.2 修边冲孔模 /13
  1.3.3 翻边整形模 /13
  1.3.4 斜楔模 /14
  1.3.5 其他类型模具 /18

1.4 前门外板制件的工程规划图（DL图）设计实例 /19
  1.4.1 工艺成型性分析 /19
  1.4.2 绘制工序流程图（DL图） /24

第2章 汽车覆盖件模具通用结构设计 /25

2.1 汽车覆盖件模具标识 /25
  2.1.1 模具表面着色要求 /25
  2.1.2 模具铸字规范与要求 /26

        2.1.3　模具标牌和指示牌要求　/28
        2.1.4　模具安全警示牌要求　/29
        2.1.5　模具部件标记刻字要求　/30
    2.2　汽车覆盖件模具的导向　/32
        2.2.1　模具导向类型选择　/32
        2.2.2　模具导向行程确定　/34
        2.2.3　导板位置设计　/34
        2.2.4　导向面长度选定　/35
        2.2.5　模具导向及导向间隙确定　/35
        2.2.6　导柱（导套）导向　/35
        2.2.7　卸料板使用的导柱与导套　/38
        2.2.8　模具导向件啮合尺寸的确定　/39
    2.3　模具端头结构设计　/39
        2.3.1　模具分挡　/39
        2.3.2　中间导向腿　/39
        2.3.3　角部导向腿　/41
    2.4　模具防反措施　/43
    2.5　到底标记　/43
        2.5.1　到底标记钢印　/44
        2.5.2　到底标记钢印垫块　/45
    2.6　铸件结构设计　/46
        2.6.1　铸造孔　/46
        2.6.2　检查孔　/49
        2.6.3　减重孔　/49
        2.6.4　导柱（或导套）拆装孔　/50
        2.6.5　窥视孔　/50
    2.7　铸造加强筋的设计　/51
        2.7.1　铸造加强筋的厚度尺寸　/51
        2.7.2　侧挖空尺寸　/52
        2.7.3　铸造加强筋设置的注意事项　/52
    2.8　铸造结构的改进　/54
    2.9　安装座的设计　/56
        2.9.1　安装座分散时　/56
        2.9.2　安装座集中时　/57
        2.9.3　安装座与修边线、翻边线接近时　/57
    2.10　铸造试棒　/58
    2.11　压板槽　/59
        2.11.1　压板槽的数量　/59
        2.11.2　压板槽的设计　/59
    2.12　铸件的其他要求　/61
        2.12.1　铸件加工辅助支脚及夹紧底座　/61
        2.12.2　铸件倒角要求　/61
        2.12.3　安全台　/62
    2.13　汽车覆盖件模具的起吊形式　/63
        2.13.1　模具吊耳和吊棒　/63

  2.13.2 铸造式圆吊耳 /65
 2.14 模具设计、加工、安装及研配基准 /67
  2.14.1 模具设计基准点的设定和标记 /67
  2.14.2 模具加工基准 /69
  2.14.3 铸件的粗加工基准 /71
  2.14.4 模具快速安装基准 /73
  2.14.5 模具装模定位 /73
  2.14.6 研配用基准孔 /76
 2.15 汽车覆盖件模具镶块单独加工基准的建立设计实例 /77
  2.15.1 在线切割加工条件下的基准孔位置的确定 /77
  2.15.2 在模座中无法加工条件下的基准孔位置的确定 /77
  2.15.3 利用起吊孔作为加工基准 /78

第3章　汽车覆盖件拉延模具设计　/80

 3.1 拉延模具概述 /80
  3.1.1 正装拉延模 /81
  3.1.2 倒装拉延模 /81
  3.1.3 正装拉延模与倒装拉延模的比较 /81
  3.1.4 拉延模具结构尺寸 /82
  3.1.5 拉延模具与拉深模具的区别 /83
 3.2 拉延模具的设计流程与设计要点 /83
  3.2.1 拉延模具的设计流程 /83
  3.2.2 拉延模具的设计要点 /84
 3.3 汽车覆盖件拉延力的计算 /86
  3.3.1 简单形状的汽车覆盖件拉延力的计算 /86
  3.3.2 复杂形状的汽车覆盖件拉延力的计算 /86
  3.3.3 汽车覆盖件拉延筋拉延力的计算 /86
 3.4 拉延模具的主要零部件设计 /87
  3.4.1 拉延模具的凸模设计 /87
  3.4.2 拉延模具的凹模设计 /88
  3.4.3 拉延模具的压边圈设计 /91
 3.5 拉延模具的导向及导向间隙设计 /93
  3.5.1 凸模与压边圈的导向设计 /93
  3.5.2 凹模与压边圈的导向设计 /94
  3.5.3 压边圈与下模座的导向 /94
  3.5.4 上模与下模座的导向 /95
  3.5.5 上、下模导柱导向 /96
  3.5.6 拉延模的导向间隙 /97
 3.6 拉延模具的拉延筋设计 /97
  3.6.1 拉延筋的结构形式和选定方法 /98
  3.6.2 拉延筋的布置 /99
  3.6.3 设计拉延筋的注意事项 /101

3.6.4 拉延筋的材质 /102
3.7 拉延模具的顶出装置和退件装置设计 /102
 3.7.1 顶出装置设计 /102
 3.7.2 退件装置设计 /102
3.8 拉延模具的板件定位设计和限位装置设计 /104
 3.8.1 板件定位设计 /104
 3.8.2 限位装置设计 /104
3.9 拉延模具的工艺孔和排气孔设计 /107
 3.9.1 工艺孔 /107
 3.9.2 排气孔 /107
3.10 工艺切口和刺破刀的设计 /109
 3.10.1 工艺切口 /109
 3.10.2 刺破刀的设计 /109
3.11 拉延模具的材料 /111
 3.11.1 凸模和凹模 /111
 3.11.2 压边圈 /111
 3.11.3 上、下模座 /112
 3.11.4 其他情况下材料的选择 /112
3.12 乘用车提升门内板零件拉延模设计实例 /112
 3.12.1 零件工艺分析 /112
 3.12.2 冲压力计算 /113
 3.12.3 拉延模具结构设计 /114
 3.12.4 拉延凸模与凹模设计 /114
 3.12.5 压边圈设计 /115
 3.12.6 拉延筋设计 /116
 3.12.7 刺破刀设计 /116
 3.12.8 定位装置设计 /117
 3.12.9 模具导向设计 /117
 3.12.10 工艺孔及排气孔设计 /117
 3.12.11 模架设计 /117
 3.12.12 设备选择 /118
 3.12.13 模具总装配图、模具零件明细表及部分零件图 /119

第4章 汽车覆盖件修边冲孔模具设计 /120

4.1 修边冲孔模具概述 /120
 4.1.1 修边冲孔模具的类型 /120
 4.1.2 修边冲孔模具与落料冲孔模具的区别 /121
 4.1.3 修边冲孔模具的结构 /121
 4.1.4 修边冲孔模具的导向方式及导向间隙 /122
4.2 修边冲孔模具的设计流程与设计要点 /123
 4.2.1 修边冲孔模具设计流程 /123
 4.2.2 修边冲孔模具设计要点 /124

4.2.3　修边冲孔模具设计注意事项　/126
4.3　修边冲孔模具冲压力的计算　/126
　　4.3.1　冲裁力的计算　/126
　　4.3.2　推件力的计算　/127
　　4.3.3　卸料力的计算　/127
　　4.3.4　切刃侧压力的计算　/127
4.4　修边尺寸的确定　/127
　　4.4.1　修边尺寸的计算方法　/128
　　4.4.2　压合时修边尺寸的计算方法　/129
4.5　修边冲孔模具刃口切入量的确定　/129
　　4.5.1　修边刃口切入量的确定　/130
　　4.5.2　形状刃口设计　/130
　　4.5.3　冲孔刃口切入量的确定　/132
4.6　修边冲孔间隙的确定　/132
　　4.6.1　合理修边冲孔间隙值的确定原则　/132
　　4.6.2　合理修边冲孔间隙值的确定　/133
　　4.6.3　倾斜面修边冲孔合理间隙的确定　/135
4.7　修边刀块的设计　/137
　　4.7.1　刃口镶块的分块原则　/138
　　4.7.2　刃口硬度　/139
　　4.7.3　刃口镶块的编号原则　/140
　　4.7.4　凸模与凹模刀块的设计　/140
　　4.7.5　凸、凹模刃口镶块的平衡与固定　/142
　　4.7.6　凸、凹模刃口的失效形式　/144
　　4.7.7　修边刃口让空要求　/144
4.8　冲孔凸模和凹模设计　/145
　　4.8.1　冲孔凸模与凹模的形式　/145
　　4.8.2　冲孔凸模尺寸的计算　/145
　　4.8.3　冲孔凹模套尺寸的计算　/146
　　4.8.4　冲孔凸模和凹模的固定方法　/148
4.9　废料刀的设计　/152
　　4.9.1　废料刀的结构形式　/152
　　4.9.2　废料刀的设置原则　/155
　　4.9.3　废料刀的布置　/155
　　4.9.4　废料刀的刃部尺寸及切入量　/159
　　4.9.5　废料刀安装座的设计　/160
4.10　废料的处理　/161
　　4.10.1　废料处理方式　/161
　　4.10.2　大孔径废料的处理　/163
　　4.10.3　小孔径废料的处理　/164
　　4.10.4　特殊形状废料的处理方法　/164
4.11　卸料板的设计　/165
　　4.11.1　卸料板的作用　/165
　　4.11.2　对卸料板的要求　/166
　　4.11.3　卸料板与修边凹模及冲孔凸模的间隙　/166

4.12　修边冲孔模具的材料　/167
4.13　轿车车顶盖零件修边冲孔模具设计实例　/168
　4.13.1　零件的工艺分析　/168
　4.13.2　冲压力的计算　/169
　4.13.3　修边冲孔模具结构设计　/170
　4.13.4　修边凸模与凹模的设计　/170
　4.13.5　冲孔（天窗）凸模与凹模的设计　/171
　4.13.6　凸、凹模间隙的确定　/172
　4.13.7　废料刀的设计与布置　/173
　4.13.8　定位装置的设计　/174
　4.13.9　模具导向及限位设计　/174
　4.13.10　卸料板的设计　/175
　4.13.11　模架设计　/177
　4.13.12　设备的选择　/177
　4.13.13　模具总装配图、模具零件明细表及部分零件图　/178

第5章　汽车覆盖件翻边整形模具设计　/179

5.1　翻边整形模具概述　/179
　5.1.1　翻边整形的种类　/179
　5.1.2　翻边整形模具的类型　/181
　5.1.3　翻边整形模具的尺寸参数　/181
　5.1.4　翻边整形模具的导向与导向间隙　/182
5.2　翻边整形模具的设计流程与设计要点　/182
　5.2.1　翻边整形模具的设计流程　/182
　5.2.2　翻边整形模具的设计要点　/182
5.3　翻边行程的确定　/184
5.4　冲压力的计算　/187
　5.4.1　翻边成型力的计算　/187
　5.4.2　压料力的计算　/188
　5.4.3　翻边整形力的计算　/188
5.5　压料面尺寸的确定　/189
　5.5.1　平坦形状压料面尺寸的确定　/189
　5.5.2　斜面形状压料面尺寸的确定　/189
　5.5.3　曲面形状压料面尺寸的确定　/189
5.6　卸料板的设计　/190
　5.6.1　卸料板的强度　/190
　5.6.2　卸料板的导向　/191
　5.6.3　卸料板工作行程的确定　/192
　5.6.4　卸料板的压力　/193
　5.6.5　卸料板与凹模的间隙　/193
5.7　翻边顶出器的设计　/194
　5.7.1　翻边顶出器的设置　/194

5.7.2　翻边顶出器的行程　/196
　　5.7.3　翻边顶出器的类型　/197
　　5.7.4　翻边顶出器的附属件　/197
　　5.7.5　翻边顶出器行程的确认　/198
5.8　翻边整形模刃口设计　/199
　　5.8.1　凸模设计　/199
　　5.8.2　凹模设计　/201
　　5.8.3　凸、凹模镶块的固定　/208
　　5.8.4　镶块的尺寸大小　/209
5.9　翻边整形模具的材料　/210
5.10　面包车尾门内板零件翻边整形模具设计实例　/210
　　5.10.1　零件的工艺分析　/210
　　5.10.2　冲压力的计算　/211
　　5.10.3　翻边整形模具结构设计　/212
　　5.10.4　翻边行程的确定　/212
　　5.10.5　上模及下模刃口设计　/212
　　5.10.6　卸料板的设计　/214
　　5.10.7　制件的定位　/214
　　5.10.8　模具导向及限位设计　/214
　　5.10.9　模架设计　/215
　　5.10.10　设备的选择　/215
　　5.10.11　面包车尾门内板翻边整形模具装配图、模具零件明细表及部分零件图　/216

第6章　汽车覆盖件斜楔模具设计　/217

6.1　斜楔模具概述　/217
　　6.1.1　斜楔模具的类型　/218
　　6.1.2　斜楔模具的结构　/220
　　6.1.3　斜楔模具的导向与导向间隙设计　/223
6.2　斜楔模具的设计流程与设计要点　/224
　　6.2.1　斜楔模具的设计流程　/224
　　6.2.2　斜楔模具的设计要点　/225
　　6.2.3　斜楔模具设计注意事项　/226
6.3　斜楔机构力的传递和行程　/226
　　6.3.1　斜楔机构力和行程的关系　/226
　　6.3.2　各种斜楔滑块力的计算方法　/228
　　6.3.3　施于导板面上作用力的计算方法　/229
　　6.3.4　斜楔行程示意图的作法　/230
　　6.3.5　斜楔滑块行程的设计基准　/231
　　6.3.6　设计斜楔滑块行程的注意事项　/232
6.4　斜楔机构的定位和防侧向力措施　/234
　　6.4.1　斜楔机构的定位　/234
　　6.4.2　防侧向力措施　/234

6.4.3 设计斜楔机构的其他注意事项 /235
6.5 斜楔机构的斜楔和滑块 /236
　6.5.1 斜楔的形状及尺寸 /236
　6.5.2 斜楔的角度与材料的确定 /237
　6.5.3 滑块大小的确定 /238
6.6 斜楔滑块回位力的计算原则与方法 /239
　6.6.1 回位力的计算原则 /239
　6.6.2 回位力的计算方法 /239
6.7 斜楔滑块的回位方式 /240
　6.7.1 使用弹簧回位 /241
　6.7.2 聚氨酯弹簧回位 /241
　6.7.3 使用氮气弹簧回位 /241
　6.7.4 使用气缸回位 /241
6.8 斜楔模具凸模与凹模设计 /242
　6.8.1 凸模设计 /242
　6.8.2 凹模设计 /243
6.9 斜楔模具的废料处理 /244
　6.9.1 修边废料的处理 /244
　6.9.2 冲孔废料的处理 /244
　6.9.3 切断（或切口）废料的处理 /245
6.10 斜楔模具的卸料板设计 /246
　6.10.1 上卸料板 /246
　6.10.2 侧卸料板 /246
　6.10.3 侧卸料板和正卸料板共用 /247
　6.10.4 卸料板的导向 /247
6.11 斜楔模具零部件材料 /248
6.12 轿车左/右侧后门内板零件斜楔模具设计实例 /248
　6.12.1 零件的工艺分析 /248
　6.12.2 冲压力的计算 /250
　6.12.3 侧冲孔/冲孔模具结构设计 /250
　6.12.4 斜楔机构设计 /251
　6.12.5 凸模、凹模及凹模固定座的设计 /252
　6.12.6 卸料板的设计 /254
　6.12.7 制件的定位 /255
　6.12.8 模具导向及限位设计 /255
　6.12.9 模架设计 /256
　6.12.10 设备的选择 /256
　6.12.11 模具总装配图、模具零件明细表及部分零件图 /257

第7章 汽车覆盖件模具标准件设计 /258

7.1 导向件 /258
　7.1.1 自润滑导板 /258

7.1.2　导柱与导套　/263
　　7.1.3　导柱压板与导套压板　/269
7.2　定位件　/271
　　7.2.1　定位板　/271
　　7.2.2　导料板　/272
　　7.2.3　带感应器板件定位器　/272
　　7.2.4　定位键　/273
　　7.2.5　定位销及导料销　/274
7.3　冲压元件　/275
　　7.3.1　冲孔凸模　/275
　　7.3.2　凸模固定块　/277
　　7.3.3　凹模　/278
7.4　弹性元件　/280
　　7.4.1　弹簧　/281
　　7.4.2　聚氨酯弹簧　/282
　　7.4.3　氮气弹簧　/283
　　7.4.4　拉簧　/287
7.5　限位装置　/288
　　7.5.1　弹性限位装置　/288
　　7.5.2　刚性限位装置　/290
　　7.5.3　运动件的限位　/295
7.6　起吊件　/300
　　7.6.1　用于板式零件的起吊件　/300
　　7.6.2　用于铸件的起吊件　/300
7.7　顶杆　/306
　　7.7.1　上顶杆　/306
　　7.7.2　顶杆腿　/308
7.8　其他零件　/309
　　7.8.1　拉延模排气管　/309
　　7.8.2　运输连接板（搬运固定板）　/310
7.9　轿车后门外板拉延模工作侧销及安全侧销零件设计实例　/311
　　7.9.1　确定工作侧销的直径　/311
　　7.9.2　确定工作侧销和安全侧销的数量　/312
　　7.9.3　工作侧销和安全侧销的零件图　/313

参考文献　/314

第 1 章 汽车覆盖件基础知识

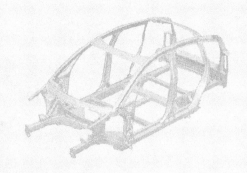

1.1 汽车覆盖件

1.1.1 汽车覆盖件的定义

汽车覆盖件（简称覆盖件）是指覆盖发动机、底盘、构成驾驶室和车身的薄钢板展开体的表面零件和内部零件等。

覆盖件和一般冲压件相比较，具有材料薄、形状复杂、多为空间曲面、结构尺寸大和表面质量高等特点。

1.1.2 汽车覆盖件的分类

覆盖件按作用和要求可分为三类：外覆盖件、内覆盖件和骨架件。本书主要讨论外覆盖件和内覆盖件。

外覆盖件是指汽车车身外部裸露的冲压件。外覆盖件表面质量要求高，焊接后直接涂漆，表面不再覆盖其他的装饰。

内覆盖件是指汽车车身内部的冲压件，它和外覆盖件一起与骨架零件焊接后形成白车身。由于内覆盖件在涂漆后一般都要覆盖内饰件，形成车身后人们不能直接观察到。因此，与外覆盖件比较，内覆盖件的表面质量要求相对可以稍低一些。

轿车覆盖件主要由 16 板 1 顶盖 1 侧围（各公司的定义有所不同）组成：左/右前门外板、左/右后门外板；左/右前门内板、左/右后门内板；前盖外板、前盖内板；后盖外板、后盖内板；顶盖、侧围、左/右前翼子板、左/右后翼子板等。图 1-1 所示的是轿车覆盖件组成。

1.1.3 汽车覆盖件的特点

① 轮廓尺寸较大并且具有空间曲面形状的冲压件，例如国产轿车中有一些车型的侧围部件，其长度尺寸可以达到 3000mm 以上，形状复杂。

② 外、内覆盖件由厚度为 0.75mm、0.8mm、0.9mm、1.0mm、1.4mm 等的 08AL 或 ST14 等材料制成，国外的有 0.60mm、0.65mm、0.70mm、0.75mm、1.2mm 等的 CR4 或

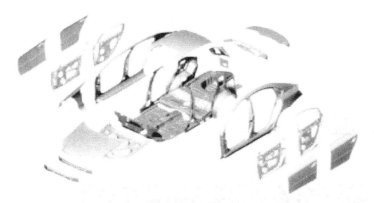

图 1-1 轿车覆盖件组成

JAC340H等钢板冲压而成的，印度也有采用厚度0.67mm，材料代号为C23的薄板。现在有些轿车内覆盖件如左/右前门内板、左/右后门内板等是由两种厚度材料（一般是0.8mm和1.4mm），采用激光焊接等工艺制成的（或称拼焊板），其目的是提高其强度，避免因经常开关车门而使其变形。

③ 大多数覆盖件一般都必须经过拉延工序才能得到。

④ 冲压成型时材料的变形过程复杂，必须使用专业软件，如AutoForm等，分析、模拟其拉延变形过程中局部是否可能出现拉裂现象等质量缺陷。

⑤ 必须使用设备（如三坐标测量仪等）和专用量、检具才能评价其尺寸和形状是否合格。

⑥ 加工使用的冲压设备吨位一般都比较大，最大的压力机可以达到2400t以上。

1.1.4 汽车覆盖件的表面质量要求

汽车覆盖件要求表面平滑、棱线清晰，不允许有起皱、压痕、划伤、毛刺、凸点和凹陷以及其他破坏表面完美等质量缺陷。

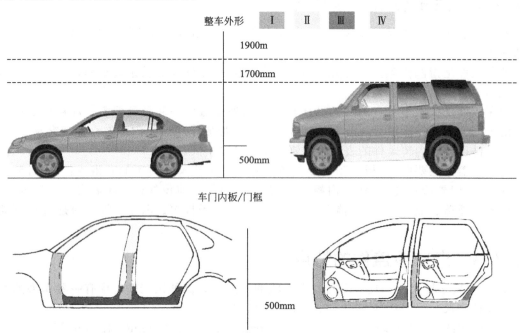

图 1-2 覆盖件检验区域的划分

缺陷的定义：缺陷是一种质量目标与实际质量比较后得到的偏差。

同时，相关覆盖件的表面还必须具有很好的协调性，过渡均匀，棱线接合部位吻合流畅，使汽车车身从外观上看起来协调一致，美观大方。因此，只有对表面质量缺陷进行仔细认真的分析、判断与研究，才能制定出相应的整改措施。

在对表面质量缺陷进行判断之前，首先要了解汽车覆盖件检验区域的划分，这些分区适用于涂漆、钣金等零部件。

如图1-2所示，可以将汽车覆盖件检验区域划分为四个区域，即Ⅰ、Ⅱ、Ⅲ、Ⅳ区。具体四个区域所包含的制件见表1-1。

表1-1 四个区域所包含的制件

Ⅰ区（指所有可见表面）	Ⅱ区（间接可见区域）
外部：从地面500~1900mm高度范围 合金/抛光轮毂和饰盖 高度低于1700mm的车顶 内部：乘客仓（关上门后从里面所有可以看到的部分） 关上门后可见区域	外部：从地面到500mm的高度 大于1900mm的部分 高度超过或等于1700mm的车顶 内部：门框/内板（从地面500~1900mm高度）
Ⅲ区（被掩盖表面，在使用中可以看见的表面）	Ⅳ区（被掩盖表面，在使用中看不到的表面）
内部：门框/内板（地面到500mm高度，以及大于1900mm高度） 包括：货车门内板 货车门框 加油小门内板和框 皮卡货舱内部（包括围起部分） 天窗的落水槽 尾门内板 尾门框 行李箱	货运面包车（"B"柱以及后部区域） 门和门框的铰链区域 门内板下部 卸货卡车的运载区域 发动机舱 前水箱支架（上横梁） 前翼子板落水槽 前盖内板 铰链区域/门内板底部

对汽车覆盖件表面缺陷的评价见表1-2。

表1-2 覆盖件表面缺陷评价参考

序号	缺陷模式	评价
1	开裂	A类缺陷：没有经过培训的用户也能注意到的开裂。此类缺陷的覆盖件是用户不能接受的，发现后必须立即对其进行隔离 B类缺陷：看得见的可确定的细微开裂。此类缺陷覆盖件在Ⅰ、Ⅱ区是不能接受的，其他区域允许进行补焊返修处理，但返修部位是顾客不易发觉的且必须满足覆盖件的返修标准 C类缺陷：处于模棱两可的，仔细检验后确定的缺陷。此类缺陷的覆盖件在Ⅱ区内部和Ⅲ、Ⅳ区进行补焊返修处理，但返修部位是顾客不易发觉的且必须满足覆盖件的返修标准
2	拉伤、晶粒粗大、暗伤	A类缺陷：没有经过培训的用户也能注意到的拉伤、晶粒粗大、暗伤。此类缺陷的覆盖件是用户不能接受的，发现后必须立即对其进行隔离 B类缺陷：看得见的可确定的细微拉伤、晶粒粗大、暗伤。此类缺陷的覆盖件在Ⅳ区是可以接受的 C类缺陷：轻微的拉伤、晶粒粗大、暗伤。此类缺陷的覆盖件在Ⅲ、Ⅳ区是可以接受的
3	波浪	A类缺陷：此类波浪在覆盖件Ⅰ、Ⅱ区没有经过培训的用户也能注意到，是用户不能接受的，发现后必须立即对其进行隔离 B类缺陷：此类波浪是一种使人感到不愉快的缺陷，在覆盖件Ⅰ、Ⅱ区摸得着和看得见的可确定的波浪，是需要返修处理的 C类缺陷：是需要修正的缺陷。此类波浪多数处于模棱两可的情况下，只有在油石打磨后才看得出。此类波浪的覆盖件可以接受

续表

序号	缺陷模式	评价
4	翻边、切边不平、缺料	A类缺陷：对于内、外覆盖件任何翻边、切边的不平整及缺料，影响了咬边质量及焊接质量都是不可接受的，发现后必须立即对其进行隔离 B类缺陷：看得见，可确定的，对咬边、焊接搭边及焊接质量没有影响，此类缺陷的覆盖件在Ⅱ区内部和Ⅲ、Ⅳ区可以接受 C类缺陷：轻微的翻边、切边的不平整及缺料对咬边及搭边焊接质量没有影响，此类缺陷的覆盖件可以接受
5	毛刺	A类缺陷：严重影响焊接搭边贴合程度及零件定位装配的冲孔、容易导致人身伤害的粗大毛刺。此类缺陷覆盖件不允许存在，必须返修 B类缺陷：对焊接搭边贴合程度及零件定位装配的冲孔有轻微影响的中等毛刺。此类缺陷覆盖件不允许存在于Ⅰ、Ⅱ区 C类缺陷：较小的毛刺。此类缺陷覆盖件在不影响整车质量的情况下允许存在
6	拉毛、划伤	A类缺陷：严重影响表面质量、潜在的可导致零件拉裂的拉毛及划伤。此类缺陷覆盖件不允许存在 B类缺陷：看得见可确定的拉毛及划伤。此类缺陷覆盖件允许存在于Ⅳ区 C类缺陷：轻微的拉毛及划伤。此类缺陷覆盖件允许存在于Ⅲ、Ⅳ区
7	起皱	A类缺陷：严重的从而导致材料重叠的起皱。此类缺陷覆盖件不允许存在 B类缺陷：可看到、可摸到的起皱。此类缺陷在Ⅳ区可以接受 C类缺陷：轻微的、不太明显的起皱。此类缺陷在Ⅱ、Ⅲ、Ⅳ区可以接受
8	麻点、压痕	A类缺陷：麻点集中，超过整个面积2/3都分布有麻点。此类缺陷在Ⅰ、Ⅱ区发现后，必须立即对覆盖件进行隔离 B类缺陷：麻点可看到、可摸到。此类缺陷不允许在Ⅰ、Ⅱ区出现 C类缺陷：打磨后可见单独分布的麻点，在Ⅰ区要求麻点间距离为300mm或更大。此类缺陷的覆盖件可以接受
9	打磨印	A类缺陷：打磨穿了，在外表面上明显可见，所有顾客都立即可见。此类缺陷发现后必须立即对覆盖件进行隔离 B类缺陷：能看到、摸到，在有争议的地方打磨后也能证明。此类缺陷在Ⅲ、Ⅳ区可以接受 C类缺陷：用油石打磨后能看出。此类缺陷的覆盖件可以接受
10	材料缺陷	A类缺陷：材料强度不符合要求，轧板留下的痕迹、重叠、橘皮、有条纹、镀锌表面疏松、镀锌层剥落。此类缺陷发现后必须立即对覆盖件进行隔离 B类缺陷：轧板留下的明显痕迹、重叠、橘皮、有条纹、镀锌表面疏松、镀锌层剥落的材料缺陷。此类缺陷在Ⅳ区可以接受 C类缺陷：轧板留下的模棱两可的痕迹、重叠、橘皮、有条纹、镀锌表面疏松、镀锌层剥落的材料缺陷。此类缺陷在Ⅲ、Ⅳ区可以接受
11	凸点、凹陷	A类缺陷：是用户不能接受的缺陷，没有经过培训的用户也能注意到。此类凸点、凹陷发现后必须立即对覆盖件进行隔离 B类缺陷：是一种使人感到不愉快的缺陷，它是在覆盖件外表面上摸得着和看得见的可确定的凸点、凹陷。此类缺陷在Ⅳ区可以接受 C类缺陷：是需要修正的缺陷，这些凸点、凹陷多数处于模棱两可的情况下，只有在油石打磨后才看得出。此类缺陷在Ⅱ、Ⅲ、Ⅳ区可以接受
12	冲压印痕	A类缺陷：是用户不能接受的，没有经过培训的用户也能注意到的冲压印痕。此类缺陷发现后必须立即对覆盖件进行隔离 B类缺陷：是一种使人感到不愉快的，是在覆盖件外表面上摸得着和看得见的可确定的冲压印痕。此类缺陷在Ⅰ、Ⅱ区是不允许存在的，在Ⅲ、Ⅳ区不影响整车质量的情况下，可以接受 C类缺陷：需用油石打磨才能确定的冲压印痕。此类缺陷的覆盖件在不影响整车质量的情况下可以接受
13	回弹	A类缺陷：导致零件间的尺寸匹配和焊接变形严重的回弹。此类缺陷覆盖件不允许存在 B类缺陷：尺寸超差较大，对零件间的尺寸匹配和焊接变形有影响的回弹。此类缺陷覆盖件允许存在于Ⅲ、Ⅳ区 C类缺陷：尺寸超差较小，对零件间的尺寸匹配和焊接变形有轻微影响的回弹。此类缺陷覆盖件允许存在于Ⅰ、Ⅱ、Ⅲ、Ⅳ区

任何覆盖件零件不得存在 A 类缺陷,不得存在漏冲孔、锈蚀等,在Ⅰ、Ⅱ区不允许存在明显的油花纹。

表 1-3 所列的是覆盖件表面缺陷不允许存在的区域。

表 1-3 覆盖件表面缺陷不允许存在的区域

序号	缺 陷 模 式	Ⅰ区	Ⅱ区(外部)	Ⅱ区(内部)	Ⅲ区	Ⅳ区
1	开裂	A、B、C	A、B、C	A、B、C①	A、B、C①	A、B①、C①
2	拉伤、晶粒粗大、暗伤	A、B、C	A、B、C	A、B	A、B	A
3	波浪	A、B	A、B	A、B	A	A
4	翻边、切边不平、缺料	A、B	A、B	A、B	A	A
5	毛刺	A、B	A、B	A、B	A	A
6	拉毛、划伤	A、B	A、B	A、B	A	A
7	起皱	A、B	A、B	A、B	A	A
8	麻点、麻点群、压痕	A、B、C	A、B、C	A、B、C		
9	打磨印	A、B	A、B	A、B		
10	材料缺陷	A、B	A、B	A、B	A	A
11	凸点、凹陷	A、B	A、B	A、B②	A、B②	
12	冲压印痕	A、B	A、B	A、B		
13	回弹	A、B	A、B	A、B	A	A

① 需作补焊处理,但返修部位是不易察觉的,不影响整车功能的地方。
② 单独麻点且间距在 300mm 以上方可接受,但一个连续面上不得超过 2 点。

▶ 1.1.5 汽车覆盖件的尺寸和形状要求

目前的汽车覆盖件制造基本上都是冲压生产线连续生产,批量大,机械化程度高,这就要求汽车覆盖件轮廓尺寸的精度要高,孔的位置精度也有较高的要求。

汽车覆盖件的特点就是轮廓尺寸比较大并且都具有 3D 曲面形状。汽车覆盖件的尺寸和形状主要以 3D 数模来描述(2D 图很难将其准确完整地表达出来),3D 图是加工、制造、分析和检测等过程的主要依据。

对汽车覆盖件的尺寸和形状的检验,主要是使用三坐标测量仪和专用检具。三坐标测量仪的使用方法详见有关书籍,专用检具的使用方法是将覆盖件放入检具中定位,然后依据检具说明书的操作步骤及使用要求,对其进行检测。

▶ 1.1.6 汽车覆盖件的刚度要求

覆盖件在拉延过程中,其塑性变形的程度是不均匀的,会使某些部位刚性变弱。刚性差的部位在汽车高速行驶过程中往往会发生振动或异响,影响其使用寿命。因此,不可忽视对覆盖件的刚性要求。检测覆盖件刚性的方法,一是依靠经验,二是使用设备。依靠经验的检测,一种方法是用手敲打覆盖件,以此分辨其不同部位声响的异同;另一种方法是用手按,看其是否出现松弛和凸起或凹陷现象。使用设备的检测,主要是检测其材料的变薄程度和刚度对比。

1.2 汽车覆盖件的工艺设计

汽车覆盖件的结构形状和尺寸决定其工艺性,而且还要为后面的修边、翻边等工序创造有利条件,如为修边工序预先冲工艺孔、工艺缺口等,而绝大多数的覆盖件一般都要采用一次性拉延的永久塑性变形工艺，来形成覆盖件的主体形状。

拉延工序以后的工艺性，仅仅是确定工序次数和安排工序顺序问题。后续工序的工艺性最重要的是定位基准的一致性或定位基准的转换，其原则是上道工序要为下道工序创造必要的条件，后道工序要注意与前道工序衔接好。

1.2.1 汽车覆盖件的工艺性

由于汽车覆盖件拉延时沿毛坯周边的变形情况十分复杂，目前还不能用准确的数学方法得出十分准确的计算结果。在拉延冲压方向确定之后，为了满足拉延工艺的需要，对绝大多数汽车覆盖件，需要根据产品的数学模型（3D 数模），将翻边部分展开，窗口补满，对其形状、轮廓或深度等进行工艺补充，设计必要的拉延筋等构成一个拉延件，才能进行拉延成型。

① 工艺补充部分的设计是冲压工艺设计的重要内容。工艺补充设计得合理与否，也是冲压工艺设计先进与否的重要标志，它直接影响到冲压成型时的工艺参数、毛坯的变形条件、变形量大小、变形分布、表面质量以及破裂和起皱等质量缺陷的产生等。

工艺补充部分是拉延件不可缺少的组成部分，它即是实现拉延的先决条件，又是增加变形程度获得刚性制件的必要补充。工艺补充的多少取决于覆盖件的结构形状和尺寸，也和所使用材料的力学性能有关。工艺补充的多余材料可以在后续的工序中去除（如修边工序等）。

② 压料面也是工艺补充的一个重要组成部分，对汽车覆盖件的成型起着重要作用。压料面是指凹模圆角以外并且在拉延开始时，凹模与压边圈压住毛坯的部分。有的拉延件的压料面全部是工艺补充部分，有的拉延件的压料面则由制件的法兰部分和工艺补充部分共同组成。

③ 拉延筋（槛）的设计。拉延筋的形式及布置对拉延过程有很大的影响，它是防止覆盖件起皱和撕裂最有效的方法之一。要根据拉延件的形状特点及相应的毛坯变形、流动规律来设计拉延筋的形式和布置，使其可以有效地控制毛坯的变形与流动，满足拉延要求。

④ 汽车覆盖件在冲压过程中的定位。拉延件的在修边等工序中的定位必须在确定拉延件时考虑。拉延件在修边工序中的定位有以下几种情况。

a. 形状定位，这样的拉延件一般都是空间曲面变化复杂的覆盖件，其外形已满足了定位的要求。

b. 用压料面形状定位，用于一般空间曲面变化小的浅拉延件。其优点是方便、可靠和安全，缺点是由于考虑定位块结构尺寸、修边凹模镶块强度、凸模对拉延毛坯的拉延条件以及定位稳定可靠等因素，增加了工艺补充部分的材料消耗。

c. 利用拉延时冲或穿的工艺孔定位。修边时既不能用侧壁形状又无压料槛可利用，才用工艺孔定位，缺点是操作工人用工艺孔套定位销比较麻烦。拉延模上增加冲或穿工艺孔结构，增加了模具制造难度，应尽量少采用。

d. 修边工序以后的定位一般都是用工序件轮廓、侧壁形状和覆盖件本身的孔定位。

⑤ 进出料方式。根据材料的形式确定进料方法、取出和整理制件的方法，它直接影响到模具的结构。

1.2.2 工艺设计时重点应考虑的若干问题

(1) 拉延分析

针对拉延件的结构特点、尺寸等，利用 CAE 等分析软件进行拉延分析，确定其拉延难点、拉延过程中可能出现的质量问题及发生部位，在判断有否拉裂危险的同时，还要判断是否有起皱、面畸变等质量缺陷的产生。

(2) 冲压方向

汽车覆盖件各工序的冲压方向，应能满足该工序冲压成型的需要。在实际生产过程中，各工序的冲压方向可以不一样。但在能满足冲压工艺要求的前提下，尽可能使各个工序的冲压方向一致或变化不大，这样可以减少操作以及生产准备的工作量。

(3) 送料方向

送料方向不仅影响工序件的定位可靠性，而且也影响操作的方便性和操作者的人身安全。

技巧

确定送料方向时，通常的做法是：
- 工序件有大、小头的，一般是拿住大头往前送。
- 工序件一面是平直面，而另一面是曲面的，一般是拿住平直面往前送。
- 工序件一面浅，一面深的，一般是拿住深的一面往前送。

(4) 工序间的定位

在工艺设计过程中，要认真考虑工序间的定位问题，以保证加工精度和操作的方便与安全。

拉延工序的定位一般都是利用外形定位。

拉延件在修边冲孔工序中的定位，通常的做法是尽可能利用拉延件的侧壁或拉延筋（槛）定位；若不行，则需要在拉延时冲（或刺穿）工艺孔来定位。

修边冲孔工序以后的定位，一般都是采用工序件外形、侧壁或覆盖件本身的孔来定位。

(5) 拉延毛坯

一般情况下，对于形状比较简单的汽车覆盖件，都是采用矩形的毛坯拉延；对于形状复杂的汽车覆盖件，则采用落料或局部切角的毛坯来拉延。

经验

- 在水平压料面或曲率较小的凹形压料面拉延时，一般采用平板的毛坯拉延。
- 在下模压料面的下凹曲率较大或呈上凸形时，采用平板毛坯就会出现毛坯定位不准以及在拉延开始阶段就产生毛坯窜动等现象。为了避免这类现象的发生，通常需要将拉延毛坯预弯成压料面的形状。

(6) 修边废料的分块

根据修边废料的形状、尺寸和操作的方便及安全性，确定废料是否分块以及分块的大小与位置。对于较大的汽车覆盖件，采用人工清除废料时，修边废料不宜超过四块；若采用机械排除废料时，要将修边废料分成尺寸小而块数多些，便于废料处理系统的运输和打包。

修边废料分块的位置，一般情况下选在废料较窄的地方，这样可以减小废料刀的尺寸和保证操作的方便性。

(7) 成双冲压

对于一些尺寸比较小的左右对称件，或尺寸不大的非对称形状零件，为了改善拉延条件和提高生产效率，经常采用成双冲压加工的方法。这样安排还可以提高材料利用率，减少废料消耗。

在成双冲压加工时，截断（或切断）以前是使用一副模具，以后的工序则应采用双件模（一左一右）或同一工序的两副模具安装在同一压力机上，以便流水作业生产。

(8) 工序复合

在大批量生产时,应尽量考虑采用复合工序,将不发生干涉的工序尽可能合并在一起,如修边与冲孔、整形与翻边以及侧修边与侧冲孔等,以提高生产效率。

(9) 冲模联合安装

为了便于流水作业和充分利用大吨位压力机,有时采取在一台压力机上安装两副或两副以上冲模,使在压力机的一个行程中完成两个或两个以上的冲压工序。

冲模联合安装时,应注意工序要有足够的流通空间,操作要安全和方便,并符合流水作业的要求。

联合安装的模具应该闭合高度相同,冲模受力所形成的受力中心与压力机中心接近。

(10) 斜楔的应用

斜楔机构只有在工艺和设计上无法避免时才可以采用。特别要注意,斜楔机构优先考虑用在下模上(普通斜楔机构),如不行,才考虑安排在上模(悬吊斜楔机构)。悬吊斜楔机构只允许固定在上模上。

在制定冲压工艺时,还要进行所设计工艺的经济性评价。工艺、模具结构以及自动化方案都必须适应生产纲领。也就是说,工艺水平、模具水平、物流方式、生产方式或新增设备等都应以经济性最佳为最终目标。

1.2.3 工艺设计的步骤

(1) 产品数据格式转换

将 Iges(或 Stop)等格式文档转换成 UG(或 CATIA)等软件使用的 part 格式。一般产品的表达方式有很多种,比如二维的产品图、三维数模以及手工制作的样品等(现在大多数的客户都是提供数模,而不是提供二维的产品图)。

(2) 产品冲压工艺分析

分析产品板的工艺性及各个工序内容。一些比较常见的零件,可根据经验确定其工艺方案。如果遇到一些比较特殊或成型的可行性不好分析或不好确定的时候,可以通过软件(如 Auto Form 等)来对产品的工艺性及成型性进行分析、计算和讨论(通常要多出几个方案来对比,选出最佳方案)。

(3) 拉延工艺数模制作

利用三维数模作出拉延工序工艺补充面,设计出拉延工序的工艺数模。

(4) 各工序工艺数模制作

利用三维软件制作各工序工艺数模,包含各工序的工作内容等。

(5) 工艺评审

由设计单位召集有关人员进行工艺评审。

(6) 制作 DL 图(工程规划图)

有关 DL 图(工程规划图)的设计详见 1.2.4 工程规划图(DL 图)的设计。

(7) 工艺会签

由设计和使用单位共同参与会签。

1.2.4 工程规划图(DL 图)的设计

工程规划图(冲压工艺过程图)或简称 DL 图,是汽车覆盖件模具所特有的一种对冲压工序划分及拉延工艺补充面形状等项内容作出具体要求的说明简图,是通过特定的语言、符号对各工序模具设计提出具体要求的工艺过程布置图。它是完成一个汽车覆盖件零件模具设计必不可少的纲领性文件。目前，在汽车覆盖件冲压工艺制定方面，以 2D 图表达的 DL 图仍然是国内模具设计的主要依据。

(1) DL 图的作用

① 每个工序的加工内容及加工范围。
② 作为各工序工序图的绘制依据及 NC 编程的基准。
③ 明确加工基准及制件基准。
④ 检查讨论成型性、加工性，将其结果具体以图来表现。
⑤ 实型制作时基准点的指示，以及冲压的转角基点及转角角度指示。
⑥ 制件的公差及回弹量的指示。

(2) DL 图表示的内容

① 工序划分和加工内容视图表示及示意简图；工序图要有投影图或者剖视图以看出制件是扣着放还是凹着放的，且工序图清晰可见。
② 要给出每道工序的模具名称，以及在装配图中的表示方法及模具的闭合高度（大约值），还要给出模具的使用设备，即使用多少吨的压力机。
③ 各工序冲压方向及斜楔的角度，尤其在转两个角度时，一定要表达出先转哪个，后转哪个。
④ 各工序送料方向。
⑤ 还要给出的有数模的基准是什么（是指内表面还是外表面），料厚是多少。
⑥ 基准定位孔（C/H），型面检查点（C/P），一些孔位的大小以及距离基准的 X、Y、Z 方向的数值，并标明是在哪一个工序冲出。
⑦ 要标出设计基准和加工基准，并且要标出距数模的中心坐标的偏移量及角度等。
⑧ 拉延件要给出工艺补充形状、顶杆的位置示意图（指的是单动拉延）和凸模轮廓线。
⑨ 对于侧冲孔（或翻边等）要标明使用斜楔及角度。
⑩ 修边工序必须将修边线明确地显示出来，修掉的部分要用剖面线标出来（例如第二序修边，要将上序坯料线保留，将修掉的部分用剖面线表示出来）。修边模的废料刀工作示意图，如果分多次修边，要给出刃口的相接图（即工艺豁口的样式），修边位置、废料刀布置及废料流向。如果修边模中需要试验修边线的，要给出首次试模用的修边线，以便制作手工制件。
⑪ 如果有落料模还要给出落料尺寸。通常给出的只是一个参考尺寸，具体的数值还需试模后确定。
⑫ 强力镦死区位置。
⑬ 要求有顶杆排布图，有快速定位且标注出 F 向。
⑭ 工序图所有文字部分（包括数字和字母）要求用宋体，字号一致，清晰可见。
⑮ 其他需要说明的事项（如是否是左右件、技术要求等）。

(3) DL 图中工序号的表示方法

OP　05＝BL（落料）
OP　10（BL 除外）
OP　20
OP　30
OP　40
OP　50
OP　60
⋮

(4) 设计 DL 图的规定

① 必须设计 DL 总图——可以使用 UG、CATIA 等三维软件或 AutoCAD 二维软件设计。

② 必须设计每个工序的 DL 图（2D 或 3D）——使用 UG、CATIA 或 AutoCAD 等软件设计，各个工序的工作内容独立体现并标注，一个工序单独存一个文件。

③ 必须保证可在 UG_NX7.0 版本、CATIA_V5R20 或 AutoCAD2009 等版本对以上设计进行操作。

(5) 完成工程规划图（DL 图）

以上各项完成后，才能完成工程规划图（DL 图）的绘制（通常模具使用部门要对 DL 图进行会签）。

(6) 工程规划图（DL 图）实例

工程规划图（DL 图）实例见表 1-4。

表 1-4 工程规划图（DL 图）示例

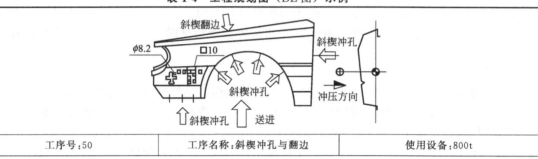

工序号:50	工序名称:斜楔冲孔与翻边	使用设备:800t

······

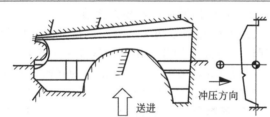

工序号:20	工序名称:修边冲孔	使用设备:800t

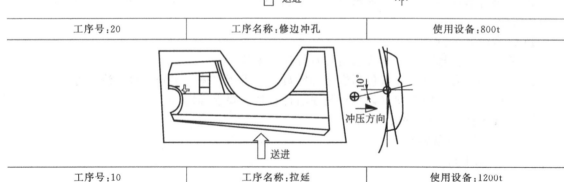

工序号:10	工序名称:拉延	使用设备:1200t

1.3　汽车覆盖件模具

汽车覆盖件使用的模具主要有拉延模、修边冲孔模、翻边整形模和斜楔模等，模具名称及代号见表 1-5。

表 1-5 模具名称及代号

序号	英文名称	英文缩写	中文名称
1	BLANKING	BL	落料
2	DRAW	DR(S/A)	单动拉延
3		DR(D/A)	双动拉延
4	TRIM	TR	修边
5		C/TR=CTR	侧修边
6	FLANGE	FL	翻边
7		C/FL	侧翻边
8	FORM	FO	成型
9	RESTRIKE	RST	整形
10		C/RST	侧整形
11	PIRECE	PI	冲孔
12		C/PI	侧冲孔
13	BURLING	BUR	翻孔
14	SEPARATE	SET	切开
15	CUT	CT	切断
16		CAM	斜楔
17	BENDING	BEN	压弯
18	CURLING	CU	卷耳
19	HEMMING	HEM	折边
20	PROGRESSIVE	PRO	级进模
21	TRANSFAR	TRA	多工位

注：侧修边（C/TR）、侧冲孔（C/PI）、侧翻边（C/FL）等是组合的命名方式。

1.3.1 拉延模

拉延模是保证制成合格覆盖件最主要的工艺装备，其作用是将平板状毛坯经过拉延工序使之成型为 3D 空间工序件。拉延模与拉深模是有本质区别的。拉延模有正装和倒装两种形式。正装拉延模的凸模和压边圈在上部，凹模在下部，一般使用双动压力机。正装结构的拉延模，凸模安装在内滑块上，压边圈安装在外滑块上。工作时外滑块首先下行，压边圈将毛坯紧紧压在凹模面上，然后内滑块下行，凸模将毛坯引伸到凹模腔内，毛坯在凸模、凹模和压边圈的共同作用下进行塑性变形，最终形成拉延件。倒装拉延模的凸模和压边圈在下部，凹模在上部，一般使用单动压力机。凸模直接安装在下模座或压力机下工作台上，压边圈则使用压力机下面的顶出缸，通过顶杆获得所需的压料力。倒装拉延模只有在顶出气缸压力能够满足压料所需的压料力的情况下采用。现在，多数采用氮气弹簧作为压料力的动力源。图 1-3 是轿车侧围内板的拉延模总装配图。

图 1-4 是轿车侧围内板的拉延模下模座 3D 图。
图 1-5 是轿车侧围内板的拉延模上模座 3D 图。
图 1-6 是轿车侧围内板的拉延模压边圈 3D 图。

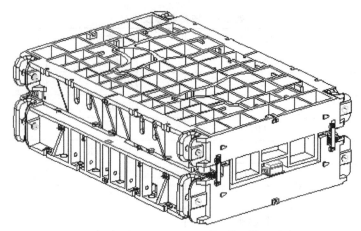

图 1-3 轿车侧围内板拉延模总装配图

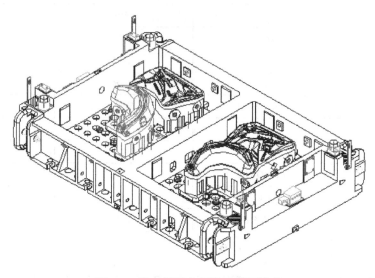

图 1-4 轿车侧围内板拉延模下模座

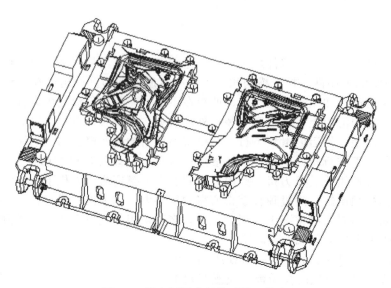

图 1-5 轿车侧围内板拉延模上模座

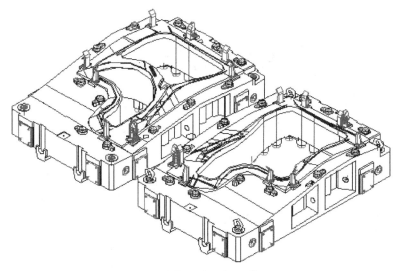

图 1-6 轿车侧围内板拉延模压边圈

1.3.2 修边冲孔模

修边模用于将拉延件的工艺补充部分和压料凸缘的多余材料切掉，为后面的工序如翻边或整形等工序准备条件。在小批量或试制时，可以用手工和其他的简单工艺装备代替。修边工序常常与冲孔工序合并，制成修边冲孔模。

修边模一般在其凹模的周围安装有切断刀，在修边结束时将废料切成若干段，其目的是将废料及时清理。图 1-7 是轿车后地板件的修边冲孔模下模座 3D 图。

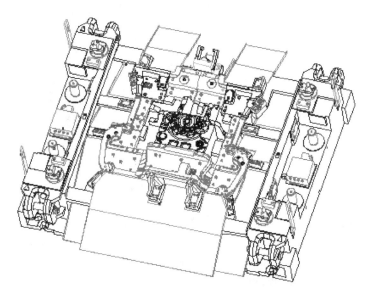

图 1-7 后地板件的修边冲孔模下模座

图 1-8 是后地板件的修边冲孔模上模座 3D 图。
图 1-9 是后地板件的修边冲孔模压料芯 3D 图。

1.3.3 翻边整形模

翻边模是将半成品工件的全部或一部分材料相对另一部分材料发生翻转。根据翻边的冲

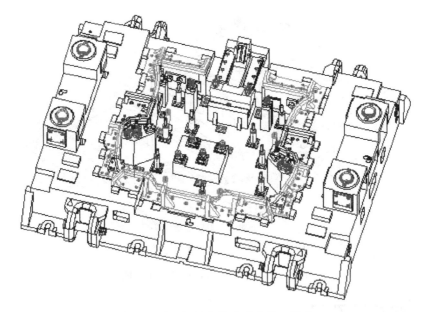

图 1-8　后地板件的修边冲孔模上模座

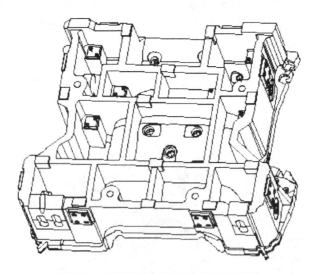

图 1-9　后地板件的修边冲孔模压料芯

压方向的不同，翻边模可分为垂直翻边模和水平翻边模两大类。水平翻边（包含倾斜翻边）则需要借助斜楔结构来完成翻边成型工作。翻边工序常常与整形工序合并，制成翻边整形模。翻边模也是制成合格覆盖件的必备工艺装备。

图 1-10 是某车型的尾门内板的翻边整形模总装配图。
图 1-11 是尾门内板的翻边整形模下模座 3D 图。
图 1-12 是尾门内板的翻边整形模上模座 3D 图。
图 1-13 是尾门内板的翻边整形模压料芯 3D 图。

1.3.4　斜楔模

斜楔模具是通过斜楔机构，将垂直运动改变为水平运动或者倾斜运动，最终完成其功能

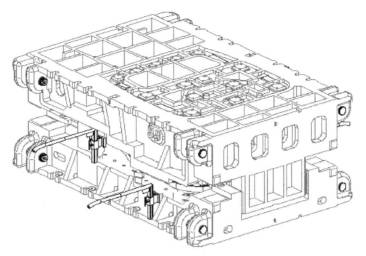

图 1-10　尾门内板翻边整形模总装配图

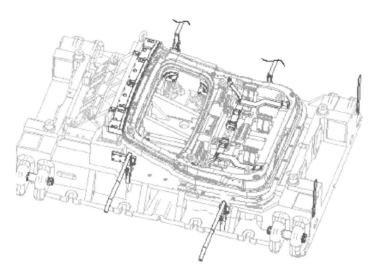

图 1-11　尾门内板翻边整形模下模座

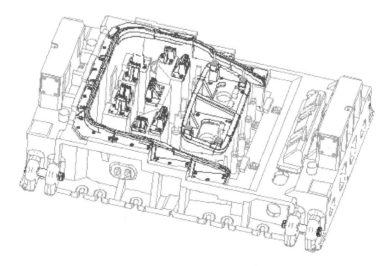

图 1-12　尾门内板翻边整形模上模座

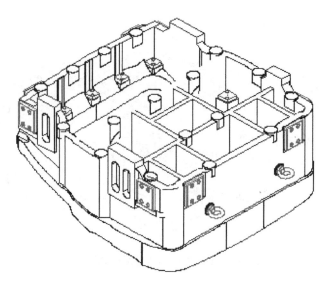

图 1-13　尾门内板翻边整形模压料芯

（如侧冲孔、侧翻边和侧整形等）的冲压模具。

斜楔机构只有在工艺和设计上无法避免时才可采用。

斜楔模具的类型按照滑块的附着方式可以分为普通斜楔模具、悬吊斜楔模具和旋转斜楔模具三大类。

图 1-14 是行李箱内板的斜楔冲孔模下模座 3D 图。

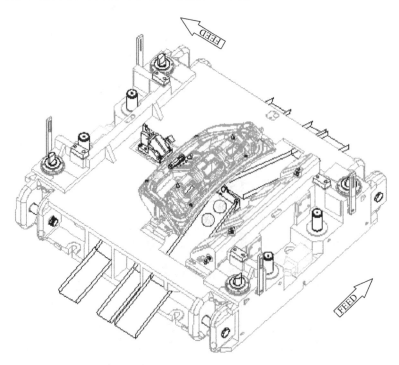

图 1-14　行李箱内板斜楔冲孔模下模座

图 1-15 是行李箱内板斜楔冲孔模上模座 3D 图。

图 1-16 是行李箱内板斜楔冲孔模正压料芯 3D 图。

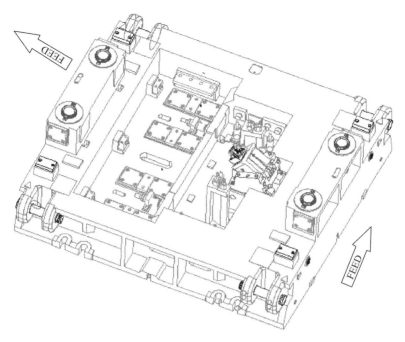

图 1-15　行李箱内板斜楔冲孔模上模座

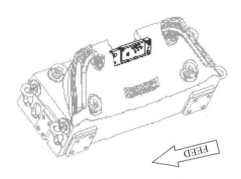

图 1-16　行李箱内板斜楔冲孔模正压料芯

图 1-17 是行李箱内板斜楔冲孔模侧压料芯 3D 图。

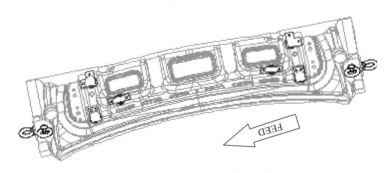

图 1-17　行李箱内板斜楔冲孔模侧压料芯

图 1-18 是行李箱内板斜楔冲孔模上滑块 3D 图。
图 1-19 是行李箱内板斜楔冲孔模驱动座 3D 图。

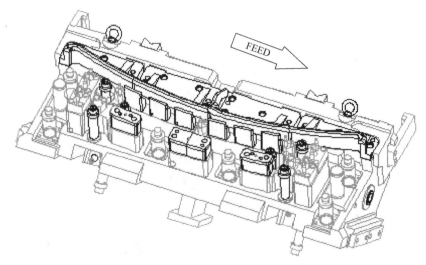

图 1-18　行李箱内板斜楔冲孔模上滑块

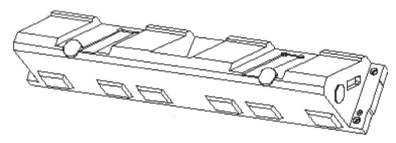

图 1-19　行李箱内板斜楔冲孔模驱动座

1.3.5　其他类型模具

汽车覆盖件使用的模具除了拉延模、修边冲孔模、翻边整形模和斜楔模外，还有落料模和包边模等。

(1) 落料模

定义：沿封闭的轮廓将制件或毛坯与板料分离所使用的模具。

组成：落料模一般由上、下模座（通常采用铸铁材料，如 HT300 等）、卸料板、凸模和凹模（通常采用镶块结构，材料使用 Cr12MoV 等）、导向件（导柱、导套及导板等）、标准件（螺钉、销钉、限位器和定位销等）和其他件（缓冲器等）组成。

分类：落料模根据所用的冲压方式不同，分为两大类，即开卷落料线所用的模具和一般压力机所用的模具。

① 开卷落料线所用的模具　落料模就是通过落料线的自动送料装置，把送出来的卷料加工成毛坯的模具。

② 一般压力机所用的模具　适用于片状和条状的毛坯进行模具加工。

(2) 包边模

包边模一般使用的设备为液压包边机，常见的是将内、外板合成一体。

① 导向　一般采用导柱、导套导向方式，导柱（套）镶入本体内结构，且导套镶入本体后与上模座下平面齐平。导向和各相对滑动部分均采用自润滑结构，即含油导板、导套。导向装置一般选用一铜一钢，这样能防止在生产时出现导柱抱死现象。

② 定位　以形状定位，制件无压痕。定位装置应考虑制件定位稳定和防止冲压件方向放错的防反措施（参考产品数据重要定位点）。

③ 工作过程　输送带将工件输送到位后，两侧工件导向板缩回，工件自动下降，下降到位后工件到位检测灯亮，压边机可以自动运行下降。压边机工作完毕上行到顶部后，工件自动举升，两侧工件导向板送进，方可运出工件，机内输送带运转，压边机后工位输送带也运转，把工件运出。

汽车覆盖件模具的拉延模、修边冲孔模、翻边整形模和斜楔模设计及相关内容是本书的重点，以下各章将详细介绍。

1.4　前门外板制件的工程规划图（DL图）设计实例

1.4.1　工艺成型性分析

根据客户提供的前门外板产品3D数模，利用Auto Form软件对其进行工艺成型性分析，然后作出分析结果报告。

(1) 模拟参数

模拟参数如图1-20所示。

成型性分析报告　Formability simulation report

SIMULATION SET UP(模拟参数)				
Project 项目名称	G201	零件简图（轴测图）	Geometry(模面等级)：	A
			Material(材料)：	H180BD-0.7
Panel No. 零件号	201.001005		Property of Material(材料性能)(Y、T、N、R)： Y: 197MPa, I: 311MPa, N: 0.21, R: 1.75	
Panel Name 零件名称	前门外板		Thickness(料厚)(mm)：	0.7
			Master Surf(基准面)：	上模
Analyst分析人员			Draw Type(拉延类型)：	单动single 单动
Process layout工艺规划人员				双动Double －
Date分析日期	2012-04-20		BHF(压边力)：	外圈(T) 160
SIM Version模拟文件版本	4.4			内圈1(T) －
CAE报告版本	1			内圈2(T) －
Analyst soft分析软件	AUTOFORM		Tonnage(成型力)(T)：	700
Supplier供应商名称	模具制造公司		Stroke(压边圈行程)：	外圈(mm) 60
				内圈(mm) －
审批(CAE工程师)			Draw beads(拉延筋)：	1.0
会签(主管工程师)			Friction Factor(摩擦系数)：	0.15

图1-20　模拟参数

(2) 坯料形状及尺寸

坯料形状及尺寸如图1-21所示，要标注板料的外形尺寸、形状及材料利用率等。

(3) 拉延筋的设置情况

要表示各处筋的起止点、筋的类型，不同阻力的筋用不同的颜色表示，如图1-22所示。

(4) 坯料减薄率分布图

如图1-23所示，要标识出各区域的减薄率数值，特别是最大处；同时减薄率要符合相

成型性分析报告　Formability simulation report

Blank Shape and size(坯料形状及尺寸)

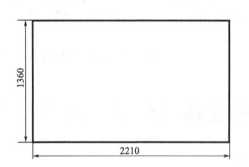

材料外形尺寸 Blank size(mm)	2210*1360
板材重量(Kg) Blank weight	16.52
零件重量(Kg) Part weight	3.9*2
材料利用率 Ratio(%)	47.2

☐ 方料 Rectangle
☐ 梯形料 Trapezium
☐ 形状料 Shape

图 1-21　坯料形状及尺寸

成型性分析报告　Formability simulation report

Bead (拉延筋的设置情况)

Description	Type	Factor	Value	Remarks
BEAD1	Square	1		

Bead	
12mm F2 H3Square	Fx:0.5
	Fy:0.5
12mm F2 H5Square	Fx:0.8
	Fy:0.8

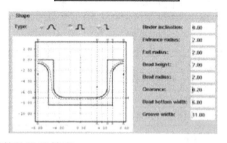

图 1-22　拉延筋的设置情况

关标准。偏离标准的区域需提交解决方案或产品工程更改申请。

(5) 平均应力分布图（起皱判断）

要标识出各区域的平均应力分布数值，特别是最大处；同时要符合相关标准。偏离标准的区域需提交解决方案或产品更改建议，如图1-24所示。

(6) 成型极限图

有FLC和FLD两条曲线，偏离标准的区域用细节图表示。偏离标准的区域需提交解决方案或产品更改建议，如图1-25所示。

(7) 主应变

要标识出各区域的主应变数值，同时要符合相关标准，如图1-26所示。

(8) 副应变

要标识出各区域的副应变数值，同时要符合相关标准，如图1-27所示。

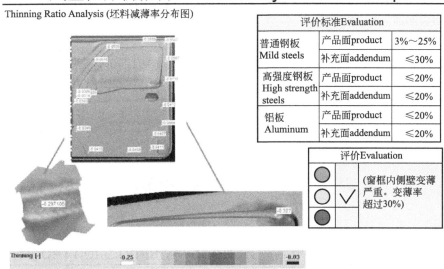

图 1-23　坯料减薄率分布图

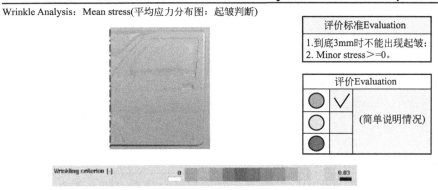

图 1-24　平均应力分布图（起皱判断）

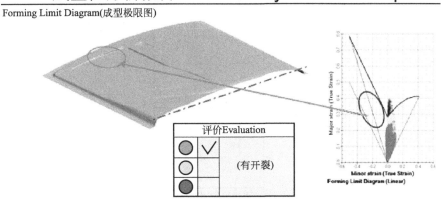

图 1-25　成型极限图

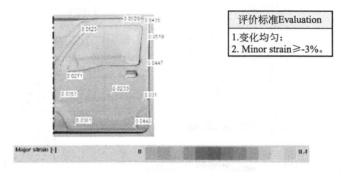

图 1-26　主应变

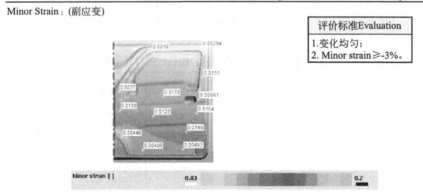

图 1-27　副应变

(9) 成型过程图（OP10）

提供 6 个状态的成型（OP10）过程图，分别为重力状态、距下死点 50mm、距下死点 25mm、距下死点 10mm、距下死点 50mm 和结束 6 个阶段，如图 1-28 所示。

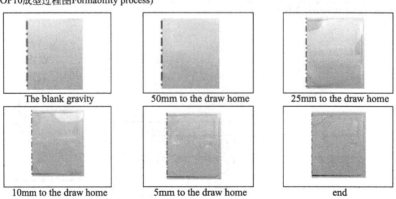

图 1-28　成型过程图（OP10）

(10) 切边状态与成型状态对比图

要提供切边以后的状态与拉延状态进行对比,判断是否会因切边后应力释放引起变形,如图 1-29 所示。

图 1-29 切边状态与成型状态对比图

(11) 翻边整形部位分析

翻边整形部位分析要注明压料力、整形力等项内容,如图 1-30 所示。

图 1-30 翻边整形部位分析

(12) 工艺更改申请

对于不能满足拉延、整形等工艺设计的零件结构,提出整改方案,如图 1-31 和图 1-32 所示。

另外,还有滑移线分析和冲击线分析(仅针对外板件)等,此处略。

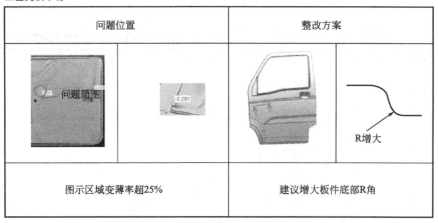

图 1-31　工艺更改申请 1

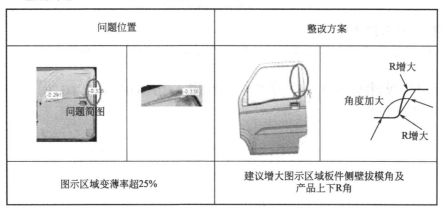

图 1-32　工艺更改申请 2

1.4.2　绘制工序流程图（DL 图）

此件在轿车中是比较常见的零件，可根据经验确定其工艺方案。前门外板分为 4 序，具体如下：

OP10（DR）

OP20（TR+PI）

OP30（FL+CUT +SEP）

OP40（FL+CUT +PI）

"前门外板制件工序流程图（DL 图）"可在出版社网站 www.cip.com.cn 中"资源下载"区下载，见文件"前门外板 DL 图.dwg"。

第2章 汽车覆盖件模具通用结构设计

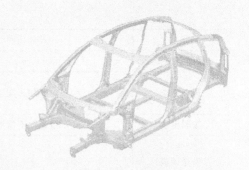

2.1 汽车覆盖件模具标识

模具统一标识,便于模具的分类管理和统一操作,同时起到指导模具的安装等作用。

2.1.1 模具表面着色要求

汽车覆盖件冲压模具的着色分为两种:一是车型色标,用于区分各车型的颜色,可根据客户各车型的规定颜色着色;二是模具功能部件色标,根据模具的各部位及各功能部件进行着色。

(1) 模具表面着色要求

汽车覆盖件模具表面着色要求见表2-1。

表 2-1 汽车覆盖件模具表面着色要求

部位	具体说明	颜色	备注
外观	模具基体非加工面(外观面和非外观面)	基色	按合同要求
安装表面(凸台)	保留加工表面	基色	—
模具上表面	涂防锈底漆	红色	—
模具下表面	保留加工表面	基色	—
卸料板	—	红色	按合同要求
行程限制器	在侧壁涂漆	黄色	—
存放限制器		红色	
定位块	非工作面涂漆	黄色	按合同要求
工作侧销	工作部位不涂漆,尾部(露出部分)涂漆	黄色	按合同要求
卸料螺钉			
安全侧销	工作部位不涂漆,尾部(露出部分)涂漆	红色	—
安全卸料螺钉			
集管座	在侧面涂漆	白色	进气管
		黄色	排气管

续表

部位	具体说明	颜色	备注
取件空手槽	—	黄色	—
刃口镶块	非加工面	基色	按合同要求
		红色	—
废料滑板	滑道面不涂漆	红色	按合同要求
安全区 安全盖板 安全护板	—	黄黑相间等距45°斜纹格栅	按合同要求
气动管路及接头	用箭头表示进气方向	黄色	进气管和进气接头
	用箭头表示排气方向	白色	排气管和排气接头
限位块 调整垫块 调压垫块	侧面涂漆	黄色	—
模具对中V形槽	沿V形槽两侧各50mm区域	白色	—
起重棒	仅在头部涂色	黄色	按合同要求
上、下模吊耳	吊耳仅在侧壁涂色	红色	按合同要求
起吊孔	—	红色	按合同要求
平衡块	—	红色	—
零件导向	—	黄色	—
运输连接板	—	红色	—
铭记事项	所有模具表面所铸出的文字及符号标识等	白色	按合同要求
备件箱	表面	红色	—

(2) 不需要涂色的区域

汽车覆盖件模具如下区域不需要涂色：
① 导滑面、基准面、基准孔和安装结合面。
② 废料滑槽工作面与废料盒工作面。
③ 需要表面处理的表面，如镀锌和镀铜等。
④ 非金属零件，如橡胶弹簧、塑料零件等。
⑤ 电、气、液控制开关和控制装置等。

经验

➢ 文字在发模之前涂色。
➢ 各色必须选用环保型油漆。
➢ 各色必须保持干净、完整、清晰，对于磨损的部分需要在发模之前补漆。
➢ 与车型有关的项目应按技术协议要求执行。

2.1.2 模具铸字规范与要求

包括模具铸字位置和铸字要求。

(1) 模具铸字位置

汽车覆盖件模具铸字位置如图 2-1 所示。

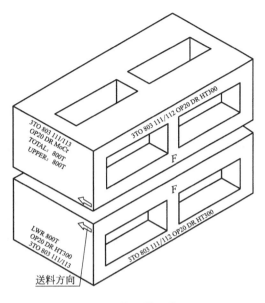

图 2-1 模具铸字位置

(2) 铸字要求

汽车覆盖件铸字要求见表 2-2。

表 2-2 铸字规范要求

序号	铸字内容	铸字位置	备注
1	零件图号和模具号	上、下模座左、右侧第一行	—
2	送料方向箭头	上模座下方、下模座上方左、右两侧	大小如图 2-2 所示
3	上模座重量	上模座第三行右侧	表示为"UPPER Wt.＊＊＊T"
4	工序号和工序名称	上、下模座左、右两侧第二行	表示为"OP10 DR"等
5	上、下模座材质	上模座左、右两侧第四行	表示为"HT300"等
6	下模重量和总重量	下模座第三行右侧	表示为"LOWER Wt.＊＊＊T"和"TOTAL Wt.＊＊＊T"
7	模具正面标识	上、下模座正面中间醒目位置	表示为"F"
8	模具侧面标识	上、下模座左、右两侧	表示为"LH"和"RH"
9	模具中心	上、下模座四周，共 8 处	大小位置如图 2-3 所示

注：1. 所有的铸字标识都是外凸形式，凸出高度为 5mm；黑体，加粗，字号 100。
2. 一般英文字母和数字为黑体，加粗，字号最小 200。
3. 涂漆颜色按合同规定。
4. 压边圈和退料板等铸字要求为必须有零件图号和模具号、工序号和工序名称及材质等。
5. 模具镶块（刀块、整形块等）上必须铸出材料牌号、模具号和镶块顺序号，字体为黑体、加粗，大小为初号。

经验

➢ 模具重量在小数点后保留 1 位数字。
➢ 对于尺寸较小的拼块，允许只铸出拼块的编号和材料牌号。

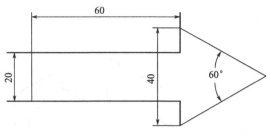

图 2-2 送料方向箭头

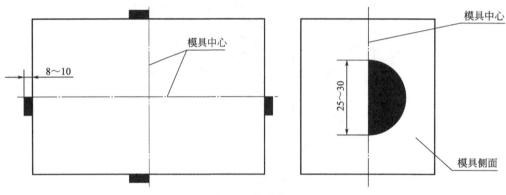

图 2-3 模具中心

2.1.3 模具标牌和指示牌要求

(1) 标牌外形尺寸

汽车覆盖件模具标牌外形尺寸（长×宽）为 140mm×75mm，包括以下内容：零件图号、零件名称、工序号、模具名称、模具编号、压力机吨位、制造厂家、模具重量（上模重量与总重量）、模具闭合高度和出厂日期等，图 2-4 所示的是某公司使用的标牌。

零件名称	零件图号		工序号	
模具名称		模具编号		
模具总量(kg)		下模重量(kg)		闭合高度(mm)
模具尺寸(mm)			压力机(kg)	
制造单位			制造日期	

图 2-4 模具标牌

(2) 指示牌外形尺寸

汽车覆盖件模具指示牌外形尺寸（长×宽）为 105mm×40mm，包括以下内容：托杆在压力机上的位置（用黑色油漆圆点●表示）、托杆规格、托杆数量、模具中心与压力机中心的偏置量、模具平面尺寸等，图 2-5 所示的是某公司使用的指示牌。

(3) 标牌和指示牌的安装位置

汽车覆盖件模具标牌和指示牌的安装位置在上模座正面的右侧，标牌在里面，指示牌在外面。这就要求设计师在模具设计时，应考虑好预留安装空间。

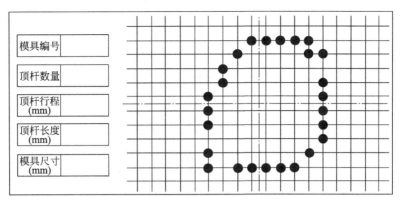

图 2-5　模具指示牌

(4) 标牌和指示牌合并

也有一些公司将汽车覆盖件模具标牌和指示牌合并到一块铭牌，图 2-6 所示的是某公司使用的铭牌。

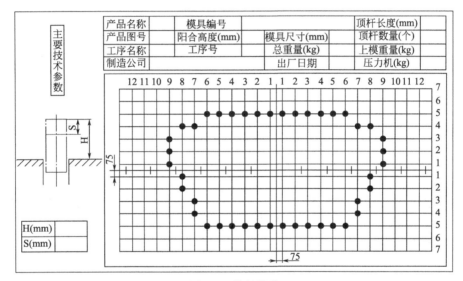

图 2-6　模具铭牌

2.1.4　模具安全警示牌要求

(1) 外形尺寸

汽车覆盖件模具安全警示牌外形尺寸（长×宽）为 105mm×150mm，起到提示作用。图 2-7 所示的是某公司使用的模具安全警示牌。

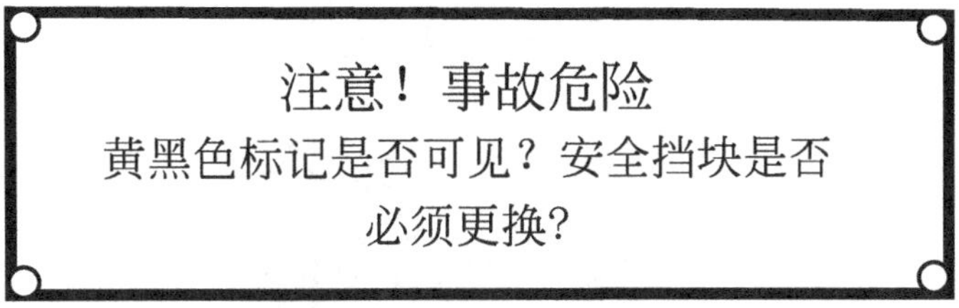

注意！事故危险
黄黑色标记是否可见？安全挡块是否必须更换？

图 2-7　模具安全警示牌

（2）标牌其他要求

汽车覆盖件模具标牌的材料为铝合金，厚度在 1.0～1.2mm 之间，固定方式有铆接或螺钉连接等。

2.1.5　模具部件标记刻字要求

模具部件标记刻字要求见表 2-3。

表 2-3　模具部件标记刻字要求

序号	模具部件名称	简图	标记刻字内容要求
1	导板	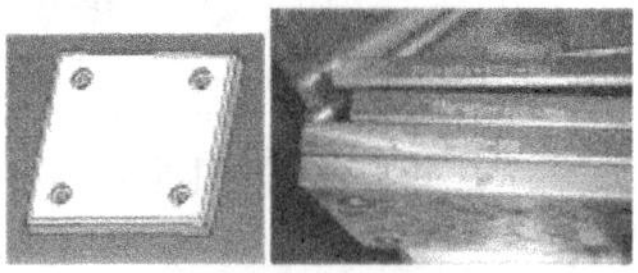	模具号（尾号）、件号、厚度（H=XX）
2	导套		模具号（尾号）、件号
3	工作限制器（即冲程停止具）		模具号（尾号）、件号（A\B\C\D 与模具上的铸字对应）、材质、高度（H=XX）
4	存放限制器		模具号（尾号）、件号
5	压边圈上的平衡块		模具号（尾号）、件号、高度（H=XX）
6	压边圈下的墩死块	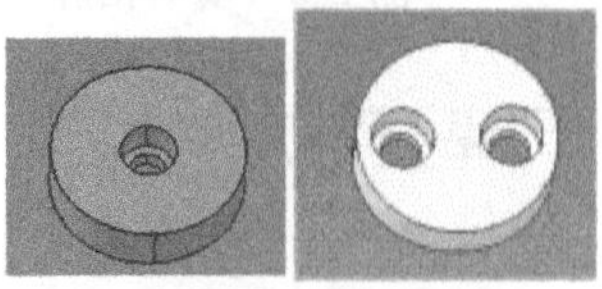	模具号（尾号）、件号、高度（H=XX）
7	二级顶杠垫块（即顶杆脚冲击块）		模具号（尾号）、件号、高度（H=XX）
8	料片定位器（即素材定位器）		模具号（尾号）、件号

续表

序号	模具部件名称	简图	标记刻字内容要求
9	吊棒		模具号（尾号）、件号
10	侧销		模具号（尾号）、件号
11	锥形限制器		模具号（尾号）、件号
12	定位键		模具号（尾号）、件号
13	冲头固定座		模具号（尾号）、件号
14	氮气缸固定板		模具号（尾号）、件号
15	氮气缸缓冲块（即氮气缸冲击块）		模具号（尾号）、件号、高度（H=XX）、硬度
16	废料刀		模具号（尾号）、件号、材质、硬度
17	拉延镶块、修边刀镶块、翻边整形镶块		模具号（尾号）、件号、材质、硬度
18	进出料架		模具号（尾号）、件号
19	V形导板		模具号（尾号）、件号

续表

序号	模具部件名称	简图	标记刻字内容要求
20	斜楔安装压板	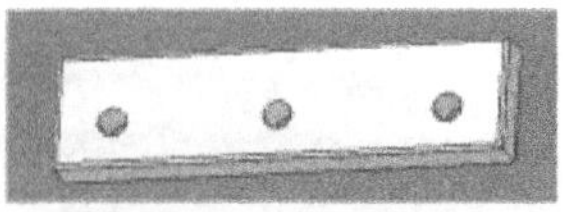	模具号(尾号)、件号
21	斜楔强制返程钩(即强制拉回块)	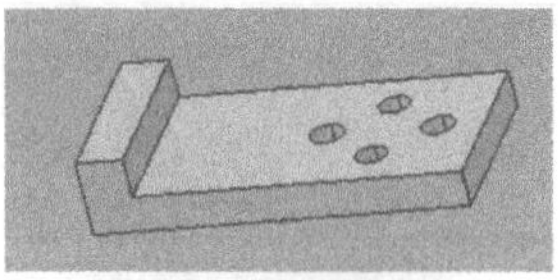	模具号(尾号)、件号
22	缓冲安装块(即优力胶安装块)		模具号(尾号)、件号
23	三销基准孔坐标值		刻印坐标数值
24	起吊螺孔、翻转螺孔	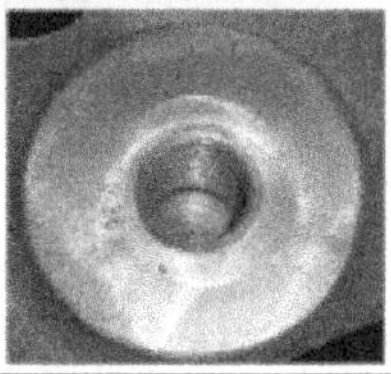	要刻印 M 数值

注：模具各安装部件都应刻字；刻印需字迹清晰、排列工整。刻字部位应在非工作面上，刻印字码大小根据实际部件大小比例来定，以合适美观为度，刻字选用钢字头或刻字笔刻字。

2.2 汽车覆盖件模具的导向

模具导向是为了保证模具工作时各相对运动部位具有正确位置及良好运动状态。模具导向零件包括导柱、导套、导板和导腿等。

汽车覆盖件模具必须有导向装置，并且应具有下面一项或几项功能：
① 模具装配、拆解和保管时的上、下模导向。
② 模具动作时，平衡侧向力。
③ 模具动作前后，保证刃口间隙及防止刃口干涉。
④ 防止侧冲零件的碰撞及平衡侧向力。
⑤ 各侧冲零件在没有挡墙时，防止发生碰撞及平衡侧向载荷。

2.2.1 模具导向类型选择

(1) 模具常用导向类型

如图 2-8 所示，模具常用导向类型共有五种。在汽车覆盖件模具中，普遍使用导向腿+导柱（导套）的结构，作为模具的导向。

导向腿的选择原则是：侧向力大的拉延模。

导板的选择原则是：有侧向力的单动拉延模。侧向力较小时使用单面导板，反之则使用双面导板。

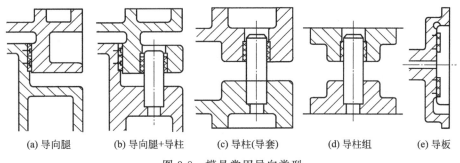

| (a) 导向腿 | (b) 导向腿+导柱 | (c) 导柱(导套) | (d) 导柱组 | (e) 导板 |

图 2-8 模具常用导向类型

导柱的选择原则是：侧向力较小的模具。压力机吨位在 600～800t 之间的选用 ϕ100mm 导柱，大于 800t 的选用 ϕ120mm 导柱。

导柱和导套的导向一般是将导柱放在下面，导套放在上面。

经验

➤ 模具导向类型的选择，应根据产量、模具类型及大小来确定。

（2）模具常用导向结构

汽车覆盖件模具常用导向结构见表 2-4。

表 2-4 汽车覆盖件模具常用导向结构

序号	简　图	导向结构
1		四角导向腿结构
2		四角导向腿与导柱并用结构
3		中央导向腿结构

第 **2** 章 汽车覆盖件模具通用结构设计

续表

序号	简图	导向结构
4	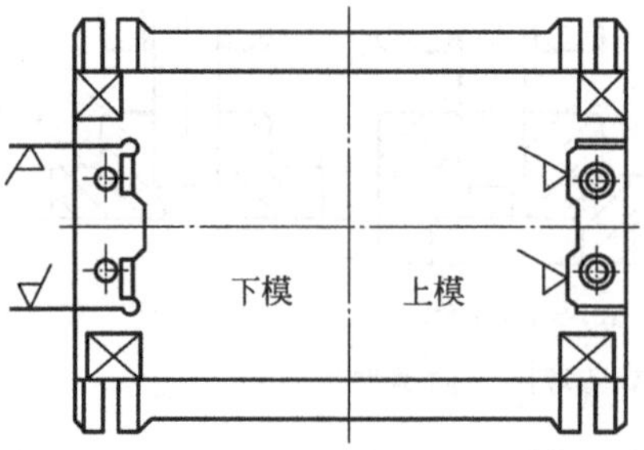 下模　上模	中央导向腿与导柱并用结构
5	 下模　上模	导板导向结构
6	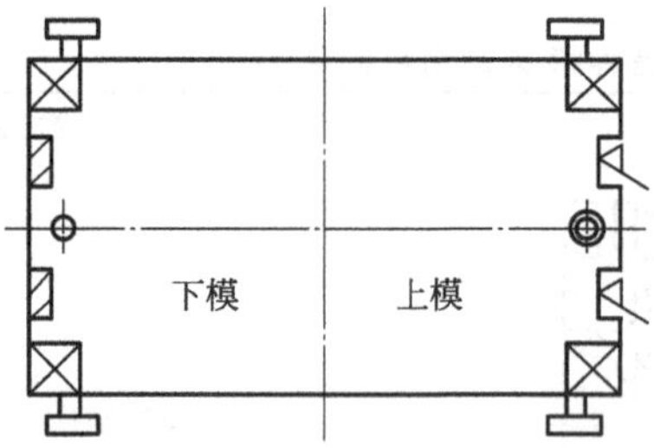 下模　上模	导板导向与导柱并用结构
7	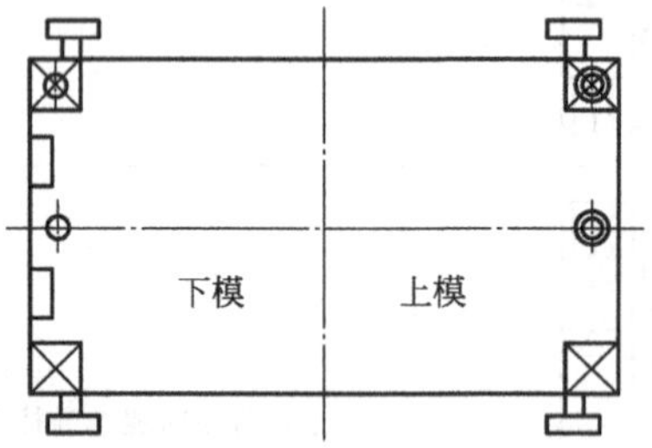 下模　上模	导柱导向结构

2.2.2　模具导向行程确定

① 中、小型模具行程不小于 50mm。
② 大型模具行程不小于 70mm。
③ 模具接触板料前至少 30mm，导向开始导入。

2.2.3　导板位置设计

一般布置 4~8 对导板导向，其位置在直线部分或曲面最平滑的部分，导板面应与中心线平行，如图 2-9 所示。

当外轮廓为不规则形状时，导板要在 X、Y 两个方向上标注尺寸。

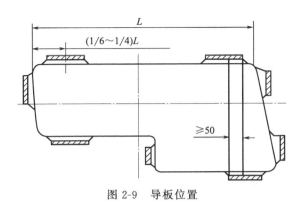

图 2-9 导板位置

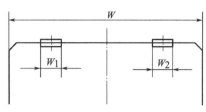

图 2-10 导向面长度选定

2.2.4 导向面长度选定

如图 2-10 所示为导向面长度的选定，图中 $W_1+W_2 \geqslant (0.2 \sim 0.25)W$。

2.2.5 模具导向及导向间隙确定

① 拉延模的导向及导向间隙详见 3.5 拉延模具的导向及导向间隙设计。
② 修边冲孔模的导向及导向间隙详见 4.1.4 修边冲孔模具的导向方式及导向间隙。
③ 整形翻边模的导向及导向间隙详见 5.1.4 翻边整形模具的导向与导向间隙。
④ 斜楔模的导向及导向间隙详见 6.1.3 斜楔模具的导向与导向间隙设计。

2.2.6 导柱（导套）导向

① 在汽车覆盖件模具的上、下模导向中，一般采用导套、导套压板和导柱配合使用，如图 2-11 所示。在卸料板的导向中，一般采用导套、导套压板和带槽导柱及导柱压板配合使用，如图 2-12 所示。

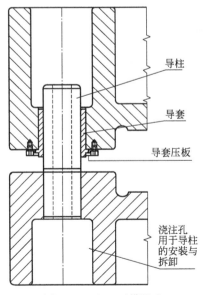

图 2-11 上、下模导向

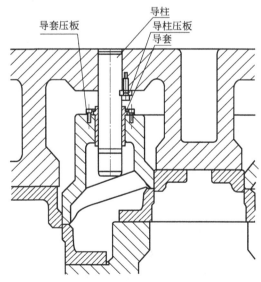

图 2-12 卸料板的导向

② 按模具尺寸（前后、左右）选择导柱直径尺寸。
a. 使用导向腿并且使用四个导柱的情况下，导柱直径尺寸可以参考图 2-13 选取。

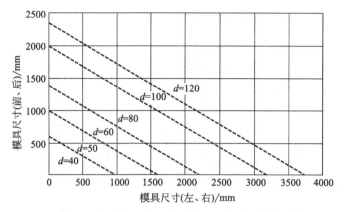

图 2-13 使用导向腿与四个导柱的情况下导柱直径尺寸的选取

经验

➤ 一般在 600t 压力机上使用的修边冲孔模,上、下模导向优先选用 ϕ80mm 导柱,在 800t 以上使用的修边冲孔模,其上、下模导向优先选用 ϕ100mm 以上的导柱。

b. 只使用四个导柱的情况下,并且被加工材料不大于 1.2mm 时,导柱直径尺寸可以参考图 2-14 选取。

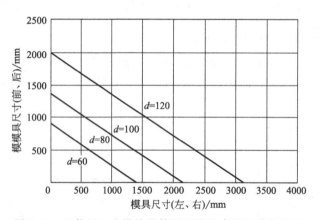

图 2-14 只使用四个导柱的情况下导柱直径尺寸的选取

经验

➤ 当被加工材料大于 1.2mm 时,按图 2-14 提高一挡选取导柱直径尺寸。

③ 上、下模导向的导柱与其相互关系如图 2-15 所示,装配尺寸见表 2-5。

技巧

➤ 原则上导柱安装在下模。由于与工件取放发生干涉或其他原因不能安装在下模时,如果操作者的安全性、操作性得到保障,也可以安装在上模。

有关导柱与导套详见 7.1.2 导柱与导套。

有关导柱压板与导套压板详见 7.1.3 导柱压板与导套压板。

实例 导柱与导套和导柱压板与导套压板的应用如图 2-16 所示。

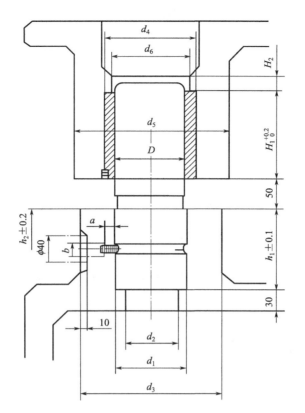

图 2-15 导柱与上、下模相互关系

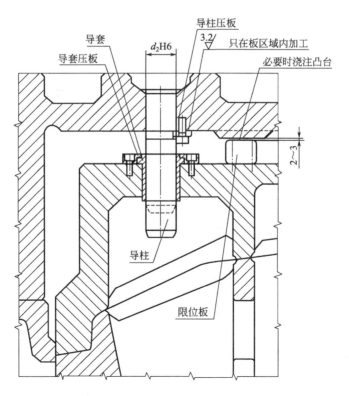

图 2-16 导柱与导套和导柱压板与导套压板的应用

表 2-5　导柱与上、下模装配尺寸　　　　　　　　　　　　　　　　　　　　　mm

D	d_1	d_2	d_3	a	b	h_1	h_2	N	d_4	d_5	d_6	H_1	H_2
30	30		20	90	20	16	40	20.5	M8	60		90	40	50	
40	40		30	100			50	25.6			100	50	60	
50	50		40	120	25	20	70	35.5	M12	70		120	60	75	
60	60	H7	50	140			90	45.5		80	H7	140	70	90	30
80	80		60	180			90	45.5		100		180	90	120	
100	100		80	220	40	26	120	60.5	M16	120		220	110	150	
120	120		100	260			150	75.7		140		260	130	180	

注：本表数据仅适用于四柱式导柱导向结构。

经验

➤ 只在必要时才使用此限位板，如为了使冲孔凸模在上模翻转时不至于被损坏。限位板放置于零件形状区域的上方。

➤ 图中看不见的导柱（如卸料板导柱）使用锁紧板锁住。

2.2.7　卸料板使用的导柱与导套

为简化卸料板结构而使用导柱（导套）代替导板。

(1) 适用范围

用于重量均匀无偏心载荷的卸料板导向。

(2) 基本结构

如图 2-17 所示，导柱固定在上模座，导套固定在卸料板上。

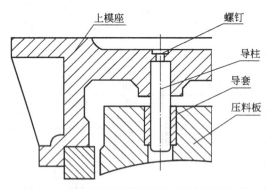

图 2-17　卸料板使用的导柱与导套基本结构

技巧

➤ 导柱与导套等使用螺钉从后端固定。

➤ 当导柱和导套的安装位置与图 2-17 所示相反时，导滑不均衡，不能采用。

(3) 使用条件

① 导套底部的安装高度 h 与卸料板的全高 H 之比为 $h/H \geqslant 0.6$（$h=h_1$），如图 2-18 所示。

② 卸料板压料面角度 θ 向一个方向倾斜时，为了平衡侧向力，其最大角度为 $\theta \leqslant 10°$。

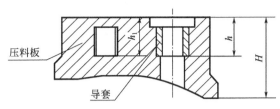
图 2-18 卸料板使用导柱与导套的条件

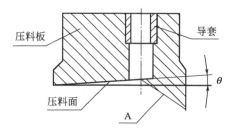
图 2-19 卸料板压料面角度 θ 向一个方向倾斜时

经验

➢ 如与图 2-19 所示 A 结构类似的情况下，$\theta > 10°$ 也可以。

2.2.8 模具导向件啮合尺寸的确定

模具开始加工动作前，有些导向件已经开始啮合一段距离了（如导柱与导套）。为了防止上、下模脱开困难，应设定啮合量。

① 上、下模开始接触时，导向件应啮合 50mm 以上，包括以下状态：
　a. 卸料板与工序件开始接触时。
　b. 侧冲斜楔与滑块开始接触时。
　c. 侧冲斜楔与滑块开始承载侧向力时。
　d. 工件定位装置开始进入上模避让处（防止导正装置损坏）时。

② 模具保管时，上、下导向件应啮合 50mm 以上。

2.3 模具端头结构设计

2.3.1 模具分挡

按模具外形长、宽尺寸 L 和 W（见图 2-20 和图 2-21）可将模具分为八挡。

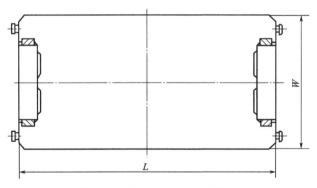

图 2-20 模具外形长、宽尺寸

2.3.2 中间导向腿

（1）中、小型模具

中、小型模具中间导向腿结构如图 2-22 所示，其尺寸见表 2-6。

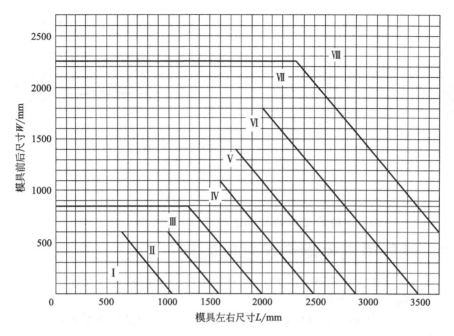

图 2-21 模具分挡

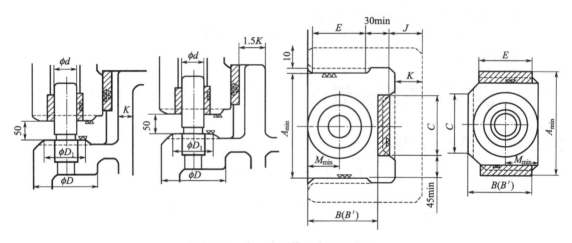

图 2-22 中、小型模具中间导向腿

表 2-6 中、小型模具中间导向腿尺寸   mm

类型	A	B	B'	C	D	D_1	E	J	K	M	d
Ⅰ	260	135	180	150	100	110	100	50	40	60	50
Ⅱ	260	135	180	150	100	110	100	50	40	60	50
Ⅲ	300	155	180	200	100	110	125	50	40	60	50

注：1. 导柱部分的详细尺寸，参见 7.1.2 导柱与导套。
2. B'、D 及 M 参照使用导柱时的尺寸。

(2) 中、大型模具

中、大型模具中间导向腿结构如图 2-23 所示，其尺寸见表 2-7。

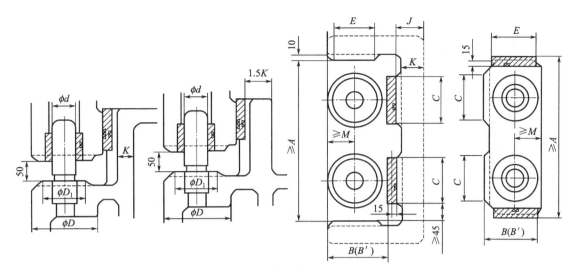

图 2-23 中、大型模具中间导向腿

表 2-7 中大型模具中间导向腿尺寸　　　　　　　　　　　　　　　mm

模具尺寸	A	B	B'	C	D	D_1	E	J	K	M	d
600×2000	450	160	205	100	140	120	100	50	40	70	60
1100×2500	700	160	205	100	140	120	100	50	40	70	60
1400×2500	1000	185	225	150	180	150	125	60	50	90	90
1400×3000	1200	185	225	150	180	150	150	60	50	90	90
1700×3000	1500	185	225	200	180	150	150	60	50	90	90

注：1. 导柱部分的详细尺寸，参见 7.1.2 导柱与导套。

2. B'、D 及 M 参照使用导柱时的尺寸。

2.3.3 角部导向腿

角部导向腿结构如图 2-24 所示，其尺寸见表 2-8。

表 2-8 模具角部导向腿尺寸　　　　　　　　　　　　　　　mm

类别	R	B	B'	C	D	D_1	J	K	M	d
Ⅰ	55	135	195	100	120	110	50	40	60	50
Ⅱ	55	135	195	100	120	110	50	40	60	50
Ⅲ	55	135	195	100	120	110	50	40	60	50
Ⅳ	60	160	205	125	140	120	50	40	70	60
Ⅴ	60	160	205	125	140	120	50	40	70	60
Ⅵ	70	185	225	150	180	140	60	50	90	80
Ⅶ	70	185	225	150	180	140	60	50	90	80
Ⅷ	70	185	225	150	180	140	60	50	90	80

注：1. 导柱部分的详细尺寸，参见 7.1.2 导柱与导套。

2. B'、D 及 M 参照使用导柱时的尺寸。

实例　导向腿宽时布置两列导板，如图 2-25 所示。

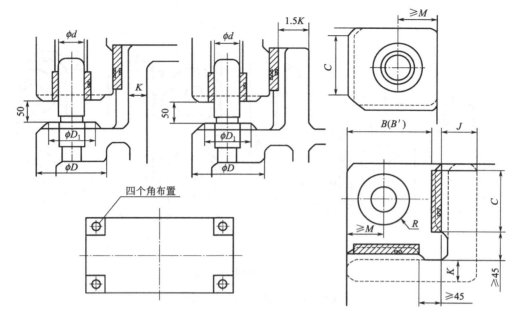

图 2-24 模具角部导向腿

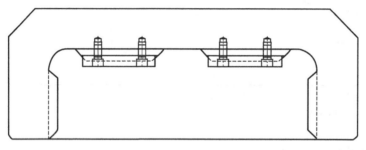

图 2-25 布置两列导板

➤ 导向腿宽度在 300mm 以内一般布置一列导板即可,大于 300 则需要两列导板。

实例 角部导向时的钻孔方向。如果导板座形状为角形,其导板的布置要有利于固定螺钉钻孔的机械加工,如图 2-26 所示。

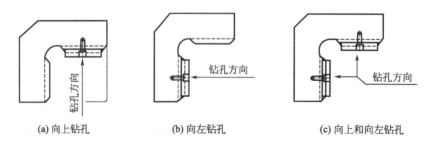

(a) 向上钻孔　　(b) 向左钻孔　　(c) 向上和向左钻孔

图 2-26 角部导向时的钻孔方向

实例 端头导柱、限位块、氮气弹簧等布置形式如图 2-27 所示。

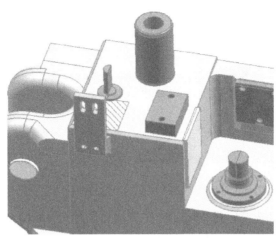

图 2-27　端头导柱、限位块、氮气弹簧等布置形式

2.4　模具防反措施

一般的汽车覆盖件模具都应有模具防反措施。其目的是防止在合模时避免将上、下模的 F 向装错（特别是型面简单的零件）。具体防反措施有如下几项：

① 有导向腿的采用导板防反，如图 2-28 所示。

② 有四根导柱的结构采用导柱偏移防反，具体的措施就是后侧导柱向左（或向右）侧偏移 10mm，如图 2-29 所示。

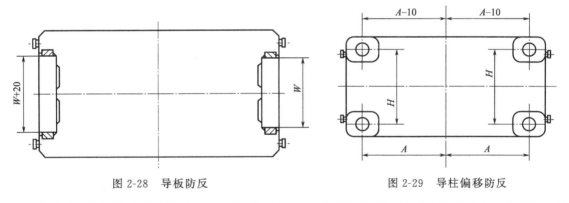

图 2-28　导板防反　　　　　　　　图 2-29　导柱偏移防反

③ 如果是采用两根导柱时，防反措施是将模具左右两侧的导柱距离模具中心 X 轴距离 $B/2$ 设计为 $B/2$ 和 $(B+20)$ 就可以了。

④ 完全对称 PAD 或其他有误操作情况时，均应考虑防反，具体形式根据模具结构设置。

经验

➤ 注意不要与工件取放发生干涉。带传送装置的模具，注意不要与工件取放及传送支架等发生干涉。

2.5　到底标记

对于汽车覆盖件模具中的拉延模、成型模和整形模，需要设计到底标记。到底标记不允许影响零件表面质量，在拉延模中使用 2 个对角线分布的到底标记。原则上每个制件设置 4 处，两个一组，且距离不宜太近。最终到底标记只能布置在成型凹区（只有到底钢印才能碰到的区域）。

到底标记优先布置在上模。

到底标记在零件上可见，并且尽可能避开匹配面。

经验

> 到底标记不安置在运动的功能部件面上。

2.5.1 到底标记钢印

根据布置位置，可以选择序号 1（见图 2-30）和序号 2（见图 2-31）两种到底标记钢印的任意一种（见表 2-9），优先采用序号 2。

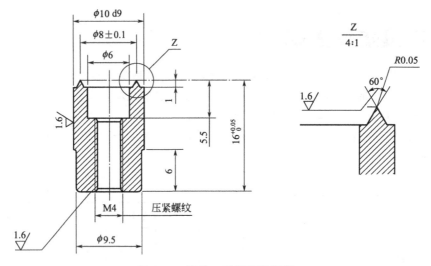

图 2-30 序号 1 到底标记钢印

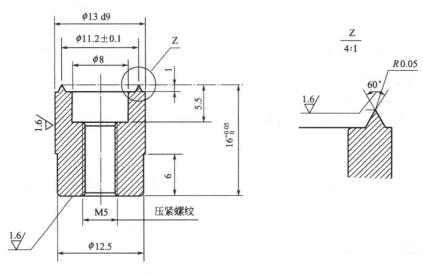

图 2-31 序号 2 到底标记钢印

材料：Cr12MoV，热处理硬度58～62HRC。

经验

➢ 原则上设置于废料处，并与板料较晚接触的平面部位。
➢ 外板件应设置于非产品处。
➢ 左右合并件用左右标记销，用L与R字母区分。

实例 到底标记钢印安装示意（一）如图2-32所示。

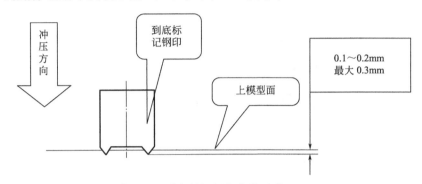

图2-32 到底标记钢印安装示意（一）

实例 到底标记钢印安装示意（二）如图2-33所示。

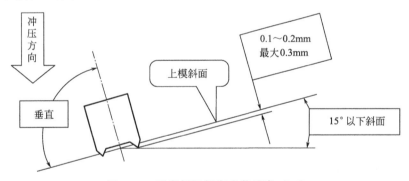

图2-33 到底标记钢印安装示意（二）

经验

➢ 到底标记钢印若安装在平面上有困难时，则应该安装在15°以下的斜面上，但是到底标记钢印应该垂直该斜面（见图2-33）。

实例 到底标记钢印装配如图2-34所示，其相关尺寸见表2-9。

表2-9 到底标记相关尺寸　　　　　　　　　　　　　　　　　　mm

序号	d_1(h11)	d_2	L
1	10	M3	30
2	13	M4	35

2.5.2 到底标记钢印垫块

两种到底标记钢印垫块如图2-35所示。

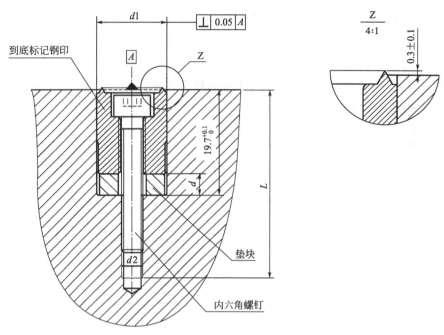

图 2-34 到底标记钢印装配

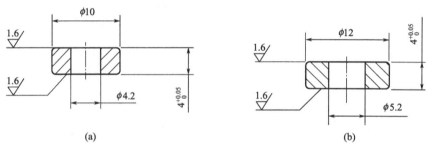

图 2-35 到底标记钢印垫块

材料：Cr12MoV，热处理硬度 58～62HRC。

> **经验**

- 底标记钢印原则上设置于废料处，并与板料较晚接触的平面部位。
- 汽车覆盖件外板件应设置于非产品处。

2.6 铸件结构设计

2.6.1 铸造孔

(1) 普通铸造孔

图 2-36 所示的为普通铸造孔，具体尺寸见表 2-10。

铸造孔设计应注意夹砂，下列几种情况仅供参考。

① 如图 2-37(a) 所示铸造孔狭窄时，应采取的措施有调整筋的距离，如图 2-37(b) 所示，或改变铸造方向等，如图 2-37(c) 所示。

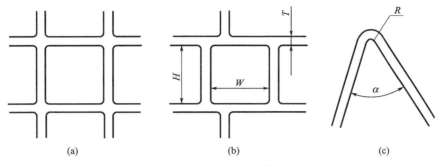

图 2-36 普通铸造孔

表 2-10 普通铸造孔尺寸　　　　　　　　　　　　　　　　　　　　　　　　mm

类型	优劣	W	H	R	备注
图(a)	劣				不能避免方可采用
图(b)	优	(8～12)T	(8～12)T	≥15	
图(c)	劣				不能避免方可采用,α≥45°

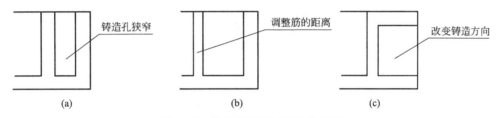

图 2-37 铸造孔狭窄及采取的措施

② 如图 2-38(a) 所示键槽部分清砂难时，应采取的措施有改变结构方式，如图 2-38(b) 所示，或增加清砂孔及保证清砂空间等，如图 2-38(c) 所示。

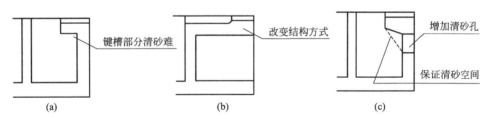

图 2-38 键槽部分清砂难及采取的措施

(2) 连接功能铸造孔

对于偏重心的铸空结构，当浇入铁水，实型汽化后，砂芯会因偏重而变形。特别是铸空大，同时偏重心大时，必须在侧面设置铸造孔与另一砂芯连接，以实现加强的功能，如图 2-39 所示。

(3) 废料滑道用铸造孔

为方便安装滑道、清砂等而设置的，最小宽度≥40mm，如图 2-40 所示。

(4) 起吊用铸造孔

① 起吊用铸造孔直径应在 φ50mm 以上（小件要求 φ40mm 以上），原则上为通孔，如图 2-41 所示。

② 通孔实现不了时，应加大铸造孔直径，要求如下：

a. 铸件重量在 1000kg 以下的为 ϕ60mm。
b. 铸件重量在 1000～2000kg 的为 ϕ80mm。
c. 铸件重量在 3000kg 以上的为 ϕ100mm。

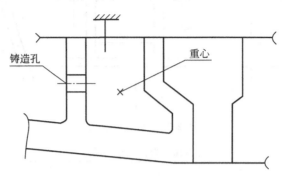

图 2-39 连接功能的铸造孔

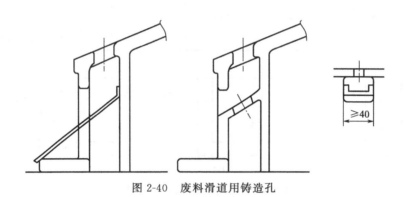

图 2-40 废料滑道用铸造孔

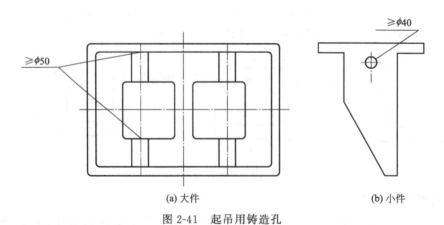

(a) 大件　　(b) 小件

图 2-41 起吊用铸造孔

（5）配管用铸造孔

模具有时需要使用气动元件和电动元件，将气管、电线从元件装置处，经过各立筋上铸造孔引至气路或电路外接口处，设计应考虑该功能用铸造孔的设置，此类铸造孔直径在 ϕ50 以上，如图 2-42 所示。

通常将减重孔作为配管用铸造孔。

（6）安装零件用铸造孔

主要是冲孔凸模和斜楔滑块等用铸造孔等，如图 2-43 和图 2-44 所示。

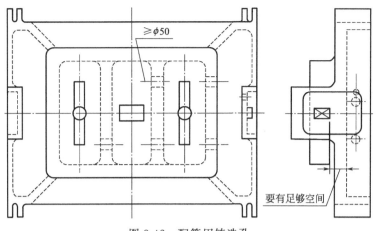

图 2-42 配管用铸造孔

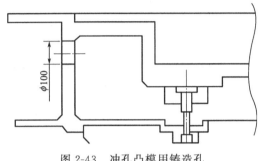

图 2-43 冲孔凸模用铸造孔

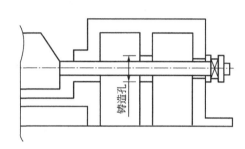

图 2-44 斜楔滑块用铸造孔

(7) 排水孔

所有模具在加工研配完成后或在正式生产前都要对模具进行清洗，因此需要在模具上有凹坑的地方或最低点设计排水用孔，以便将清洗废水排至模具外，一般孔直径为 $\phi40mm$。

2.6.2 检查孔

有导板间隙检查孔和贴合面检查孔。导板间隙检查孔如图 2-45 所示。贴合面检查孔如图 2-46 所示。

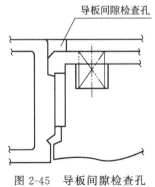

图 2-45 导板间隙检查孔

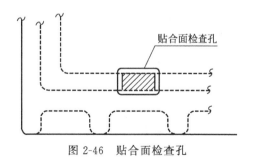

图 2-46 贴合面检查孔

2.6.3 减重孔

为降低材料费用及减轻模具重量，在可能的条件下，铸造筋全部设置减重孔，如图 2-47

所示。铸件强度弱时,应慎重考虑其大小。减重孔的大小及边距可参考表 2-11。

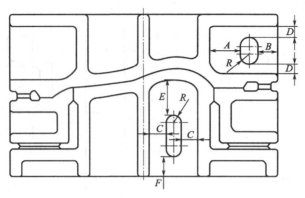

图 2-47 减重孔

表 2-11 减重孔的尺寸   mm

料厚	A	B	C	D	E	F	R_{min}
≥1.0	50	70	50	50	70	100	25
<1.0	50	50	50	50	50	80	25

经验

➢ 尽可能按客户的要求设计减重孔。

2.6.4 导柱(或导套)拆装孔

顾名思义,所设计的拆装孔,主要目的就是为了拆装导柱和导套。其拆装孔的直径应大于所选导柱和导套的外径尺寸[参阅 2.2.6 导柱(导套)导向和 7.1.2 导柱与导套],如图 2-48 所示。

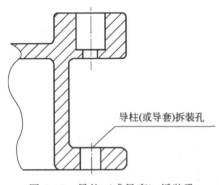

图 2-48 导柱(或导套)拆装孔

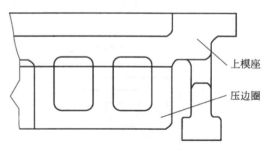

图 2-49 底面窥视孔

2.6.5 窥视孔

(1) 底面窥视孔

从侧面窥视压边圈等是否到底,如图 2-49 所示,具体尺寸如图 2-50 所示。

(2) 测量导板处间隙用窥视孔

为测定导板间隙,在上、下模的压件器,导向腿处开不小于 45mm×50mm 的窥视孔,如图 2-51 所示。

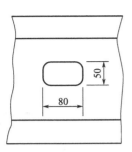

图 2-50 底面窥视孔尺寸

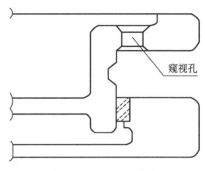

图 2-51 测量导板间隙窥视孔

(3) 观察压料芯磴死块是否与模座接触用窥视孔

对于压料芯需要和模板磴死的模具，一定要有窥视孔，以便于检查压料芯磴死块是否已经和模座完全接触，如图 2-52 所示。

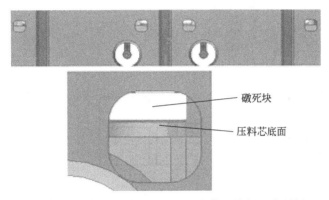

图 2-52 观察压料芯磴死块是否与模座接触用窥视孔

2.7 铸造加强筋的设计

2.7.1 铸造加强筋的厚度尺寸

如图 2-53 所示，T 为加强筋的厚度尺寸，不小于 30mm；A 和 B 为减轻孔尺寸，最大 450mm［约等于 $(8\sim12)T$］。

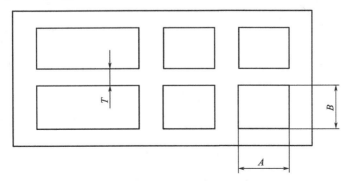

图 2-53 铸造加强筋的厚度尺寸

2.7.2 侧挖空尺寸

① 如图2-54所示，当 $h<3A$（或 $3B$）时，上、下侧挖空；当 $H>3A$（或 $3B$）时，侧面挖空。

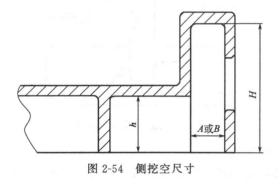

图2-54 侧挖空尺寸

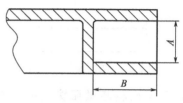

图2-55 A 与 B 的关系

② 如图2-55所示，如果当 $A<100mm$ 时，则 $B=A$；当 $100mm<A<200mm$ 时，则 $B=1.5A$；当 $A>200mm$ 时，则 B（最大）$=350mm$。超过上述规定时，在上、下底面及侧筋上开孔，如图2-56所示。

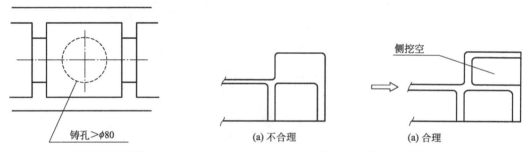

图2-56 在上、下底面及侧筋上开孔　　图2-57 侧挖空结构

③ 如图2-57(a)所示的结构不合理，应该修改成如图2-57(b)所示的结构。

2.7.3 铸造加强筋设置的注意事项

① 避免斜交叉，如图2-58(a)所示。如果斜交叉，极容易出现铸造缺陷。要修改成如图2-58(b)所示的结构。

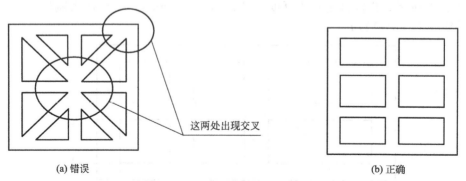

图2-58 铸造加强筋避免斜交叉

② 如图2-59(a)所示，加强筋非直角时，应加大 R，如图2-59(b)所示。

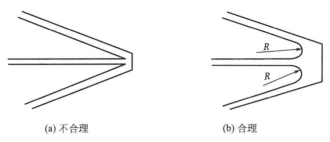

图 2-59 加强筋非直角时应加大 R

③ 加强筋设计应避免集中交叉结构，如图 2-60(a) 所示。这样设计的加强筋面积过大，应改成如图 2-60(b) 所示的 T 形结构。

图 2-60 加强筋应避免集中交叉

④ 加强筋的厚度尽量设计均匀，应将如图 2-61(a) 所示的结构修改成如图 2-61(b) 所示的结构。

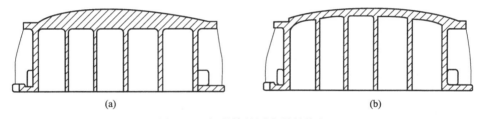

图 2-61 加强筋的厚度尽量均匀

⑤ 宽度不同的加强筋（$T_1 \neq T_2$）极容易在拐角处出现铸造缺陷，应该增大相互接触面积，如图 2-62 所示。

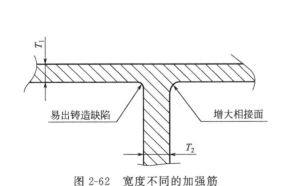

图 2-62 宽度不同的加强筋

图 2-63 模具加强筋间距应在 300mm 以内

➤ 模具加强筋间距应在 300mm 以内，如图 2-63 所示。纵筋布置应尽量避开压力机 T

形槽。如避不开,加强筋应增加厚度。

2.8 铸造结构的改进

在铸造困难处、手指不能伸进处都可视为铸造性不佳。改进措施既可以填实,也可以开孔,如图 2-64 和图 2-65 所示。

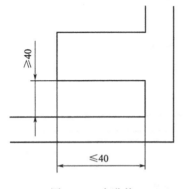

图 2-64 改进前

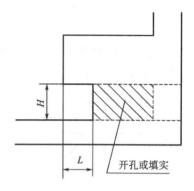

图 2-65 改进后

注意填砂、清砂时死角,可以填实,也可以开孔,如图 2-66~图 2-71 所示。

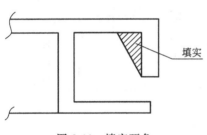

图 2-66 填实死角

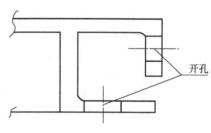

图 2-67 开孔

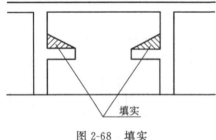

图 2-68 填实

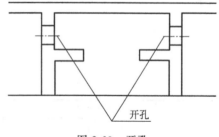

图 2-69 开孔

填砂后,如果砂型局部过弱,浇注时易冲坏砂型,如图 2-72(a) 所示,应改成如图 2-72(b) 所示的形式。

对如图 2-73(a) 所示的结构,可以改成如图 2-73(b) 和 (c) 所示的结构。
对如图 2-74(a) 所示的结构,可以改成如图 2-74(b) 和 (c) 所示的结构。
对如图 2-75(a) 所示的结构,可以改成如图 2-75(b) 和 (c) 所示的结构。
加工余量的考虑。如果铸件需要机械加工,则必须预留出加工余量,如图 2-76 所示。也可以制出作为加工余量的凸台。

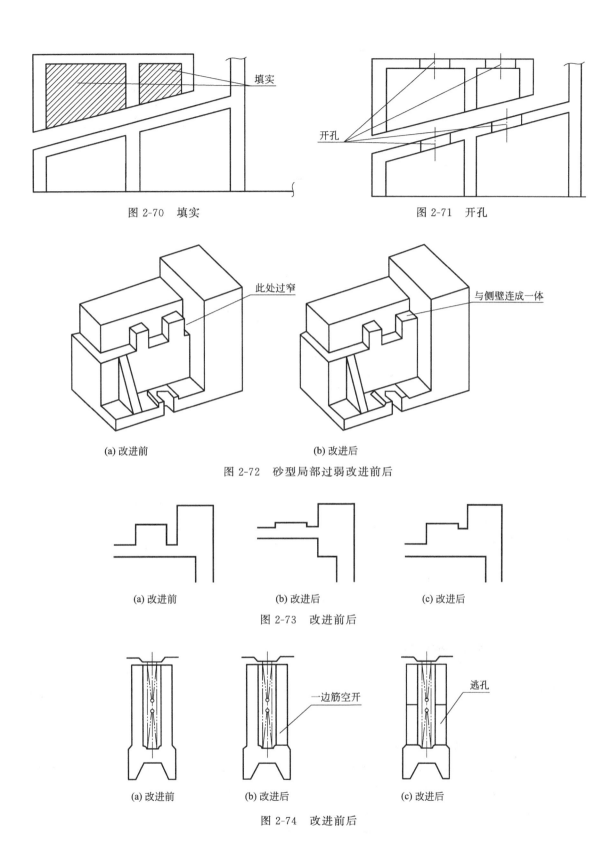

图 2-70 填实

图 2-71 开孔

图 2-72 砂型局部过弱改进前后

图 2-73 改进前后

图 2-74 改进前后

出于浇注性的考虑，在狭窄处铁水流入不畅，应将尖角处改成圆弧过渡形式，如图2-77所示。

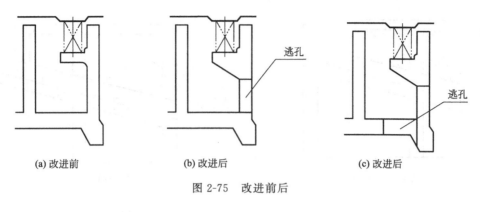

图 2-75 改进前后

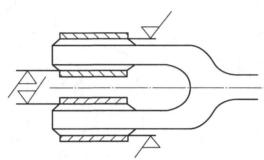

图 2-76 预留出加工余量

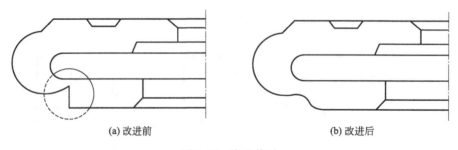

图 2-77 改进前后

2.9 安装座的设计

凸模固定座、局部支承的凸出面以及其他零件的安装座，应制成与上模座（或下模座）成一体的结构。

2.9.1 安装座分散时

如图 2-78 所示，长、宽尺寸分别为 50mm 以下，高 150mm 以上的普通安装座，铸造填砂时受到冲击可能导致折断；铸造完成后由于急速冷却也容易出现断裂现象。

针对以上两种情况，一般要采取以下五种措施：

① 将安装座设计成梯形结构，如图 2-79 所示。

② 在一侧增设加强筋，如图 2-80 所示，必要时可双侧设置。

③ 将安装座设计成两段阶梯形，如图 2-81 所示。

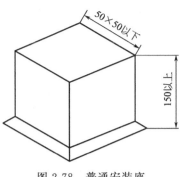
图 2-78 普通安装座

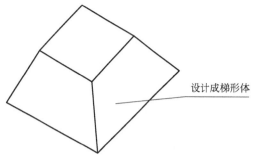
图 2-79 阶梯安装座

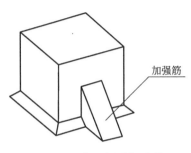
图 2-80 在一侧设加强筋

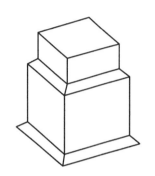
图 2-81 两段阶梯形

④ 设计成螺纹连接结构，如图 2-82 所示。

⑤ 当长、宽尺寸分别在 50mm 以上，高 150mm 以上的安装座，在条件允许的情况下，尽可能将多个安装座设计成连接在一起的结构，如图 2-83 所示，防止安装座在铸造时倾斜及冲击折断。

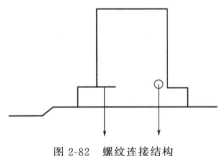
图 2-82 螺纹连接结构

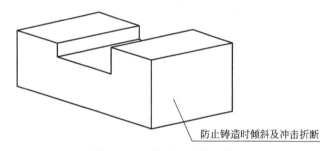
图 2-83 连接在一起的安装座

2.9.2 安装座集中时

当安装座集中时，尽量将安装座设计成集中在一个比较大的底座上的结构。为了减轻重量，可在底座下面或侧面采取挖空措施。注意挖空后的强度要足够，如图 2-84 和图 2-85 所示。

2.9.3 安装座与修边线、翻边线接近时

截面尺寸小 [(50mm×50mm)～(60mm×60mm)] 而高度尺寸大（＞150mm）的安装座，当与修边线、翻边线接近时，要设计成与侧壁连接的结构，如图 2-86 所示。

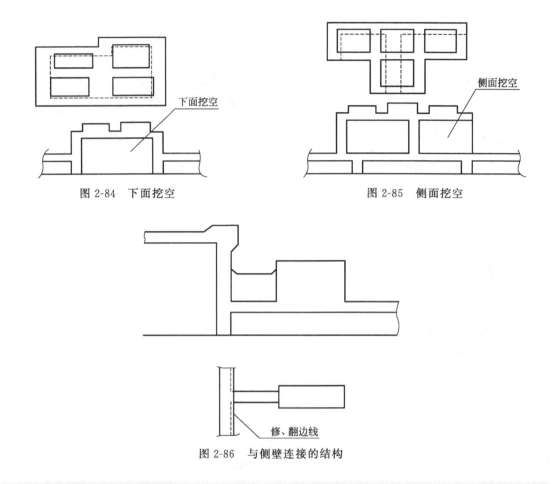

图 2-84 下面挖空　　　图 2-85 侧面挖空

图 2-86 与侧壁连接的结构

2.10 铸造试棒

① 汽车覆盖件模具的模座、压边圈、凸模及退料板等均应设计铸造试棒,其目的是必要时化验其材料的化学成分及一些元素的含量是否与设计要求一致。铸造试棒截面结构如图 2-87 所示,长度为150～200mm。

② 铸造试棒应放置在不影响模具装配及不干涉冲压生产的位置(如铸造孔内)。以下材料铸件需要提供铸造试棒:

a. GM241(钼铬合金)。

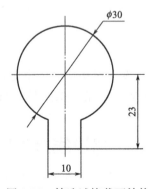

图 2-87 铸造试棒截面结构

b. FC300（HT300 灰口铸铁）。
c. GM190（合金铸造钢）。
d. FCD550（球墨铸铁）。
e. GGG70L（钼铬铸造钢）。
f. ICD-5（铸造空冷钢）。

③ 每个模具零件上的铸造试棒一般为两个，模具制造单位在铸件进厂后（或加工前）检验使用一个；而另一个则应附在模具上，跟随模具到使用单位，以备发生争议时校验。

2.11 压板槽

压板槽的作用就是利用螺栓、螺母和压板，通过压板槽将模具固定到压力机的工作台面或滑块上。

2.11.1 压板槽的数量

根据模具的大小来确定压板槽的数量，参考表 2-12。

表 2-12 压板槽的数量

模具长度/mm	下模座压板槽	上模座压板槽
≤1000	2×2	2×2
1001～1600	2×2	2×3
1601～3600	2×3	2×4
>3600	2×4	2×4

2.11.2 压板槽的设计

① 压板槽的结构尺寸如图 2-88 所示。

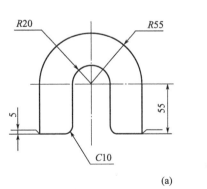
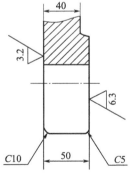
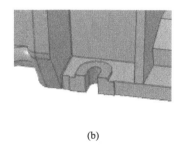

(a)　　　(b)

图 2-88　压板槽结构

② 压板槽与加强筋的最小距离如图 2-89 所示。
③ 模具两侧压板槽距模具端头的距离应小于 500mm。
④ 如果压板槽与端头的距离比较近，为了避免模具在搬运时损伤，则必须设置加强筋，尺寸如图 2-90 所示。

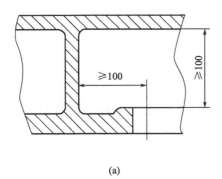 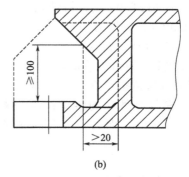

图 2-89 压板槽与加强筋的最小距离

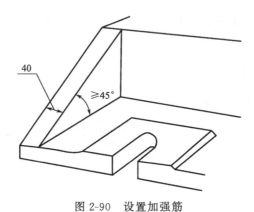

图 2-90 设置加强筋

经验

- 有关模具的安装相关事项，需参考压力机参数。
- 压板槽边缘设计造型需考虑上、下模统一的平面高度。
- 距离模具中心大于 1000mm 压板槽需要铣出（不用铸造）。
- 所有起吊钢丝绳能够碰到的压板槽边缘需要倒 R5~10 的角。

实例 压板槽与扳手空间的尺寸如图 2-91 所示。

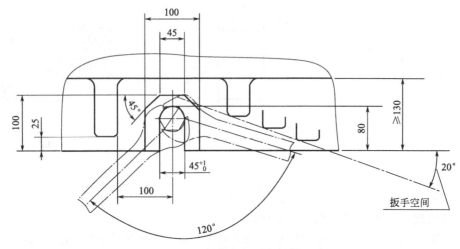

图 2-91 压板槽与扳手空间的尺寸

2.12 铸件的其他要求

2.12.1 铸件加工辅助支脚及夹紧底座

① 当凸模、凹模、压边圈等型面为曲面时，无法装夹加工其底面。为了保证加工质量，应在其型面上设置四个支脚。支脚的规格为 ϕ35mm 或 35mm×35mm 方柱，最高为 60mm，与其他支脚的高度差为 50mm 的倍数。

② 装夹凹槽（铸造孔）在长度方向设置四处，为 250mm 的倍数。原则上装夹凹槽在支脚的上方，如图 2-92 所示。

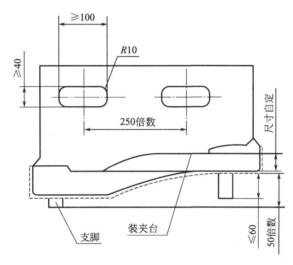

图 2-92 装夹凹槽的位置

③ 加工压边圈底面、轮廓及单体型面等时，装夹紧固用，设置于侧面≥40mm×100mm 铸出孔或凹槽，如图 2-93 和图 2-94 所示。

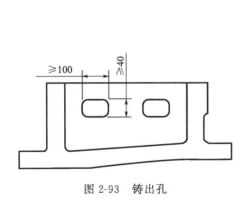

图 2-93 铸出孔

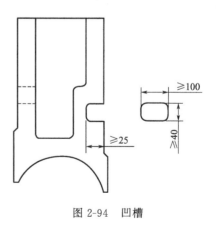

图 2-94 凹槽

2.12.2 铸件倒角要求

铸件倒角要求如图 2-95 所示。

① 贴角、倒角的尺寸，原则上按要求。

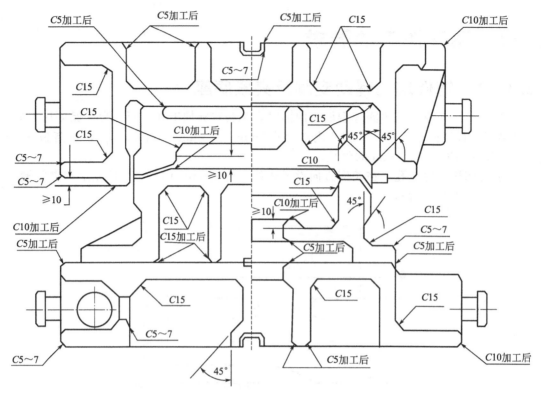

图 2-95 铸件倒角

② 模具图上有标注时,以图为准。
③ 加工面标注的 C5 指:机械加工后要有 C5(5×45°)倒角。
④ 导柱、导柱套孔超过 ϕ63mm 时,考虑加工余量铸出。

2.12.3 安全台

一般地,汽车覆盖件模具在上、下模座普遍设置安全台,用于安放限位块及导柱、导套等部件,保证模具在闭合状态下安全距离不小于 150mm,如图 2-96 所示。其设置要求为:

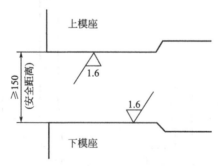

图 2-96 安全台

① 大型模具四处,规格为 150mm×150mm×10mm,如图 2-97 所示。
② 中型模具四处,规格为 120mm×120mm×10mm。
③ 小型模具两处或四处,规格为 100mm×100mm×10mm。
④ 细长模具(或中、小型模具)仅对角设置两处,规格为 100mm×100mm×10mm,如图 2-98 所示。

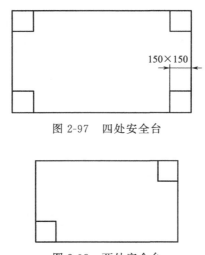

图 2-97　四处安全台

图 2-98　两处安全台

2.13　汽车覆盖件模具的起吊形式

① 横销式吊耳　该类型吊耳与横销式吊棒配合使用,是大、中型模具中广泛采用的一种结构形式,如图 2-99(a) 所示。

② 铸造式圆吊耳　该类型吊耳结构简单,一般用在 20000kg 以下、长度在 2000mm 以下的模具,如图 2-99(b) 所示。

③ 短规格吊耳(也称板式吊耳)　该类型吊耳一般在模架上和钢板模上应用较多,如图 2-99(c) 所示。详见 7.6.2 用于铸件的起吊件中的相关内容。

④ 分体铸造式吊耳　该种结构只有 400kg 和 630kg 两种规格,如图 2-99(d) 所示。详见 7.6.2 用于铸件的起吊件中的相关内容。

⑤ 起吊孔和螺纹孔　在小型模具及模具镶块中有应用,而且螺纹孔需要配合起吊螺栓及吊环使用(参阅 7.6.2 用于铸件的起吊件中的相关内容),如图 2-99(e) 和 (f) 所示。

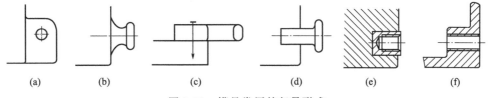

图 2-99　模具常用的起吊形式

2.13.1　模具吊耳和吊棒

① 上、下模座等比较重的模具零件的起吊,使用吊棒(参阅 7.6 起吊件)。

② 汽车覆盖件模具的上、下模座都设计吊耳,一般为四个,布置于模具的前方和后方,位置在四个角上,如图 2-100 所示。

③ 吊棒总是从外侧向模具中心线方向插入。

➢ 有关吊棒的详细内容见 7.6.2 用于铸件的起吊件。

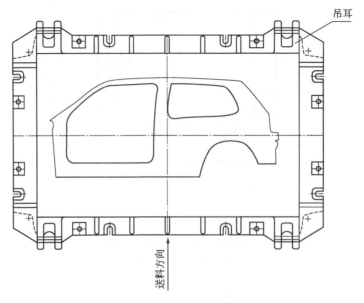

图 2-100 吊耳的布置形式

④ 模具上的吊耳如图 2-101 所示，具体尺寸见表 2-13。

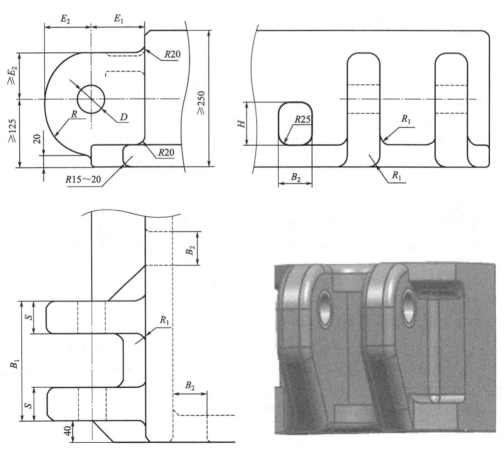

图 2-101 模具吊耳

表 2-13 吊耳具体尺寸   mm

模具重量/kg	D	S	E₁	E₂	H	B₁	B₂	R₁
6400	62	40	65	55	60	140	50	16
10000	74	50	80	65	70	180	63	20
16000	84	60	100	85	80	220	80	32
25000	100	80	125	100	120	280	80	40
36000	114	100	160	125	150	340	80	60
50000	114	100	160	170	180	340	100	80
63000	114	100	160	190	220	340	100	80

注：尺寸 D 是没有衬套的内径尺寸。

实例 模具吊耳和吊棒应用如图 2-102 所示。

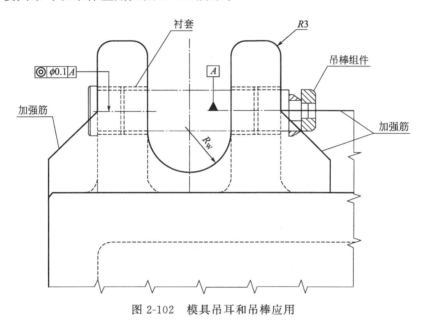

图 2-102 模具吊耳和吊棒应用

经验

➢ 生产时，上模座不能有吊棒。

➢ 所有与起吊钢丝绳接触的棱角均需要按规定倒圆角。

➢ 吊棒直径的大小应按照两根吊棒能吊起模具或使模具翻转设计。在生产时如果考虑模具两层叠放吊运，需要按叠放模具最大重量考虑相应的结构设计。

➢ 长度大于 2000mm 的大、中型模具，一般均采用加强结构的吊耳形式。

➢ 吊耳的高度位置一般要求吊棒设计在上（下）模的高度中间位置。

➢ 卸料板或镶块的起吊需考虑受力的平衡。

2.13.2 铸造式圆吊耳

铸造式圆吊耳主要应用于总重量在 20000kg 以下的模具。在模具的端面上可以配置 4 个圆吊耳，如图 2-103 所示。

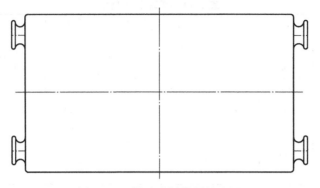

图 2-103 铸造式圆吊耳的配置

铸造式圆吊耳如图 2-104 所示，具体尺寸见表 2-14。

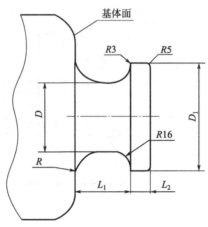

图 2-104 铸造式圆吊耳

表 2-14 铸造式圆吊耳具体尺寸   mm

吨位/kg	D	D_1	L_1	L_2	R
3200	50	80	36	13	20
5000	63	100	40	16	20
8000	80	140	50	20	32
12600	100	160	56	25	32
16000	125	185	63	25	32
20000	140	200	71	30	40

其余吊耳可参阅 7.6 起吊件中的相关内容。

经验

➤ 确定吊耳尺寸时必须要以两个吊耳就能吊起模具作为前提（模具翻转时只能用两个吊耳）。模具翻转时做到至少使用两个吊耳，钢丝绳在吊钩处的张角不得超过 90°。

➤ 一般 2000mm 以上的模具不用该结构形式的吊耳。

➤ 吊耳凸台 D_1 的上边棱不得高于模具的最高棱边。

➤ 所有与钢丝绳接触的边棱必须做圆角 R（按表列值），同时必须考虑上、下模翻转。
➤ 铸造式圆吊耳距底面的高度必须保证能使钢丝绳顺利穿过。

2.14 模具设计、加工、安装及研配基准

2.14.1 模具设计基准点的设定和标记

(1) 基准点的设定

① 基准点设定在产品坐标线的交点上。
② 模具设计时，必须用该基准点指示零件的位置与模具的关系。
③ 所有工序的基准点必须统一。

(2) 标记方法

① 没有旋转时，其标记方法如图 2-105 所示。

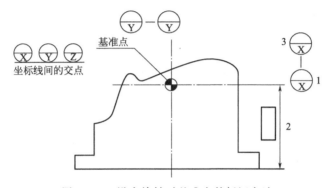

图 2-105 没有旋转时基准点的标记方法

技巧

标记方法如下：
➤ 首先画坐标线。
➤ 标注坐标线尺寸。
➤ 指出下一条坐标线的方向。
➤ 标记基准点。

② 有 1 次旋转时，其标记方法如图 2-106 所示。

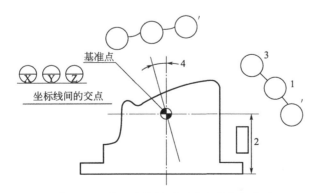

图 2-106 有 1 次旋转时基准点的标记方法

标记方法如下：
➢ 首先画坐标线。
➢ 标注坐标线尺寸。
➢ 指出下一条坐标线的方向。
➢ 指出旋转角度。

③ 有 2 次旋转时，其标记方法如图 2-107 所示。

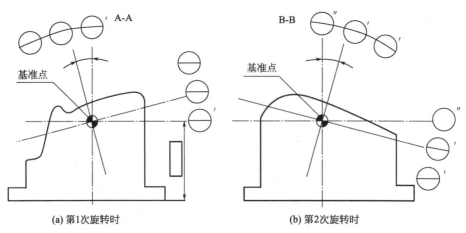

图 2-107 有 2 次旋转时基准点的标记方法

(3) 模具设计常用符号

模具设计部分常用符号见表 2-15。

表 2-15 模具设计部分常用符号

符 号	含 义	符 号	含 义
℄	中心线	▷	冲压方向
⊕	基准点(φ10mm)	▷	斜楔运动方向
⊗	基准定位坐标孔(c/h)	→	剖视方向
⊠	产品型面检查点(c/p)	⇨	制件送进、流向
⊗	工艺补充型面检查点(d,c/p)	F	模具前面
+	螺钉平面图	▭	基准尺寸
⊕	柱销平面图	[ ]	试验决定尺寸
⊤	螺钉剖视图	( )	参考尺寸、重复尺寸
⊤	柱销剖视图	< >	计算尺寸
S	弹簧平面图	~	近似尺寸
⊠	弹簧剖视图		

2.14.2 模具加工基准

汽车覆盖件模具常见的加工基准有基准面、基准孔（三销基准孔和安装用基准孔）和中心键三种。

① 基准面设置方便，应用比较广泛，特别对有些模具零件不适宜采用基准孔，更是如此。缺点是在模具设计变更、返修时（如果此时又安装了导柱等），使用基准面不太方便。

② 基准孔比较精确，但是在使用过程中切屑和灰尘等杂物容易将基准孔堵塞，也容易因水（或环境湿度大等）而生锈，影响使用。

③ 中心键的设计主要考虑模具加工时安装的定位。

基准面、基准孔和中心键各有利弊，选用时应根据具体模具零件情况而确定，也可以两两同时采用。

经验

➤ 汽车覆盖件模具所有部件和模架都需有基准孔。

(1) 基准面

如图 2-108 所示，基准面共设置四组，每组分上、下平面，对应的上、下平面位置可以错开，大小也可以不一样。其设置原则如下。

① 基准面设置在模具零件的两个侧面的非工作部分上，两侧的基准面应相互垂直。对于装在其他零件内部的模具零件，可利用导板安装面来作为基准面，或将非工作部分铣出几处小平面来作基准面而不另外设置凸起的基准面。

② 同一副模具的上、下零件，基准面的方位应一致（如同按模具的正面和左面设置），以方便同时加工安装找正。

③ 尺寸 L_1、L_2 和 L_3 应尽可能大一些，而且 L_3 应为 L_1 的 70% 以上，以便安装找正时保证平行度要求。

④ 基准面加工完后，应将距离模具中心线的实际尺寸标记在基准面上（使用打标机或钢字）。

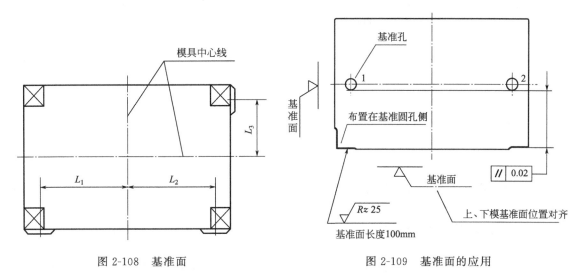

图 2-108 基准面　　　图 2-109 基准面的应用

实例 基准面的应用如图 2-109 所示。

(2) 三销基准孔

三销基准孔的大小为 $\phi 10H7$，深 25mm，一般设置在模具中心线上，也可以设置在坐标线上。左右对称各一个，出料侧一个，如图 2-110 所示。特殊情况允许采用同轴线等距两销。

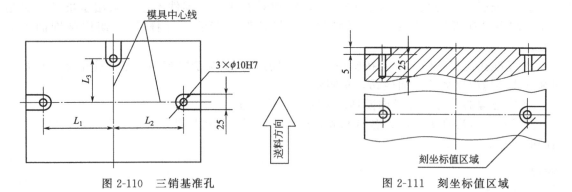

图 2-110　三销基准孔　　　　　　图 2-111　刻坐标值区域

三销基准孔尽量设置在上、下模座最高处，以便保证数控加工时便于对中心。大型铸件如果分块加工，原则上都要求设计基准孔。其设计原则是：

① 基准孔应设置在有效工作面范围之内。
② 尽可能在等高面上，也可以在不等高面上将基准孔周围 $\phi 25mm$ 区域锪平。
③ 尽可能使 $L_1 = L_2$。
④ L_1、L_2 和 L_3 尽可能大些。
⑤ 基准孔加工完后，应将距离模具中心的实际坐标值标记在加工面上（使用打标机或钢字），即 X、Y、Z 坐标值。刻坐标值区域如图 2-111 所示。

经验

➢ 三销基准孔不允许凸起，要低于毛坯面 5mm。

(3) 安装用基准孔

① 定位销和基准孔配合使用，可以用于较大模具组件之间零件的定位，也可用于模具加工时在机床上的定位。定位销的结构如图 2-112 所示，其尺寸见表 2-16。

表 2-16　定位销尺寸　　　　　　　　　　　　　　mm

序号	d_1(h6)	d_2(-0.05)	d_3	L_1	L_2	L_3	r_1
1	22	21	M8	45	16	35	15
2				55		45	
3	40	39	M10	55	20	35	25
4				65		45	

定位销的应用在很多场合可以替代键。例如，凸模与凸模座之间的定位，分体式凹模与凹模座的定位，压边圈与压边圈座的定位等。

② 基准孔原则上力求对称布置在模具长的轴线上（模具中心）或单个零件的轴线上，且靠外布置。

③ 有两种规格的基准孔可以选用，即 $\phi 22H7$——小模具零件（长＜600mm）；$\phi 40H7$——大模具零件，对应的长圆孔长度分别为 22.4mm 和 40.4mm。

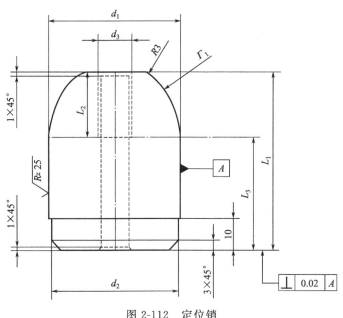

图 2-112 定位销

材料：16MnCr5 或 C15。
热处理：硬度 58～62HRC。

> **经验**

➤ 为了便于安装，同时防止尖角损坏定位销导入面，装入定位销的零件圆孔应倒 2×45°角。定位销下底面同样是为了安装方便需要倒 2×45°角。

实例 图 2-113 所示是某车型前门外板模具加工定位示意。

(4) 中心键

考虑模具加工时安装的定位，要求设计中心键，如图 2-114 所示。

在图 2-108 中，L 为中心键的有效定位长度，不小于 60mm；L_1 为中心键的长度，等于 100mm，规格有多种，多为企业标准。

修边凸模的装配或加工定位也可以采用中心键的形式，但设计三边即可，同时要求使用定位销。

翻边整形凸模要求采用靠背或键形式定位，同时要求使用定位销。定位销规格有多种，多为企业标准。

后工序模具使用中心键的规格比前工序的规格要大一个数量级。

后工序模具中心键槽固定部分深度 10mm，上部避开部分深度 15mm，如图 2-115 所示。

2.14.3 铸件的粗加工基准

铸造毛坯多数为具有复杂立体型面的实型铸造毛坯，加工余量比较小。为了使铸件毛坯在加工时安装定位比较准确，需要在毛坯上设计粗加工基准。

① 模具中心线及使用压力机位置的 V 形槽结构形式，如图 2-116 所示。

② 模具各主要部件（上、下模座，退料板和压边圈等）在模具中心线处工艺需要数控加工定位用键槽。键槽形状不画出，但应画出加强结构；用户要求用键定位时，画出键槽形状（键槽长度为 100mm），如图 2-117 所示。

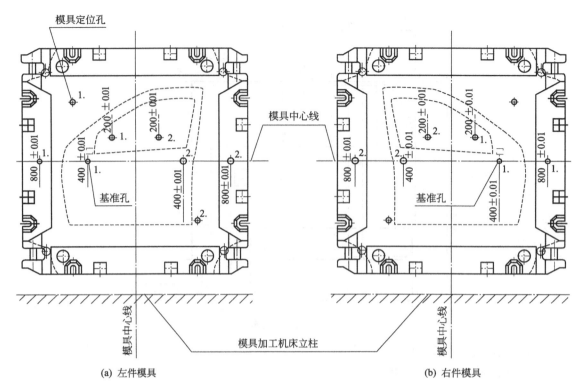

图 2-113 前门外板模具加工定位示意

(a) 左件模具　　(b) 右件模具

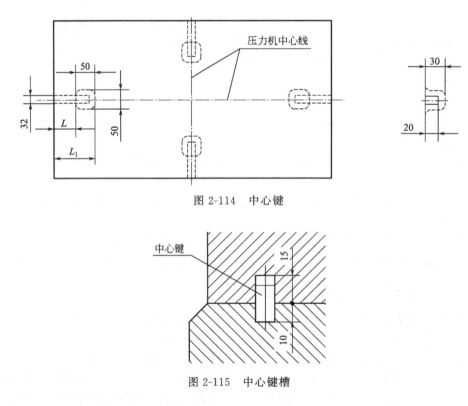

图 2-114 中心键

图 2-115 中心键槽

③ 距离底面 100mm 位置的 V 形刻线，如图 2-118 所示。

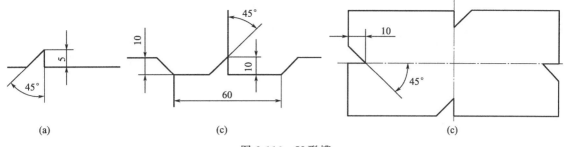

图 2-116 V形槽

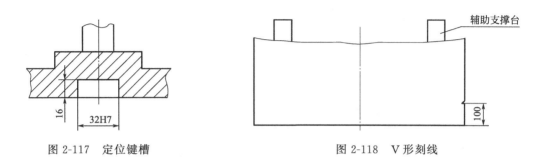

图 2-117 定位键槽　　　　　图 2-118 V形刻线

2.14.4 模具快速安装基准

① 模具快速安装基准设置原则如下：

a. 模具安装基准的结构形式和尺寸应根据使用厂家的具体要求设置，不同厂家的使用习惯各不相同；对不同压力机，其尺寸要求也不相同。

b. 一般说，只需要在下模座上设置安装基准，如果压力机带有快速夹紧的（上）过渡垫板，则需要同时在上、下模座上都设置安装基准。

② 模具安装基准采用定位键和定位缺口两种形式。

③ 带活动工作台的压力机，使用定位键槽或定位销孔方便；而固定工作台的压力机，使用定位缺口方便。

2.14.5 模具装模定位

① 利用安放在压力机中心槽内的定位键定位，如图 2-119 和图 2-120 所示。

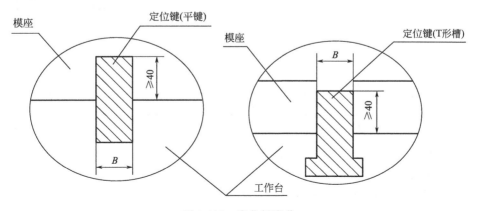

图 2-119 定位键定位

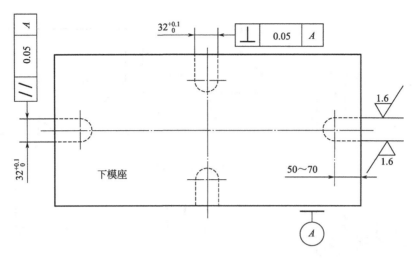

图 2-120 定位槽定位

② 利用安放在压力机托杆内的定位销定位，如图 2-121 所示。

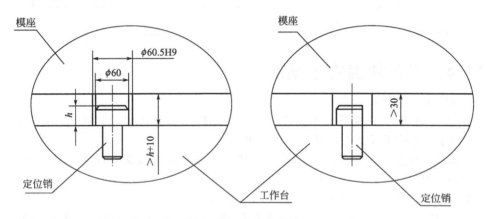

图 2-121 定位销定位

③ 模具装模定位销的结构如图 2-122 所示，其尺寸见表 2-17。

表 2-17 定位销的尺寸　　　　　　　　　　　　　　　mm

序号	$d_{1\ -0.1}^{\ \ 0}$	L_1	$L_{2\ -0.5}^{\ \ 0}$	毛坯尺寸
1	40	188	120	$\phi70\times190$
2	52			
3	50			
4	36			
5	40	149	69	$\phi70\times151$

注：d_1 是根据不同压力机参数选择的。

材质：20MnCr5。
热处理：硬度为 58～62HRC。
实例 模具安装定位（一）如图 2-123 所示。
实例 模具安装定位（二）如图 2-124 所示。

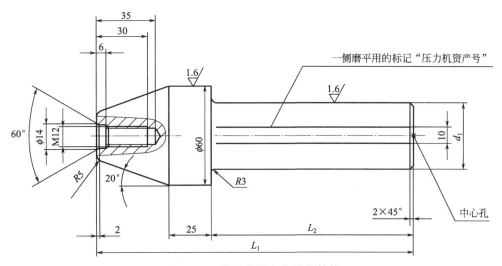

图 2-122 模具装模定位销的结构

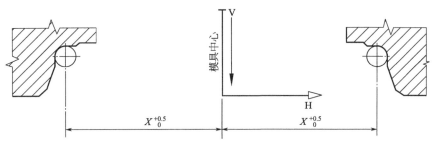

图 2-123 模具安装定位（一）

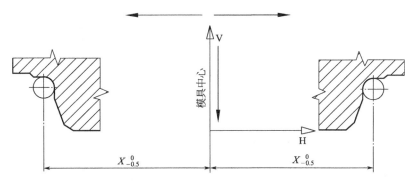

图 2-124 模具安装定位（二）

实例 模具安装定位（三）如图 2-125 所示。

经验

➤ 原则上模具定位采用和模具本体一体结构，设计在模具出料侧。模具宽度大于定位孔宽度时，允许设计在模具左右两侧，但要保证强度和考虑模具翻转。如果在模具两端定位超出太长，可以采用钢件锁副的形式。

➤ 模具定位设计时，应参考压力机定位销的高度。需要考虑是否与废料滑槽或模具其他结构干涉（保证废料顺畅滑出）。

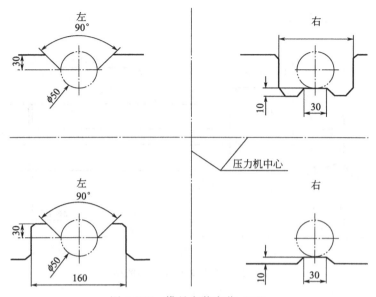

图 2-125 模具安装定位（三）

➤ 需要使用托杆的模具，应尽可能地设置托杆定位，一般在模具后侧或左右侧。目前国内模具厂采用较多的一种结构形式如图 2-126 所示。

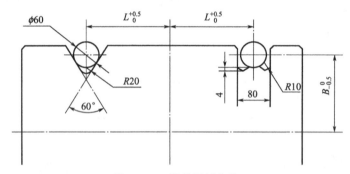

图 2-126 模具托杆定位

2.14.6 研配用基准孔

在拉延或成型工序冲孔，该孔一般称为 C/H 孔，直径为 φ10mm，作为模具研配时制件的定位基准。该孔应尽量设置在平面上（在斜面上最大角度不超过 5°）。

其合模冲头与研配用基准孔安装结构如图 2-127 所示，冲孔凸模与凹模的规格见表 2-18。

表 2-18 冲孔凸模与凹模的规格　　　　　　　　　　　　　　mm

名称	规格	材质	热处理	备注
凸模	φ10×15	Cr12MoV	55～60HRC	自制
凹模	φ20×20		58～62HRC	

➤ C/H 孔必须布置在平面或弧度较小的曲面上。

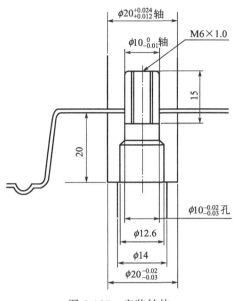

图 2-127 安装结构

2.15 汽车覆盖件模具镶块单独加工基准的建立设计实例

镶块加工基准建立常用的有三种，即直角边、工艺孔和角度转换后的直角边。

① 直角边　在镶块上分别做与模具中心平行和垂直的两个面作为加工基准面。

② 工艺孔　若不能够做面，则可以在镶块上做工艺孔。保证两个工艺孔在一条直线上，与模具中心线平行或垂直。

③ 角度转换后的直角边　若镶块安装面与模具中心存在角度转换，可做与角度转换后平行与垂直的面作为直角边基准。

2.15.1 在线切割加工条件下的基准孔位置的确定

单个镶块能在数控机床加工的情况下，不需要线切割加工。数控机床刀具最小直径是 $\phi4mm$，即 $R<2mm$ 的刃口需要线切割加工。

在镶块需要线切割加工的情况下，镶块必须有基准孔。其基准孔的位置在以模具中心为原点的整数位置，如图 2-128 所示。

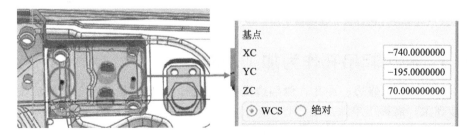

图 2-128 镶块基准孔坐标

2.15.2 在模座中无法加工条件下的基准孔位置的确定

① 镶块装配在模座里无法加工的情况下，必须要有基准孔。一般用在侧冲孔模具中比

较常见,法向加工凹模套的安装孔和废料孔,刀盘与模座干涉,镶块需要拆下来单独加工,需要确定定位基准孔位置,如图 2-129 所示。

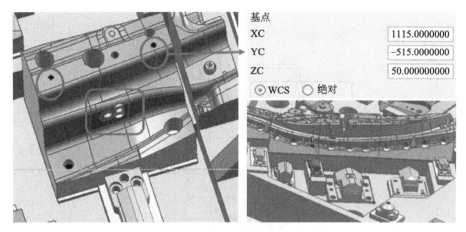

图 2-129 基准孔位置的确定

② 如图 2-130 所示某修边冲孔模具,镶块三处侧冲孔凹模套孔在模座上加工时,有干涉现象,必须拆下单独加工。

镶块安装位置与模具中心有 5°与 10°两个角度,镶块背靠面与侧冲是垂直的。因此做加工基准时,可以将坐标转相应角度后,在镶块上铣出相邻两个 90°垂直面为基准,记录数据,然后拆下模座,找正基准面,精镗凹模套孔,如图 2-131 所示。

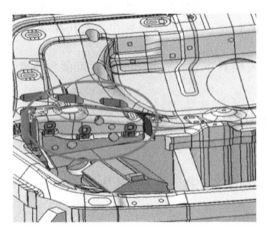

图 2-130 镶块三处侧冲孔凹模套孔在模座上加工有干涉现象

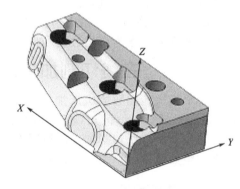

图 2-131 精镗凹模套孔

2.15.3 利用起吊孔作为加工基准

如图 2-132 所示某修边、冲孔、侧翻边模具,侧翻边刃口镶块装入下模座后铣加工不到位,有干涉现象,需拆下单独加工。

由于下模镶块上没有相应的与模具中心平行和垂直的两个面作为加工基准面,因此可以采用做工艺孔的方法做加工基准。镶块上有两个起吊孔,而两个起吊孔的连线几乎与侧冲中心垂直。可以人为地将两个起吊孔连线与侧冲中心做成相垂直,在此基础上先将 M16 起吊孔做成 $\phi 10^{+0.021}_{0}$ 工艺孔,保证工艺孔连线与侧冲方向垂直。这两个工艺孔可作为加工基准,加工完成后,再还原成 M16 的起吊孔。

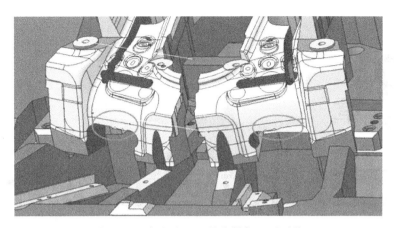

图 2-132 侧翻边刃口镶块铣加工不到位

第3章 汽车覆盖件拉延模具设计

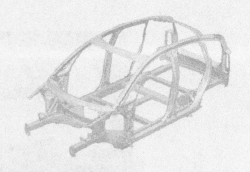

3.1 拉延模具概述

现代汽车覆盖件的冲压加工，一般都安排一道拉延工序。而保证覆盖件拉延的可能性和可靠性，拉延模具至关重要。图 3-1 所示的是某汽车尾门上盖拉延模。

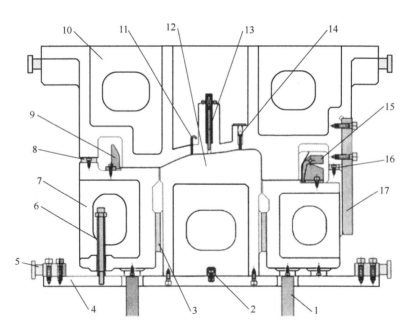

图 3-1　汽车尾门上盖拉延模

1—托杆；2—定位销；3—自润滑导板；4—下垫板；5—吊耳；6—行程限位螺栓；7—压边圈；8—限位块；9—材料导正架；10—上模座（凹模）；11—通气管；12—拉延凸模；13—预压销组件；14—退料销组件；15—投入检测开关；16—限位块；17—外导板

根据制件的大小和所使用的冲压设备不同，汽车覆盖件拉延模具分为正装拉延模（双动拉延模）和倒装拉延模（单动拉延模）两大类。

3.1.1 正装拉延模

正装拉延模一般使用双动压力机。凸模通过上模座安装在上工作台面的内滑块上，凹模安装在下工作台面上，压边圈安装在外滑块上，凸模与压边圈之间由导板导向。正装拉延模适用于形状复杂、深度较大的汽车覆盖件的拉延，如图3-2所示。

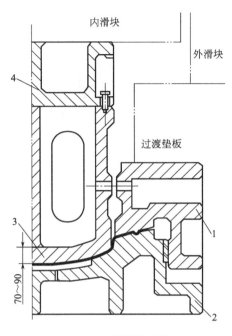 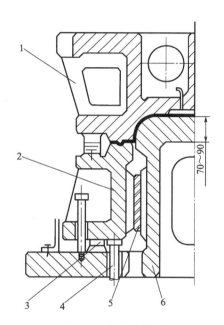

图 3-2　正装拉延模
1—压边圈；2—凹模；3—凸模；4—上模座

图 3-3　倒装拉延模
1—上模座（凹模）；2—压边圈；3—调整垫块；
4—顶杆腿；5—导板；6—凸模

3.1.2 倒装拉延模

倒装拉延模一般使用单动压力机。凸模安装在下工作台面上，凹模通过上模座安装在上工作台面上，压边圈安装在下模座上。适用于浅拉延或形状基本对称的汽车覆盖件，如图3-3所示。

上模座 1（与凹模为一体）固定在压力机上滑块上，压边圈 2 通过顶杆腿 4 支承，凸模 6 固定在下模座内。压力机滑块下行，凹模将毛坯压紧在压边圈上，从开始拉延直到下止点，将毛坯拉延成凸模 6 的形状。

3.1.3 正装拉延模与倒装拉延模的比较

① 正装拉延模使用双动压力机，其外滑块的压力，可用调节螺母调节外滑块四角的高低，使外滑块成倾斜状，调节拉延模压料面上各部位的压料力，以控制压料面上材料的流动。双动压力机的外滑块压紧力为内滑块压力的 65%～70%。

② 倒装拉延模使用单动压力机，一般有气垫的单动压力机，压紧力只能整个调节，其压紧力约等于压力机公称压力的 20%～25%。

③ 倒装拉延模比正装拉延模的拉延深度浅。

④ 倒装拉延模的卸料板不是刚性的，如果压料面是3D曲面形状，在开始拉延预成型压料面形状时，由于压料面形状的不对称，可能造成卸料板偏斜，甚至失去压料作用。

3.1.4 拉延模具结构尺寸

汽车覆盖件拉延模的上模座、下模座、凸模、凹模和压边圈等大多采用铸件，一般要求铸件既要重量轻又要有足够的强度。因此，铸件上非重要的部位应挖空。对影响到铸件强度的部位还要设计加强筋，图 3-4 和图 3-5 所示分别为汽车覆盖件双动和单动拉延模结构尺寸参数图，表 3-1 为汽车覆盖件拉延模的铸件壁厚，实际铸件壁厚必须不低于此标准。

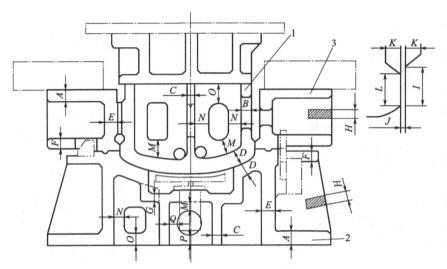

图 3-4 双动拉延模结构尺寸参数图
1—凸模；2—凹模；3—压边圈

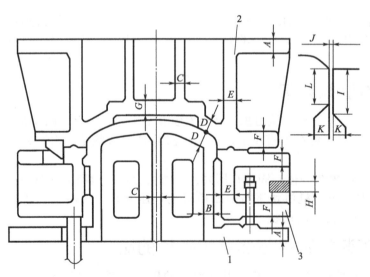

图 3-5 单动拉延模结构尺寸参数图
1—凸模；2—凹模；3—压边圈

表 3-1 汽车覆盖件拉延模的铸件壁厚　　　　　　　　　　　　　　　mm

模具尺寸	A	B	C	D	E	F	G	H	I	J	K	L	M	N	O	P	Q
>2800	60	80	40	80	50	50	50	50	60	5	15	60	80	80	120	120	60
1500~2800	55	70	30	70	40	50	50	50	50	5	15	50	70	70	100	100	50
<1500	50	70	30	70	40	40	40	40	50	5	15	50	70	70	100	100	50

图 3-4 和图 3-5 中 D 的尺寸为凸、凹模工作部分厚度，压边圈内轮廓上部为减少加工量应向外有 15mm 的空当。

3.1.5 拉延模具与拉深模具的区别

① 拉延是利用模具将平板毛坯或工序件变为曲面形状的一种冲压工序。曲面主要依靠位于凸模底部及压边圈上部的材料延伸形成。

② 拉深是利用模具将冲裁（或裁剪）完成的平板毛坯压制成各种开口的空心制件，或将已制成的开口空心工序件加工成其他形状空心制件的一种冲压工序。制件主要依靠凸模以外的材料流入凹模而形成。

③ 汽车覆盖件的加工大部分第一道工序都是拉延工序（落料除外）。

④ 用拉深工艺可以成型圆筒形、阶梯形、球形、锥形、抛物线形等旋转体零件，也可成型盒形等非旋转体零件。若将拉深与其他成型工艺（如胀形、翻边等）结合，则可加工出形状更加复杂的零件，如汽车车门等。

3.2 拉延模具的设计流程与设计要点

制造每个汽车覆盖件所使用的模具成功与否，最主要的是能否拉出合格的拉延件。因此，拉延模具的设计尤为重要。

3.2.1 拉延模具的设计流程

图 3-6 所示为拉延模具的设计流程示意。如今模具行业均是以 3D 模型为中心，从模具

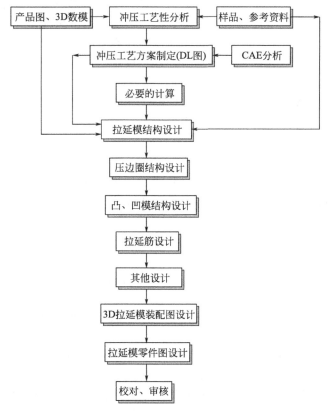

图 3-6 拉延模具设计流程示意

设计、有限元模拟分析、模具CNC加工,到模具的CMM(三坐标)检测等都完全基于这些3D模型的传递,从而避免了由于二维图纸传递几何信息的不准确性,使最终生产的零件与设计者的意图保持高度一致。

在实际模具设计过程中,上述的拉延模具的设计流程并没有严格的先后顺序,这些步骤往往是交错进行的。

3.2.2 拉延模具的设计要点

(1) 阅读资料

汽车覆盖件冲压工艺方案确定之后,便可进行模具设计。在设计拉延模具之前,必须阅读以下资料:

① 覆盖件产品图(2D图和3D图) 是所有工序生产的依据。在设计拉延模之前,要仔细认真地阅读覆盖件产品图,充分理解产品设计思想、产品的各项功能和技术质量要求,并预计或设想拉延时哪些因素会对产品质量产生不良影响。

② 覆盖件产品DL图 结合覆盖件产品图,认真阅读覆盖件DL(2D和3D)图,充分理解其设计思想、工艺补充、压料面设计的目的以及需要预防可能出现的问题等,在拉延成型条件方面还存在哪些不足,以便确定在拉延模设计时采取必要的措施来弥补,这对拉延模设计是非常重要的。

(2) 拉延变形分析和质量分析

认真研究覆盖件冲压工艺文件,结合工序样件(如果有),明确本工序以及后工序对产品件的质量要求。

针对拉延件的结构形状特点,结合CAE分析报告,进行拉延过程中毛坯的流动和变形分析。首先分析判断毛坯各部位的变形性质、变形状态、变形分布以及变形量大小等,然后进一步分析判断毛坯在不同变形状态、变形分布以及变形量下可能出现的破裂、皱褶、表面畸变以及刚度降低等质量问题。同时还要判断拉延过程中可能出现的划伤、冲击线滑移等问题。最后,根据这些分析与判断,决定在拉延模具设计时采取哪些相应的应对措施。

(3) 资料准备

准备好有关的拉延模具设计所需的参考资料,如以往的类似件的拉延模具图样、模具国家标准、行业标准、企业标准、标准件与通用件样本,还应具备冲压件的公差、产品所用板材的各项性能参数以及客户要求等。

(4) 设计要点

① 确定压料面及冲压方向 压料面的形状不但要保证压料面上的材料不皱,而且应尽量使凸模下的材料能下凹以降低拉延深度,更重要的是要保证拉入凹模里的材料不皱不裂。

汽车覆盖件的拉延冲压方向选择得是否合理,将直接影响凸模是否能进入凹模、变形是否均匀、最大限度地减少拉延件各部分的高度差及是否能充分发挥材料的塑性变形能力、是否有利于防止破裂和起皱等质量缺陷的产生等。也就是说,只有选择了合理的拉延冲压方向,才能使拉延成型过程顺利实现。

一般来说,在覆盖件冲压工艺设计时,已充分考虑了拉延过程中的变形特点和毛坯流动趋势,确定了拉延件的形状和冲压方向。

② 确定模具结构形式及导向方式 拉延模具结构形式的确定是设计时必须首先需要考虑的,也是模具设计的关键,它直接影响覆盖件的质量、成本及冲压生产的水平。在汽车覆盖件冲压生产中,采用哪种结构形式的拉延模,主要是根据客户的使用要求来选择(或根据本公司的实际情况)。至于模具的导向方式,应根据所选择的模具结构形式来确定。

③ 定位方式选择　主要的定位元件有定位器（或带感应器板件定位器）以及半自动化冲压线上使用的气动挡料装置等。

④ 确定拉延筋形式及布置　拉延筋的形式及布置对拉延过程有很大的影响，它是防止覆盖件起皱和撕裂最有效的方法之一。要根据拉延件的形状特点及相应的毛坯变形、流动规律来设计拉延筋的形式和布置，使其可以有效地控制毛坯的变形与流动，满足拉延要求。

在设置拉延筋时，凹模压料面上的拉延筋槽可以适当加深，但必须保证槽宽 W，并注意保证圆角半径 R 的大小。

⑤ 确定凸、凹模圆角等参数　汽车覆盖件多数都是一次拉延成型，因此一般情况下拉延凸模的形状、尺寸以及圆角大小都要与产品图相应部位的参数一致。若覆盖件与产品图参数不一致，并且利用其他方法都不能解决时，可以考虑对凸模的局部圆角进行一定的放大，但必须在后工序中对该部位校形来达到产品尺寸要求。

在拉延模设计时，通常都是将凹模圆角设计成略小于产品件上相应部位的圆角。因为在拉延模调试过程中，若对凹模圆角进行修磨，由小圆角修成大圆角比较方便、快捷和经济；反之若将凹模圆角由大变小，需要对凹模进行堆焊修补，修模工作量大，既费时又不经济。

⑥ 压料的作用　为了防止皱褶的产生，在拉延凸模四周设计一压边圈，由弹簧、氮气弹簧或油、气压元件将力作用于压边圈上。

这个力的大小是非常重要的参数。当压边圈所受的压力不足时，拉延过程中将使材料产生皱褶；当压边圈所受的压力过大时，拉延过程中将使材料受到抑制，侧壁过分拉延而产生破裂。压边圈所受到的压力使材料压紧在凹模上，因此称为压料力。

压料力既要保证使材料在压边圈下面顺利流动，又要抑制材料产生皱褶。

⑦ 排气孔　其位置、数量及直径大小，应根据拉延件的形状设计，以能顺利地排气而又不破坏拉延件表面为宜。一般地，为将空气排出模具以外，应尽可能开较大的排气孔，并且均匀布置。

⑧ 进出料方式　根据原材料的形式确定进料方法、取出和整理制件的方法。

⑨ 压料与卸料方式　确定压料或不压料，采用刚性卸料还是弹性卸料，使用多少个氮气弹簧等。

⑩ 必要的计算　汽车覆盖件各工序都需要进行必要的计算，拉延工序也不例外。

⑪ 模具材料的选择　主要是指拉延凸模与凹模、压边圈及上、下模座等制造所使用的材料。尽可能选用国产材料，这样可以降低模具制造费用。

⑫ 其他　包括拉延模具的工艺孔、起吊装置设计等。

除模具加工成本、产品质量等要求外，在模具设计时还必须对其维修性能、操作方便、安全性等，特别是在手工操作模具的安全方面予以充分的考虑。

经验

➤ 模具设计最重要的一点，就是一定要根据本公司（或客户）的现有条件（压力机种类及规格等）来设计汽车覆盖件拉延模具（包括其他类型模具）的具体结构。

(5) 拉延模具设计注意事项

拉延模具分为在单动压力机使用与在双动压力机使用的拉延模具。

① 单动拉延模设计时应该注意：

a. 顶杆在模具闭合状态下不能高出压力机的台面，否则需要增加顶杆连接杆。

b. 调整垫和顶杆对应位置应该有加强筋。
c. 压边圈和下模座之间应该有防护板,而且保证防护板在压边圈处于上止点时还有30mm的遮盖高度。
d. 安全螺钉的长度应该保证模具的压边圈在上止点时还有15～20mm的间隙。
e. 在所有导板位置设计窥视孔。
f. 凸模和压边圈导板的导滑量(必须保证模具在打开状态导板有1/2～2/3接触)。

② 双动拉延模设计时应该注意:
a. 压边圈要设计凸模防脱落装置。
b. 凸模要设计翻转、起吊装置。
c. 凸模垫板的起吊装置要充分考虑模具在非工作状态下能顺利起吊,不与压料圈干涉。
d. 所有导板安装面尽量超过轮廓线,避免使用五轴设备加工。

3.3 汽车覆盖件拉延力的计算

根据汽车覆盖件的实际情况,分别按简单形状、复杂形状和拉延筋等计算拉延力。

3.3.1 简单形状的汽车覆盖件拉延力的计算

简单形状是指凸模顶部为平面或起伏不大的曲面,其拉延力按式(3-1)计算。

$$F=1.5L\sigma_b \approx 50Lt \text{ (N)} \tag{3-1}$$

式中　F——拉延力+压料力,N;
　　　t——料厚,mm;
　　　σ_b——材料的抗拉强度,MPa;
　　　L——凸模轮廓长度,mm。

3.3.2 复杂形状的汽车覆盖件拉延力的计算

复杂形状是指凸模上面有凸、凹复杂的形状,其拉延力按式(3-2)计算。

$$F=0.04S\sigma_b(t-0.2) \text{ (N)} \tag{3-2}$$

式中　F——拉延力+压料力,N;
　　　t——料厚,mm;
　　　σ_b——材料的抗拉强度,MPa;
　　　S——凸模面积,mm^2。

经验

➤ 特别提醒的是,在不使用压边圈时,取计算值的0.7倍;大型汽车覆盖件如顶盖、侧围等,取计算值的0.5倍。

3.3.3 汽车覆盖件拉延筋拉延力的计算

汽车覆盖件拉延筋拉延力按式(3-3)计算。

$$F=Lt\sigma_b \text{ (N)} \tag{3-3}$$

式中　F——拉延力,N;
　　　L——拉延筋全长,$L=L_1+L_2+L_3+\cdots+L_n$,mm;
　　　t——料厚,mm;

σ_b——材料的抗拉强度，MPa。

3.4 拉延模具的主要零部件设计

主要包括凸模、凹模及压边圈。

3.4.1 拉延模具的凸模设计

汽车覆盖件表面质量的好坏取决于覆盖件的拉延结果，而拉延模则是拉延出合格覆盖件的关键。

对于汽车覆盖件来说，凸模是拉延的主要成型部分。除工艺上的特殊要求外（如翻边的展开或工艺补充等），其轮廓尺寸和深度即为产品图内表面尺寸（如果采用多次拉延，那么最后一次拉延的凸模尺寸即为产品要求的内表面尺寸）。工作部分加强筋的厚度应为70～90mm（图3-4和图3-5中D的尺寸为80mm），为了减少加工量，保证凸模轮廓尺寸，缩短整修时间，在凸模上沿压料面有一段40～80mm的直壁必须加工，直壁向上采用45°斜面过渡，缩小距离b为15～40mm是不加工面，如图3-7所示。

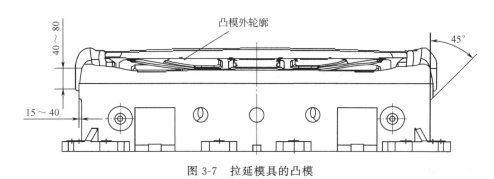

图3-7 拉延模具的凸模

（1）拉延凸模的结构

通常采用整体式结构。

考虑调整、生产、改型等有设计变更可能性时，要采用镶块结构。

在制造过程中，当遇到非常情况时（如设备加工范围限制等），要采用镶块。其分割位置为镶块面必须与压边圈上平面齐平，如图3-8所示。

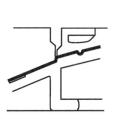

图3-8 拉延凸模镶块的分割位置

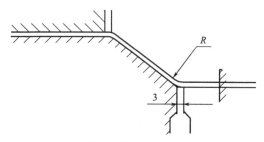

图3-9 拉延凸模轮廓的确定（一）

（2）镶块结构

① 采用镶块结构的原则

a. 当材料流动量大或压缩性法兰成型部位等要求形面耐磨损时。

b. 要进行特殊表面处理时（如氮化、涂镀等）。

c. 材料厚度 $t \geqslant 2mm$ 拉延时。

② 镶块分块的原则

a. 不能同材料的流动方向相平行。

b. 顶端部强度不能减弱（75°以上）。

c. 应考虑热处理的方便。

③ 镶块配入方式

a. 键配入式镶块。

b. 直接配入窝座。

经验

➢ 优先采用键配入式镶块，而直接配入窝座方式不使用键。

④ 固定方法

a. 从上向下固定。

b. 从下向上固定。

经验

➢ 镶块成型部分不应开有螺栓孔及定位销孔。凹模镶块可以用垫片调节。

(3) 拉延凸模轮廓的确定

① 一般情况下，取拉延件侧壁与压料面的交线，如图 3-9 所示。

② 拉延件侧壁为垂直面时，为防止轮廓加工伤及侧壁，轮廓向外（或向内）移 2mm，如图 3-10 所示。

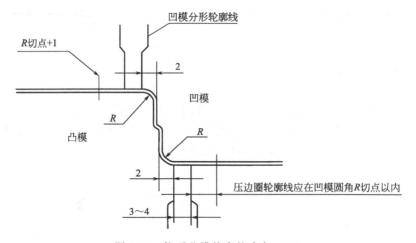

图 3-10 拉延凸模轮廓的确定（二）

3.4.2 拉延模具的凹模设计

凹模的作用是形成凹模压料面、凹模圆角和凹模型腔。拉延毛坯在凸模的作用下，通过凹模圆角逐步进入凹模内腔，直至拉延成凸模的形状。凹模尺寸即为产品要求的外表面尺寸。

(1) 凹模压料面设计

凹模按拉延件压料面设计，凹模压料面有平面和曲面两种形式。平面压料面制造容易，而曲面压料面可减少拉延深度。

（2）凹模压料面宽度尺寸的确定

如图 3-11 所示，坯料展开明确时，B 值取 20mm；坯料展开不明确时，B 值取 40～60mm。K 值的确定应按拉延前毛坯的展开宽度加上 20mm 或 40～60mm，因此，K 值一般在 130～240mm 之间。

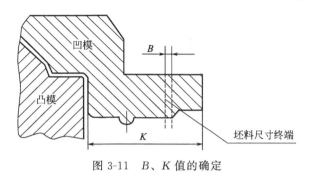

图 3-11　B、K 值的确定

（3）凹模圆角的确定

一般情况下，凹模圆角按下式计算：

$$R_{凹} = (6\sim10)t \tag{3-4}$$

式中　t——板料厚度，mm。

当凹模圆角处于工艺补充部分上时，根据常用汽车覆盖件板料厚度，取 6～10mm。当压料面是汽车覆盖件本身凸缘一部分时，则凹模圆角就是汽车覆盖件要求的圆角半径。如果汽车覆盖件要求圆角半径过小，影响拉延变形时，则适当加大到合适数值，用后续的工序整形圆角也能达到要求的数值。

由于拉延件上有装饰线条、加强筋和装配用凸包、凹坑等特征，因此凹模结构除压料面、凹模圆角外，在凹模里安装的成型用的凸模或凹模，也属于凹模结构的一部分。

（4）凹模结构形式

凹模结构有闭口式凹模结构和通口式凹模结构两种形式。

① 闭口式凹模结构　凹模底部是封闭的凹模结构，称为闭口式凹模结构。在拉延模中，绝大多数都是闭口式凹模结构，如图 3-12 所示。

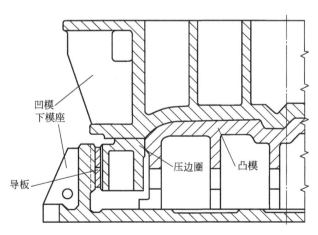

图 3-12　闭口式凹模结构示意

② 通口式凹模结构　凹模底部是通的凹模结构，称为通口式凹模结构。凹模型腔内安

装有成型用凹模芯,直接安装在模座上。倒装拉延也适用于这种结构,如图 3-13 所示。

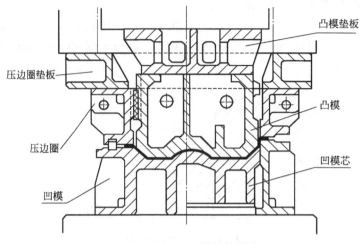

图 3-13 通口式凹模结构示意

(5) 凹模主筋结构

如图 3-14 所示,两条铸件立筋的距离应为一个立筋厚度的 8 倍,凸模外侧边界距离立筋的距离应大于 10mm。

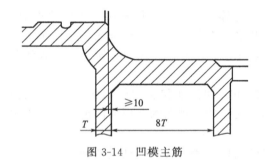

图 3-14 凹模主筋

(6) 凹模挖空结构

对于汽车外覆盖件,凹模挖空结构如图 3-15 所示;对于汽车内覆盖件,凹模挖空结构如图 3-16 所示。

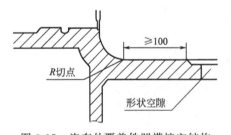

图 3-15 汽车外覆盖件凹模挖空结构

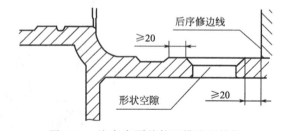

图 3-16 汽车内覆盖件凹模挖空结构

> **经验**
>
> ➢ 拉延模凹模尽量设计为整体式。若是分体式结构,凹模镶块应为可拆卸式。
> ➢ 对于板料厚度超过 1.5mm 的模具,一般凹模采用拼/镶块结构。

3.4.3 拉延模具的压边圈设计

压边圈的压料面按拉延件压料面设计，压料面有平面和曲面两种形式。平面压料面压料面积大，曲面压料面增加加工难度。设计拉延模具的压边圈，首先要确定拉延件坯料尺寸及压料面宽度。

(1) 拉延件坯料尺寸

① 有拉延筋时坯料尺寸的确定 如图 3-17 所示，一般拉延时的坯料尺寸为 $A_1+A_2 = a_1+a_2+50+(40\sim100)$ mm。

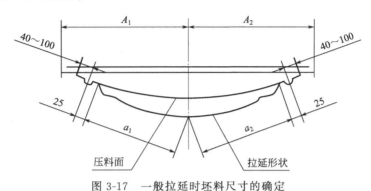

图 3-17 一般拉延时坯料尺寸的确定

② 浅拉延时坯料尺寸的确定 如图 3-18 所示，浅拉延时的坯料尺寸为 $L+70$ mm。

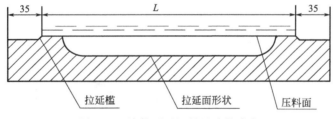

图 3-18 浅拉延时坯料尺寸的确定

(2) 压边圈型面宽度的确定

① 确定基准 型面宽度应以距毛坯末端加上 10~15mm 为基准，如图 3-19 所示。此时应注意，将毛坯放在型面上时，型面形状不一定与毛坯形状相同。

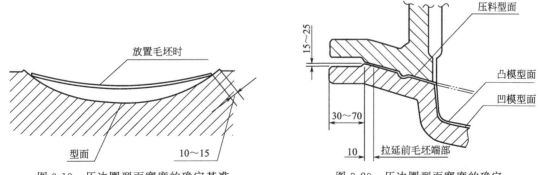

图 3-19 压边圈型面宽度的确定基准　　　图 3-20 压边圈型面宽度的确定

② 压边圈型面宽度的确定 如图 3-20 所示，一般压边圈型面宽度应等于拉延前毛坯端部尺寸加上 10mm。若压边圈强度不够，则要加上 30~70mm，此段长度称为增加强度宽

度，其宽度取决于压边圈强度。

（3）压料面结构尺寸

图 3-21 所示的是双动拉延模压料面结构尺寸，图 3-22 所示的是单动拉延模压料面结构尺寸。

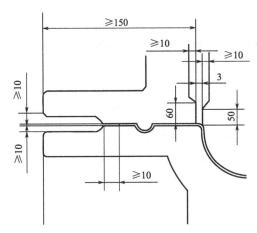
图 3-21 双动拉延模压料面结构尺寸

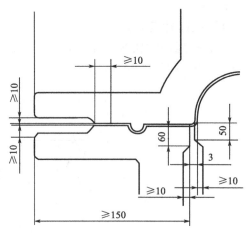
图 3-22 单动拉延模压料面结构尺寸

（4）压边圈结构尺寸

压边圈的结构尺寸如图 3-23 所示。

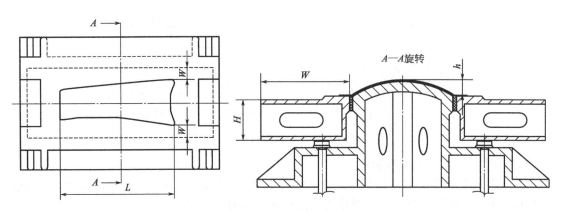
图 3-23 压边圈结构尺寸

① 高度尺寸

$$H \geqslant (0.12 \sim 0.15)L + h \tag{3-5}$$

必须保证 $H \geqslant 200 \text{mm}$。

② 宽度尺寸

$$W \geqslant (0.75 \sim 0.8)L + h \tag{3-6}$$

必须保证 $W \geqslant 130 \text{mm}$。

式中　H——高度尺寸，mm；

　　　L——制件长度尺寸，mm；

　　　h——制件最大拉延深度，mm；

　　　W——宽度尺寸，mm。

③ H、L、h 和 W 的关系见表 3-2。

表 3-2　H、L、h 和 W 的关系　　　　　　　　　　　　　　　　　　mm

L	h	H_{min}	W_{min}
500～800	至 30	150	150
	31～50	180	
	51～80	200	180
	81～130	250	200
	131～200	320	
801～1000	至 50	180	150
	51～80	200	180
	81～130	250	200
	131～200	320	
	201～320	450	320
1001～1600	至 50	200	150
	51～80	250	180
	81～130	300	200
	131～200	400	
	201～320	500	320
1601～2000	至 50	300	150
	51～80	400	180
	81～130	450	200
	131～200	500	
	201～320	600	320

(5) 压边圈工作状态

① 压边圈型面上有产品形状时，压边圈应镦死。

② 压边圈型面上没有产品形状时，压料圈可不镦死，压边圈与下模座墩死块可保留 2mm 间隙。

经验

➢ 对于板料厚度超过 1.5mm 的模具，一般压边圈采用拼/镶块结构。

3.5　拉延模具的导向及导向间隙设计

3.5.1　凸模与压边圈的导向设计

凸模与压边圈的导向一般是指凸模外轮廓与压边圈内轮廓的导向。

图 3-24(a) 所示为凸模导板导向结构。拉延开始时，导向面接触不应小于 50mm，如图 3-24(b) 所示。拉延结束时，凸模导板不应脱离导向面，如图 3-24(c) 所示。

凸模外轮廓加 3mm 为导板面，凸模外轮廓与压边圈内轮廓之间缝隙为 3～4mm。

优点：使模具变小，比较容易保证同凸模的配合精度。

缺点：分体凸模需要螺钉、圆柱销固定。因此，当压料圈上加有侧向力时较为不利，加

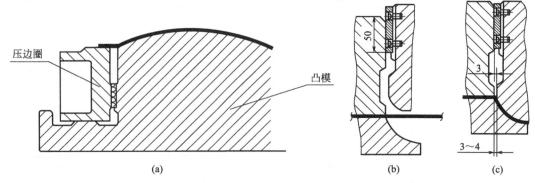

图 3-24 凸模与压边圈的导向

工比外导向困难。

> 经验

➤ 在生产实践中，究竟是把导板装在凸模上，还是装在压边圈上，主要是根据其加工条件确定。压边圈导板的加工深度不宜大于 250mm，为了降低加工深度，可以将导板尺寸加长装在凸模上，相应的压边圈凸台长度可以缩短。

实例 生产中常见的凸模与压边圈导向几种结构见图 3-25。

3.5.2 凹模与压边圈的导向设计

在拉延模中，压边圈与凹模的导向称为外导向，比较适合加工细长零件。它的结构就是凸台与凹槽滑配，其作用与一般冲模的导柱、导套的导向相似。为了满足调节压料面的进料阻力，使压料圈支撑面成倾斜的需要，一般冲压模具的导套都放在上面，而凸台与凹槽的导向，其放置应具体分析。

凸台放在压边圈上，如图 3-26(a) 所示，优点是便于打磨和研磨压料面及拉延筋槽，缺点是不安全，这种结构多用于压料面形状复杂的压边圈和凹模的导向。凸台放在凹模上，如图 3-26(b) 所示，其优点是安全，缺点是调整冲模时妨碍打磨修研压料面和拉延筋槽。这种结构多用于压料面形状简单的压边圈和凹模的导向。

如果采用机械人（手）上、下料，则凸台的放置仅取决于压料面形状的复杂程度。

> 经验

➤ 为减少磨损，保证间隙，凸台与凹槽上应安装导板。导向面上可考虑一面装导板，另一面精加工，磨损后可在导板背面加垫板。导板装在凸台上还是装在凹槽上，与使用无关，主要考虑螺纹底孔的加工方便。现在使用的导板上都是沉孔，没有螺纹孔，详见 7.1.1 自润滑导板。

实例 生产中常见的几种外导向结构见图 3-27。

3.5.3 压边圈与下模座的导向

图 3-28 所示是压边圈与下模座的导向结构。其优点是对细长件有利，加工方便以及可以承受较大侧向力；缺点是模具尺寸增大。

细长件在图 3-24(a) 所示结构无法实现时，或侧向力较大在图 3-24(a) 所示结构无法保证时采用。

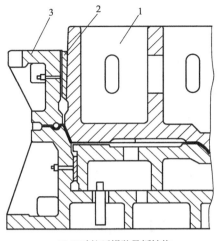
(a) 双动拉延模装导板结构
1—凸模；2—导板；3—压边圈

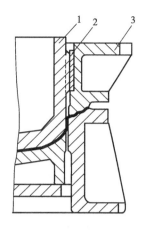
(b) 双动拉延模压边圈装导板结构
1—凸模；2—导板；3—压边圈

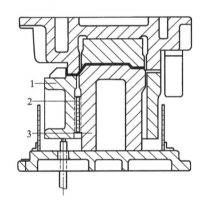
(c) 单动拉延模装导板结构
1—压边圈；2—导板；3—凸模

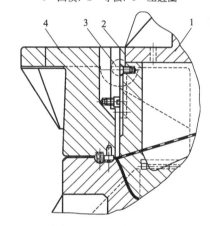
(d) 大行程且有磨损导板倾向时使用的双侧导板
1—凸模；2—导板1；3—导板2；4—压边圈

图 3-25 凸模与压边圈导向的几种结构

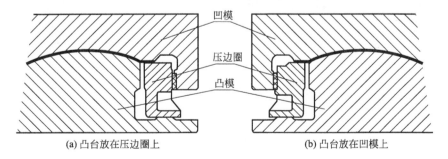

(a) 凸台放在压边圈上　　(b) 凸台放在凹模上

图 3-26 凹模与压边圈的导向

3.5.4 上模与下模座的导向

图 3-29 所示是上模与下模座的导向结构。其优点是受力好，运动平稳；缺点是模具尺寸较大，模具结构复杂，拉延行程较大时结构实现困难。

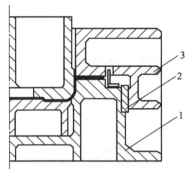

(a) 双动拉延模广泛采用的典型结构(凸台在压边圈上，凹槽开在下模上)
1—凹模；2—导板；3—压边圈

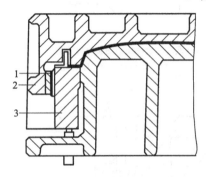

(b) 双动拉延模广泛采用的典型结构
1—导板；2—凹模；3—压边圈

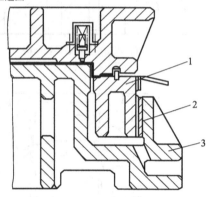

(c) 克服模具产生的侧向力所采用的典型结构
1—压边圈；2—导板；3—下模靠背块

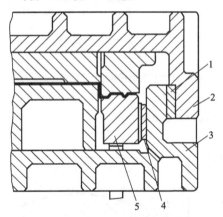

(d) 克服不规则曲面产生的侧向力所采用的靠背块导向上、下模座与下模座导向压边圈的结构
1—导板；2—上模座；3—下模座；4—导板；5—压边圈

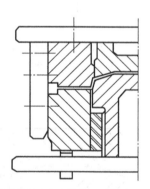

(e) 将导板固定在上模上与压边圈导向的结构

图 3-27　几种常见的外导向结构

压料面产生较大侧向力时采用。

3.5.5　上、下模导柱导向

图 3-30 所示是上、下模导柱导向结构。其优点是导向精度高；缺点是不能承受侧向力。一般不采用。

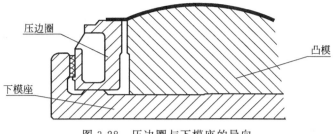

图 3-28 压边圈与下模座的导向

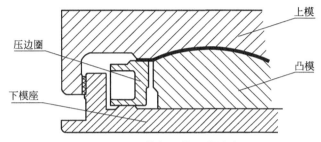

图 3-29 上模与下模座的导向

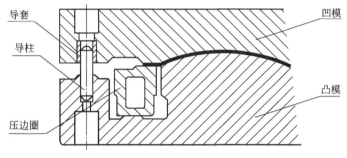

图 3-30 上、下模导柱导向

3.5.6 拉延模的导向间隙

拉延模的导向间隙主要有凸模与压边圈和凹模与压边圈两种情况,其实也就是导板之间的间隙。具体的导向间隙值见表 3-3。

表 3-3 拉延模的导向间隙　　mm

导向方式	间隙值
凸模-压边圈(导板)	0.05±0.02
凹模-压边圈(导板)	0.05±0.02

注:单动和双动要求相同;含切角工序内容时,按剪切类标准。

3.6 拉延模具的拉延筋设计

拉延筋是拉延模中用以控制材料流动,增大、均匀四周(或局部)的材料变形阻力,减少压料面积以及稳定拉延过程的筋状凸起。拉延筋可以是凹模或压边圈的局部结构,也可以是镶入凹模或压边圈中的单独零件。

在汽车覆盖件拉延模具中，拉延方向、工艺补充部分和压料面形状，是决定能否拉出满意制件的充分条件，而拉延筋（或槛）则是必要条件，它是防止覆盖件起皱和撕裂最有效的方法之一。拉延筋的位置、个数和形状设计不当，起皱和撕裂的情况反而会更加严重。因此在调试拉延模具过程中，一旦出现问题，首先是要冷静分析材料的流动情况，根据以往的经验和相类似的状态，查找有关资料，仔细分析对比后再提出整改方案。

3.6.1 拉延筋的结构形式和选定方法

(1) 拉延筋的结构形式

常用的拉延筋有圆形嵌入筋、半圆形嵌入筋和方形嵌入筋（拉延槛）三种结构形式，如图 3-31 所示。不常用的拉延筋有斜方形筋、Z 形筋和 V 形筋等结构形式，并且多为整体形。

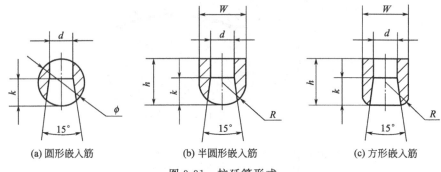

图 3-31 拉延筋形式

拉延筋的宽度 W，常用的有 12mm 和 16mm 两种，可根据拉延件的大小选定。拉延筋长度 L，在图样上不表示，制造中一般取 500mm 左右，直线部分取长些，曲线部分取短些。当 $W=12$mm 时，紧固螺钉中心距取 100mm；当 $W=16$mm 时，紧固螺钉中心距取 150mm。螺钉紧固以后，将头部锯掉，并打磨成型。表 3-4 为拉延筋的结构尺寸。

表 3-4 拉延筋的结构尺寸　　　　　　　　　　　　　　　　　　mm

名称	W	d	h	k	ϕ	R	紧固螺钉
圆形嵌入筋		6.2	6		10		M6×1.0
		8.5	8		16		M8×1.25
半圆形嵌入筋	12	6.2	11	5		6	M6×1.0
	16	8.5	13	6.5		8	M8×1.25
方形嵌入筋	12	6.2	11	5		3	M6×1.0
	16	8.5	13	6.5		4	M8×1.25

注：拉延筋的材料为 45 钢，淬火硬度 45HRC 以上或采用与凹模、压边圈相同的材质。

(2) 拉延筋的确定方法

在实际生产过程中，一些汽车覆盖件，不使用拉延筋也能拉延成型，但形状不够稳定，刚性较差。

拉延筋是否设置，设置位置、数量和形状等是拉延成型中的重要问题之一，它往往成为拉延成败的关键。

① 拉延筋结构形式的选定

a. 圆形拉延筋用于一般情况。

b. 半圆形拉延筋用于整改时使用。

c. 方形拉延筋胀形、成型时使用。

> 整改时，一般不改变拉延筋的宽度，只改变其高度。

② 拉延筋封闭与不封闭的选定 图 3-32 所示是封闭和不封闭的两种情形。

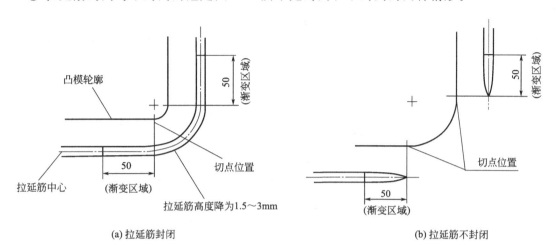

图 3-32 拉延筋的封闭与不封闭

③ 拉延筋条数的选定 拉延筋根据进料阻力情况，最多设置三条。最里边一圈一般是封闭的，第二圈和第三圈拉延筋安置在直线部分，第三条拉延筋最短。

拉延筋凸出高度在图样上都是 8mm，实际上第一条（内圈）拉延筋高度为 8mm，从里往外的拉延筋高度是依次递减的，即 $H_3 > H_2 > H_1$，如图 3-33 所示。

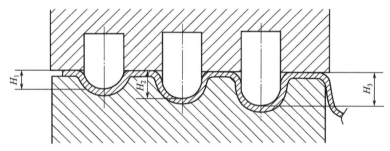

图 3-33 多重拉延筋高度依次递减

> 拉延筋的位置、数量和长短是根据拉延件的形状、起伏特点及拉延深度等因素来确定的。拉延深度深的部位不设或少设拉延筋，拉延深度浅的部位一定要设或者多设拉延筋。

(3) 拉延筋的其他结构

目前，国外或国内合资企业也有使用宽度为 10mm 的圆形嵌入筋结构或整体拉延筋。

3.6.2 拉延筋的布置

(1) 拉延筋的位置尺寸

拉延筋是安装在压边圈压料面上，还是安装在凹模压料面上，都不影响拉延筋的作用。

但在压力机上调整模具时，一般是不打磨拉延筋的，因此拉延正装结构要求拉延筋布置在压边圈的压料面上，而拉延筋槽设置在下方凹模的压料面上，便于打磨和研配。

若压料面就是覆盖件本身的凸缘时，经常打磨凹模压料面上的拉延筋槽，凹模压料面损耗加快，会影响拉延深度。损耗到一定程度时，则需要维修。这时拉延筋的布置就要考虑维修是否方便。若维修容易，压料筋可安置在上面压边圈压料面上；若维修困难，则拉延筋应装在下面凹模压料面上，如此则能减少凹模压料面的损耗。

拉延筋距凸模外轮廓尺寸沿凸模外轮廓形状不变，尺寸大小决定于凹模圆角强度和压边圈强度，一般取 30～35mm。拉延筋相互之间的尺寸沿拉延筋形状不变，一般取 28～30mm，如图 3-34 所示。

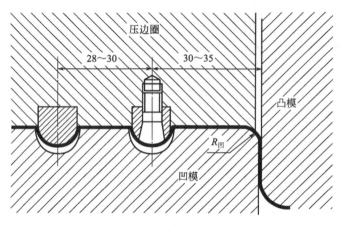

图 3-34　拉延筋的位置尺寸

如果压料面就是覆盖件本身凸缘面时，则拉延筋距凸模外轮廓尺寸等于拉延筋距修边线尺寸和修边线距凸模外轮廓尺寸之和。拉延筋之间的尺寸同样取 28～30mm。

经验

➤ 原则上将拉延筋设置在上模上（上模为凸筋）。
➤ 外覆盖件设置在拉延筋伤痕不会影响产品的位置上。

（2）拉延筋的布置原则

按拉延筋的作用布置，见表 3-5。

表 3-5　按拉延筋的作用布置拉延筋

要求	布置原则
增加进料阻力，提高材料变形程度	布置 1～3 条拉延筋
增加径向拉应力，降低切向压应力，防止起皱	在容易起皱的部位设置局部的短筋
调整进料阻力和进料量	拉延深度深的直线部位，布置 1～3 条拉延筋；拉延深度深的圆弧部位，不布置拉延筋；拉延深度相差较大时，在深的部位不设拉延筋，在拉延深度浅的部位设拉延筋

（3）拉延筋的布置方法

以凹模口形状为例，拉延筋的布置方法如图 3-35 所示。图中 $\alpha=8°\sim12°$，具体序号所代表的含义见表 3-6。

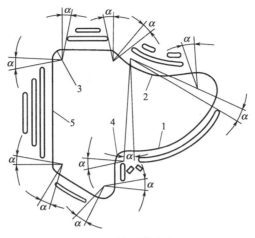

图 3-35 拉延筋的布置

表 3-6 拉延筋的布置方法

图 3-35 中位置序号	形状	要求	布置方法
1	大外凸圆弧	补偿变形阻力不足	设置一条长筋
2	大内凹圆弧	补偿变形阻力不足；避免拉延时，材料从相邻两侧凸圆弧部分挤过来而形成皱纹	设置一条长筋和两条短筋
3	小外凸圆弧	塑流阻力大，应让材料有可能向直线区段挤流	不设拉延筋；相邻筋的位置应与凸圆弧保持 3°～12° 夹角关系
4	小内凹圆弧	将相邻侧面挤过来的多余材料延展开，保证压边面下的毛坯处于良好状态	沿凹模口不设拉延筋；在离凹模口较远处设置两段短筋
5	直线	补偿变形阻力不足	根据直线长短设置 1～3 条拉延筋（长者多设，并呈塔形分布，短者少设）

经验

➢ 拉延筋的布置方向一定要与材料方向垂直。

➢ 如对材料利用率没有影响，拉延筋位置应取大一些。

3.6.3 设计拉延筋的注意事项

① 拉延筋、槽的方向和冲压方向相同。

② 拉延筋、槽的侧壁方向和冲压方向相同。

③ 拉延筋、槽根部要清根。因为拉延筋、槽根部在成型时不与板料接触，为了避免在调整过程中不与拉延槽、筋干涉，故需要清根。

④ 拉延筋、槽的侧壁配合间隙为 1.5～2mm。

⑤ 拉延槽开口圆角保持 $R3$，作为基准，不再改动。

⑥ 调整拉延筋阻力时，只放大拉延筋的圆角和高度。特殊情况需要改动拉延槽时，必须得到设计师的认可。

⑦ 以上几点只适用于料厚不大于 1.5mm 的板料。

3.6.4 拉延筋的材质

拉延筋的材质一般为 45 钢（S45C），调质处理，硬度 25～30HRC。

3.7 拉延模具的顶出装置和退件装置设计

拉延模具一般都设置顶出装置和退件装置。

3.7.1 顶出装置设计

顶出装置的设计原则是：使用双动压力机时，在压边圈上设置；使用单动压力机时，在下模座设置顶出销或气动顶出。

图 3-36 所示为单动压力机顶出装置。

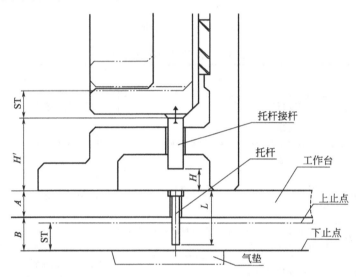

图 3-36 单动压力机顶出装置

ST—顶出行程，mm；A—工作台厚，mm；B—气垫下止点到工作台下平面的距离，mm；
L—托杆长，mm；H，H′—托杆承接面至工作台距离，mm

① 托杆在气垫下止点时不应高出工作台面，否则需加托杆接杆。
② 托杆接杆长度小于 200mm，可与压边圈一体铸出；若托杆接杆长度大于 200mm，则应采用图 3-36 所示的托杆接杆形式或使用垫块调节。
③ 铸造式托杆接杆尺寸小于 100mm 和小于 200mm 的结构如图 3-37 和图 3-38 所示。
④ 对使用寿命超过 30 万次的拉延模，托杆承接面不允许采用铸铁基体材料，否则应使用托杆垫块，如图 3-39 所示。

在拉延模平衡良好的位置上，安装在压料芯顶杆脚上，最少设 4 个。
在放置毛坯、取出产品时，加以注意。
当用户没有要求时，采用 45 钢制作，淬火硬度 38～42HRC。
垫块应不高于型面。当全自动状态下，冲压件挂不上时，不受此限。
托杆垫块的结构尺寸如图 3-40 所示。

3.7.2 退件装置设计

在拉延凹模的上模上有时设置退件器（依照用户的要求，有时设有判断用检测器），如

图 3-41 所示。

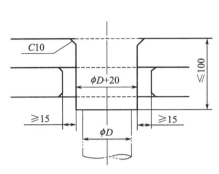

图 3-37 小于 100mm 铸造式托杆接杆

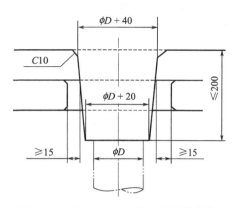

图 3-38 小于 200mm 铸造式托杆接杆

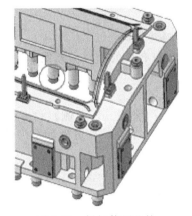

图 3-39 托杆使用垫块

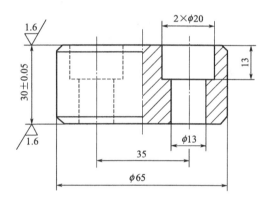

图 3-40 托杆垫块

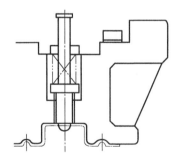

图 3-41 退件器

(1) 安放位置
① 为防止产品变形，设置在拉延角的附近。
② 浅拉延时，也可在型面上设退件器。
③ 应设置在平衡良好的位置上。
(2) 对外覆盖件
① 不要设置在产品表面内。
② 当不得不设在产品表面内时，应在表面贴橡胶。

3.8 拉延模具的板件定位设计和限位装置设计

板件在模具中的摆放位置，双动压力机和单动压力机是不同的。使用双动压力机的拉延模，板件置于下模座上；使用单动压力机的拉延模，板件置于压边圈上。

板件在拉延模具中的定位有如下要求：
① 上模为板料定位应留有足够的空间。
② 板料的投料不会被碰伤。
③ 板料定位应能够调整。
④ 板料放置稳定。
⑤ 禁止使用气动旋转式定位机构。
⑥ 板料的定位应具有导向功能。
⑦ 活动板料定位装置不得与下模干涉。
⑧ 板料定位部件的焊接要牢靠，非标准件要求满焊。
⑨ 板料投放后上翘部分的定位选择随形定位块。
⑩ 零件的定位块必须为标准件。
⑪ 优先使用板料定位的形式为固定式→上下活动式→左右或前后活动式定位。

3.8.1 板件定位设计

① 在拉延模具中，板件定位装置的布置位置及数量是：前侧（F面侧）设置2处，左侧和右侧各设置1或者2处（视模具大小确定，细长件如柱类1处，长方件如车门等2处），后侧设置2处，如图3-42所示。

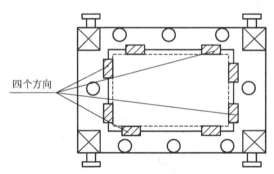

图3-42 板件定位装置的布置位置及数量

② 手动线的拉延模具要求封闭定位时，前侧、左侧和右侧按如图3-43所示布置定位装置，后侧为导轮定位。

③ 自动线拉延模具定位装置的布置如图3-44所示。

经验

➤ 用于机械化自动线的模具都需配备传感器，对角线分布。
➤ 每边的定位器，位置应可调。

3.8.2 限位装置设计

拉延模具的限位装置主要是使用限位块，有圆形和长方形两种。

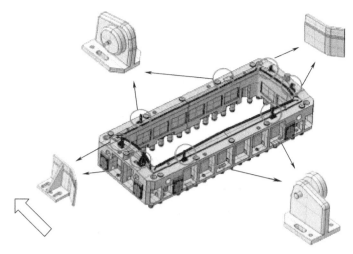

图 3-43　手动线拉延模具要求封闭定位时的定位装置的布置

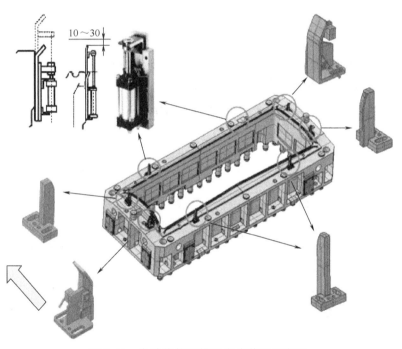

图 3-44　自动线拉延模具定位装置的布置

① 圆形限位块　如图 3-45 所示，其尺寸见表 3-7。

表 3-7　圆形限位块的结构尺寸　　　　　　　　　　　　　mm

序号	d_1	d_2	d_3	h_1	M12		M20		数量	冲压力/kN
					h_2	L	h_2	L		
1	60	14	20	≥40~60	22	40	18	50	4	<1800
2	80			>60~80	42	60	30	60		≥1800~3500
3	100			>80~100	62	80	50	80		>3500~5500
4	120	22	33	>100~120	82	100	70	100		>5500~10000
5	150			>120~140	102	120	90	120		>10000~15000

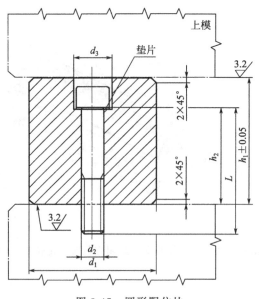

图 3-45 圆形限位块

长度超过 2m 的模具要求圆形限位块直径不小于 100mm。

② 长方形限位块 如图 3-46 所示,其尺寸见表 3-8。

表 3-8 长方形限位块的结构尺寸   mm

序号	L_1	L_2	L_3	d_1	d_2	h_1	M8		M10		M12		数量	冲压力/kN
							h_2	L_4	h_2	L_4	h_2	L_4		
1	60	50	76	14	20	≥80～100	62	80	65	80	62	80	4	<3500
2	80	60	93			>100～120			85	100	82	100		≥3500～5000
3	100	80	120			≥120～140			105	120	120	120		>5000～10000
4	120	100	130			>140～160					122	140	8	>10000～20000

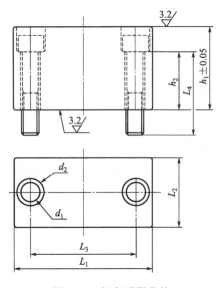

图 3-46 长方形限位块

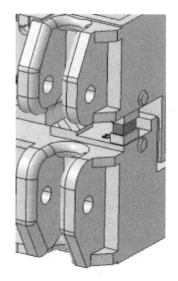

图 3-47 限位块放置在吊耳中心外侧

> **经验**
>
> ➢ 模具限位块还有淬火螺纹固定形等形式。

③ 材质为 45 钢（S45C）或 SKS93，热处理硬度 54～58HRC。

④ 限位块使用要求：

a. 限位块要保证 80% 的面积相接触。

b. 限位块下的垫片不超过两片。

c. 应对限位块编号。

d. 限位块下应为实心体或加强筋条。

e. 限位块的固定螺栓为 M12。

f. 限位块下垫片必须略小于限位块，安装后垫片边缘不超出限位块的外边缘。

实例 如图 3-47 所示，限位块放置在吊耳中心外侧。

3.9 拉延模具的工艺孔和排气孔设计

工艺孔就是非产品上的孔，而是为生产和制造需要在工艺上增设的孔。

排气孔就是为了防止拉延过程中拉延件变形，而在凸模或凹模上设置的通气孔。

3.9.1 工艺孔

通常工艺孔有两种形式，即定位用工艺孔和研磨用基准孔（CH 孔）。

(1) 定位用工艺孔

有些拉延件产品形状比较平缓，或受冲压方向的限制，拉延件侧壁及拉延筋等不能充当后续定位用，此时就要在拉延件上冲出两个定位用工艺孔。工艺孔的位置应放在后续工序必须冲掉的废料上，一般都放在压料面上。由于压料面绝大多数在拉延过程中产生流动，因此工艺孔应在拉延过程完成以后冲出，也就是当凸模运行而压边圈停留不动，拉延件从凸模退下这一段时间进行。定位用工艺孔的孔径一般为 $\phi 10mm$ 和 $\phi 20mm$ 两种，并且孔距越远，定位越可靠。

(2) 研磨用基准孔（CH 孔）

要完成一个覆盖件，需要经过拉延、修边冲孔、翻边整形等 3～5 道工序才能完成。在模具制造过程中，为使后工序研配更加快速准确，减小孔与形的位置公差，需要在全工序中设置 2 处研磨用基准孔，即 C/H 孔。研磨用基准孔应设置在拉延形状面比较平缓且凸出的地方（在斜面上最大不超过 5°），其孔径一般为 $\phi 10mm$，孔位偏差为 $\pm 0.01mm$。

> **经验**
>
> ➢ 在拉延模上设置工艺孔时，应考虑冲制工艺孔产生的废料必须能顺利排出。
>
> ➢ 当拉延模调试合格后，在其他各工序设计规定的位置上，装上 $\phi 10$ 的研磨用销钉，并以拉延合格件上冲出的研磨用基准孔定位，如图 3-48 所示，在冲制达到后工序研磨所需要的件数后，再将销钉拔掉。

3.9.2 排气孔

在双动压力机拉延模工作过程中，压边圈首先运动到下止点，将毛坯压紧在凹模压料面上，待凸模向下运动到下止点时，便将毛坯拉延成凸模形状。这时凹模中的空气必须得排出，否则被压缩的气体会产生很大的压力，将坯料压入凹模空隙处产生多余变形，而形成废品。同样，在单动压力机拉延模工作过程中，凸模和拉延件之间也应使空气通畅，否则，在压边圈静止而凸模向上运动的过程中，拉延件有可能被凸模贴紧带起，而导致变形。因此，拉延模凸、凹模都应在适当的位置设置排气孔。

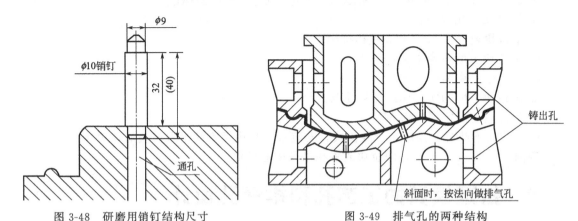

图 3-48　研磨用销钉结构尺寸　　　　图 3-49　排气孔的两种结构

① 通常排气孔有两种结构，如图 3-49 所示。

a. 可在凹模不必要的挖空部分直接铸孔，这样既可减少加工量和钳工研磨工时，又可以作为生产中灰、砂、杂质等的存放处。铸孔的直径一般为 $\phi60 \sim \phi120$mm。

b. 直接在凸、凹模工作表面钻出通孔。对于斜面，应按斜面的法向做排气孔。

② 排气孔的设置原则：

a. 设置在凸模和凹模的凹角及最后成型墩死部位，保证每 200mm×200mm 上有一个。

b. 凸、凹模上下成型处不设。

c. 曲率半径小，材料移动大处不设。

d. 上模排气孔设置时需考虑防尘，应在排气孔上加通气管，或在排气孔上方整体加盖板。如图 3-50 与图 3-51 所示。

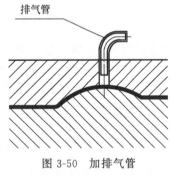
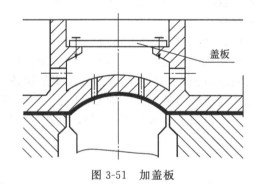

图 3-50　加排气管　　　　　　　　图 3-51　加盖板

e. 在废料部位设置。

f. 上、下模孔位应不同。

g. 均匀布置。

技巧

➢ 有关通气管的相关内容详见 7.8.1 拉延模排气管。

③ 排气孔径：

a. 为将空气排出模具以外,应尽可能开较大的排气孔,一般为 $\phi 6mm$。
b. 对于顶盖、发动机盖、车门等平滑的外覆盖件,其凸出部分为 $\phi 5mm$。
c. 外覆盖件 $\phi 4 \sim 6mm$,内覆盖件 $\phi 6 \sim 8mm$。

3.10 工艺切口和刺破刀的设计

3.10.1 工艺切口

覆盖件上有局部反拉延时,为了创造良好的反拉延条件,往往加大该部分的圆角和使侧壁成斜度,避免在反拉延中圆角处的破裂,在以后适当的工序中将圆角或侧壁修整回来。若还产生破裂,则必须采取冲或刺工艺切口的方法,在难于成型的位置加切口,使材料易于流动来避免产生破裂。

工艺切口是在拉延过程中反拉延成型到最深,即将产生破裂时冲出,这时材料已不能从外部流入,往下继续反拉延,在工艺切口处的材料便由内向外流动以满足反拉延成型。根据反拉延深度和形状冲或刺一个、两个或若干工艺切口,如图 3-52 所示。工艺切口的位置、大小和形状应保证不因拉应力过大而产生径向裂口,波及覆盖面表面;又不因拉应力过小而形成波纹。工艺切口必须放在拉应力最大的拐角处,因此冲和刺工艺切口的时间、位置、大小和形状都应在调整拉延模时试验决定。

冲或刺工艺切口的共同特点是由于压边圈和凹模、凸模与压边圈的导向不准确致使冲或刺工艺切口的凸模和凹模不同心而啃刃口,并有冲出或刺出

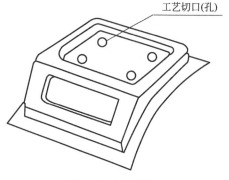

图 3-52 工艺切口

的碎渣落在凹模表面上而影响拉延件的表面质量,需经常擦拭凸模和凹模。刺工艺切口的优点是无废料,缺点是有方向性;冲工艺切口的优点是无方向性,缺点是有废料。

采用刺工艺切口时要特别注意翻孔方向一定要适合在修边中的定位需要,即拉延以后将拉延件翻转送到修边模中定位时工艺切口的翻孔方向朝上。翻孔朝下则难以定位,此时应采用冲工艺切口的方法。

有冲或刺工艺切口的拉延模给制造和装配增加了难度,在可能的条件下应尽量不用工艺切口,而从覆盖件设计上想办法降低其反拉延深度,靠加大圆角和侧壁成斜度成型出反拉延,或在拉延毛坯上预冲工艺切口。

(1) 切入量

在内侧进行刺或冲工艺切口时,应在考虑冲压件成型性的前提下,决定切入量,如图 3-53 所示。

(2) 切角时

在外侧切角时,应注意废料飞溅的危险。

(3) 上、下模导向方法

① 当在内部有切口或冲孔时,应减小凸模、压料圈及凹模导向的间隙。
② 当在外侧剪切时,应设置导柱。

3.10.2 刺破刀的设计

现代汽车覆盖件的冲压加工,都安排一道拉延工序,一般是第一道工序(落料除外)。

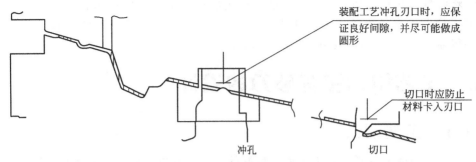

图 3-53 刺或冲工艺切口

制件上所有的孔,都安排在后工序冲出。拉延工序,是对无内孔制件的冲压加工。若有孔部位属于内部的局部成型部分,则需要进行 CAE 变形分析。一般这部分成型属于胀形变形,若胀形变形超过材料的变形极限,制件就会出现破裂现象。为了防止此类情况的发生,拉延结束前需要在该部位(或相邻部位)预先刺或冲(孔)工艺切口。

预先刺或冲(孔)工艺切口的形状、尺寸及位置,一般都是经过试验或依据经验确定的。

① 无预冲孔的刺破孔,凸模端部呈锥形,α 取 60°,凹模孔带台肩,以控制凸缘高度,避免直孔引起的边缘不齐,图 3-54 所示为无预冲孔的刺破凸模。

图 3-54 无预冲孔的刺破凸模

② 其他拉延工序所使用的刺破刀,按一般冲孔类型对待。

技巧

➤ 若几个刺破刀工作,出现制件开裂与起皱现象时,如图 3-55 所示,解决的办法是将刺破刀设计成中间高、两头低的形式或波浪刃口,如图 3-56 所示。

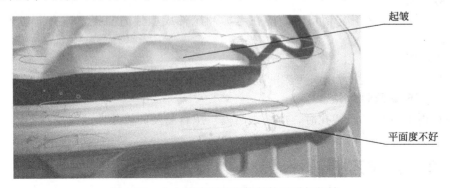

图 3-55 几个刺破刀工作使制件开裂与起皱

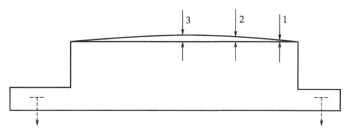

图 3-56 中间高、两头低形式的刺破刀

3.11 拉延模具的材料

主要是指凸模和凹模、压边圈及上、下模座等制造所使用的材料，通常根据材料厚度及抗拉强度 σ_b、生产量和模具使用寿命等要求来选择。

3.11.1 凸模和凹模

① 若拉延凸模和凹模采用整体式，使用的材料一般为 GM246、GM338（或日本标准 FCD700 及德国标准 GGG70L 等）。

② 当拉延件材料厚度 $t \leqslant 1.2$mm 时，可以采用 MoCr 或 GGG70L 材料，表面淬火硬度不低于 50HRC。

③ 当拉延件材料厚度 $t > 1.2$mm，抗拉强度 $\sigma_b \leqslant 340$MPa 时，凸模采用 MoCr 材料，而凹模采用合金工具钢 Cr12MoV 和空冷钢 SKD11 材料。

④ 若是镶块结构，则材质有合金工具钢 Cr12MoV 和空冷钢 SKD11。

经验

➤ 合格的 GM338 铸件的金相组织应如图 3-57 所示。

➤ 外覆盖件拉延模工作部件应选用不易出现铸造缺陷的材料，模具材料供货商需提供其无铸造缺陷书。

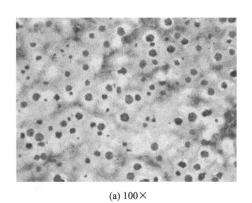   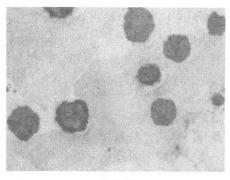

(a) 100×   (b) 500×

图 3-57 合格的 GM338 铸件的金相组织

3.11.2 压边圈

① 拉延模压边圈通常采用整体式，使用的材料一般为 FCD700 或 GM338 等。

② 当拉延件材料厚度 $t\leqslant1.2$mm 时，采用 MoCr 材料。

③ 当拉延件材料厚度 $t>1.2$mm，抗拉强度 $\sigma_b\leqslant340$MPa 时，采用合金工具钢 Cr12MoV 和空冷钢 SKD11 材料。

3.11.3 上、下模座

① 使用的材料一般为 HT300 或日本标准 FC300。

② 与凸模（或凹模）一体时，可采用 GGG70L 等材料。

技巧

- 新产品试制时，模具一般均采用树脂或低熔点合金材料。
- Cr12MoV 和 SKD11 材料表面淬火硬度不低于 55～58HRC。

3.11.4 其他情况下材料的选择

当冲压件的材料为高强度板（抗拉强度≥340MPa）或料厚>1.2mm 时：

① 凸模采用基体部分 HT300＋成型部分 Cr12MoV 结构。

② 凸模采用基体部分 MoCr＋变形剧烈部分 Cr12MoV 结构。

③ 凹模采用基体部分 HT300＋压料面及模具刃口部分 Cr12MoV＋内型面部分 MoCr 镶件结构。

④ 凹模也可采用基体部分 MoCr＋压料面及模具刃口部分 Cr12MoV 镶件结构。

⑤ 凹模采用基体部分 HT300＋型面压料面 Cr12MoV 镶件结构。

⑥ 压边圈采用 HT300＋Cr12MoV 镶件结构。

3.12 乘用车提升门内板零件拉延模设计实例

工件名称：提升门内板。

生产批量：大批量。

制件尺寸：1124mm×805mm×127mm。

制件材料：SPCC。

材料厚度：0.65mm。

① "乘用车提升门内板产品数模（3D 图）"可在出版社网站 www.cip.com.cn 中"资源下载"区下载，见文件"第 3 章 tishengmenneiban.igs"。

② 乘用车提升门内板拉延工序简图如图 3-58 所示，为该件的第一道工序。

3.12.1 零件工艺分析

拉延是汽车覆盖件冲压的关键工序之一。

由提升门内板产品数模（3D 图）和工程图（DL 图）中可以看出，提升门内板的整体曲面是一个曲率较大的外凸形覆盖件。

该制件沿整个周边的变形分布是不均匀的，因此在窗口上部拉延线的地方设置一条拉延筋。考虑到制件下部形状复杂，起伏变化大，容易出现皱褶，所以又增设了一条半封闭的 U 形拉延筋，目的是增大材料的径向拉应力，使拉延过程稳定，制件不出现皱褶。

由于窗口四周材料变形较大，拉延过程中容易产生破裂，因此在窗口中间部位增设三个工艺切口，来改变毛坯的变形程度，消除破裂因素。

本拉延工序模具的冲压方向，如图 3-59 所示（该制件的所有工序的冲压方向均一致）。

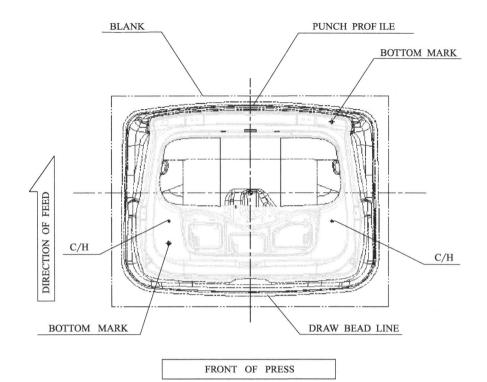

图 3-58 乘用车提升门内板拉延工序简图

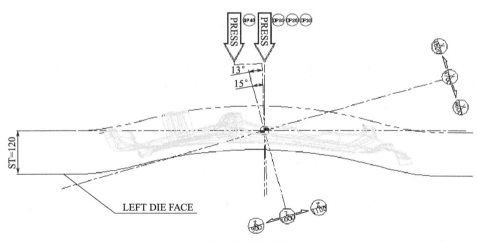

图 3-59 拉延工序的冲压方向

"乘用车提升门内板工程图（DL 图）"可在出版社网站 www.cip.com.cn 中"资源下载"区下载，见文件"第 3 章 提升门内板 DL 图.dwg"。

3.12.2 冲压力计算

(1) 拉延力的计算

其拉延力按式(3-2)计算：

$$F=0.04S\sigma_b(t-0.2)$$

材料的抗拉强度 σ_b 取 330MPa；凸模面积 S 约为 1063350mm²；料厚 t 为 0.65mm。

代入上式得

$$F=0.04\times1063350\times330\times(0.65-0.2)\approx6316\text{kN}$$

乘用车提升门内板属于大型汽车覆盖件，因此取计算值的 0.5 倍，即

$$F=0.5\times6316=3158\text{kN}$$

得到的结果实为拉延力与压料力之和。

(2) 拉延筋拉延力的计算

汽车覆盖件拉延筋拉延力按式(3-3)计算：

$$F=Lt\sigma_b$$

拉延筋全长 L 约为 $2588+840=3428\text{mm}$；料厚 t 为 0.65mm；材料的抗拉强度 σ_b 取 330MPa。

代入上式得

$$F=3428\times0.65\times330\approx735\text{kN}$$

(3) 刺破刀的冲压力计算

刺破刀的冲压力也就是刺工艺切口的冲压力按式(4-2)计算：

$$F_{刺孔}=Lt\sigma_b$$

刺工艺切口轮廓线长度 L 约为 $365+502+365=1232\text{mm}$；板料厚度 t 为 0.65mm；材料抗拉强度 σ_b 取 330MPa。

代入上式得

$$F_{刺孔}=Lt\sigma_b=1232\times0.65\times330\approx264.3\text{kN}$$

3.12.3 拉延模具结构设计

冲压工艺方案确定以后，通过分析选择合理的模具结构及部件，使其能够满足的要求是：能冲出符合技术要求的制件；能满足大批量生产的需要；模具制造、维修方便；模具易于安装、调试和使用；模具有足够的寿命等。

① 结构形式：由于客户指定的冲压设备为单动压力机，参照工程图（DL 图）中的冲压方向，提升门内板拉延模具选择倒装结构，即拉延凸模安装在下工作台面上，拉延凹模安装在上滑块上。提升门内板拉延模基本上是一次成型。

② 操作方式：根据工艺分析，采用以下操作方式：外形定位；手工送料；下底面布置气缸顶杆；上弹簧退料。

③ 导向方式：由于该在模具长度>1500mm，有较大的侧向力，因此利用导柱、导向腿导向，模具闭合过程中导向腿比导柱先吃入最小 30mm。

④ 由于模具是倒装结构，所以模具的出件方式为上方出件，利用下底面气缸顶杆，通过托起压边圈将制件推出。

⑤ 各坐标位置：拉延模具中心坐标（0，0，0），数模中心坐标（0，25，0），压力机中心坐标（0，75，0）。

⑥ 设置 2 个到底标志、14 个墩死块及 4 个行程限位块。

⑦ 刺破刀设置：为了一次拉延成型，抑制材料产生皱褶，在窗口中间部位增设 3 个工艺切口，布置 3 个刺破刀。

3.12.4 拉延凸模与凹模设计

(1) 拉延凸模

在汽车覆盖件拉延模中，凸模是拉延的主要成型部分。除工艺上的特殊要求外（如翻边的展开或工艺补充等），其轮廓尺寸和深度即为产品图内表面尺寸。

拉延凸模采用整体式结构。

拉延凸模的侧面布置8个导板，与压边圈内侧滑动配合。

拉延凸模的材料选用GM338，热处理硬度50～55HRC。

拉延凸模的固定采用螺钉与下模座连接固定。

"乘用车提升门内板拉延凸模零件图"可在出版社网站www.cip.com.cn中"资源下载"区下载，见文件"第3章 凸模.dwg"。

(2) 拉延凹模

凹模的作用是形成凹模压料面、凹模圆角和凹模型腔。拉延毛坯在凸模的作用下，通过凹模圆角逐步进入凹模内腔，直至拉延成凸模的形状。凹模尺寸即为产品要求的外表面尺寸。

本拉延模具凹模采用曲面压料面，这种结构虽然给加工增加了难度，但对制件的质量有保证。

本拉延模具凹模与上模座设计成一体，采用闭口式凹模结构。

凹模压料面尺寸：左右方向为105mm，上方为90mm，下方为140mm。

凹模圆角按式(3-4)计算：

$$R_{凹} = (6\sim10)t$$

将 $t=0.65$mm 代入得到 $R_{凹}=3.9\sim6.5$mm。

当凹模圆角处于工艺补充部分上时，根据常用汽车覆盖件板料厚度，$R_{凹}$ 取 6～10mm。因此，本拉延凹模圆角取 $R_{凹}=8$mm。

拉延凹模（上模座）的材料选用GM338，热处理硬度50～55HRC。

"乘用车提升门内板拉延模具上模座零件图"可在出版社网站www.cip.com.cn中"资源下载"区下载，见文件"第3章 上模座.dwg"。

3.12.5 压边圈设计

为了防止皱褶的产生，在拉延凸模四周设计一压边圈，由弹簧、氮气弹簧或油、气压元件将力作用于压边圈上。压料力既要保证使材料在压边圈下面顺利流动，又要以抑制材料产生皱褶。

压边圈的压料面按拉延件压料面设计，本拉延模压边圈的压料面采用曲面压料形式。

(1) 拉延件坯料尺寸的确定

由提升门内板产品工程图（DL图）中可以看出，提升门内板的拉延件坯料尺寸为1370mm×1085mm。其确定方法是：首先根据产品数模（3D图），算出制件的长、宽尺寸，然后加上制件的边缘到拉延筋的2倍距离。另外，还要加上压料的尺寸，一般单边为40～100mm。

(2) 压料面宽度的确定

本拉延模具压料面宽度分别是左右各为100mm，上部为90mm，下部为140mm。

(3) 压边圈高度和宽度尺寸的确定

① 根据式(3-5)确定高度尺寸，必须保证 $H \geqslant 200$mm。

$$H \geqslant (0.12\sim0.15)L+h$$

制件长度尺寸 L 取 1124mm；制件最大拉延深度 h 取 127mm。

代入上式中得到压边圈高度尺寸为

$$H \geqslant (0.12\sim0.15)\times 1124+127 \approx 262\sim296\text{mm}$$

考虑到模具结构，取 $H=400$mm。

② 根据式(3-6)确定宽度尺寸，必须保证 $W \geqslant 130$mm。

$$W \geqslant (0.75\sim0.8)L+h$$

制件长度尺寸 L 取 1124mm；制件最大拉延深度 h 取 127mm。

代入上式中得到压边圈宽度尺寸为

$$W \geqslant (0.75 \sim 0.8) \times 1124 + 127 \approx 970 \sim 1026 \text{mm}$$

考虑到模具结构，取上部宽度 $H_上=404\text{mm}$，下部宽度 $H_下=600\text{mm}$。

"乘用车提升门内板拉延模具压边圈零件图"可在出版社网站 www.cip.com.cn 中"资源下载"区下载，见文件"第3章 压边圈.dwg"。

3.12.6 拉延筋设计

在汽车覆盖件拉延模具中，设置拉延筋是防止覆盖件起皱和撕裂最有效的方法之一。本拉延模具选择常用的半圆形拉延筋形式，其宽度为12mm，高度是8mm。

本拉延模是倒装结构，因此拉延筋布置在凹模（上模座）的压料面上，而拉延筋槽设置在下方压边圈的压料面上，便于打磨和研配。

拉延筋距凸模外轮廓尺寸为14.5mm。

窗口上方设置形状为外凸圆弧的1条长筋，长度约为840mm；下方设置1条U形筋，长度约为2551mm。

乘用车提升门内板拉延模具的拉延筋布置如图3-60所示。

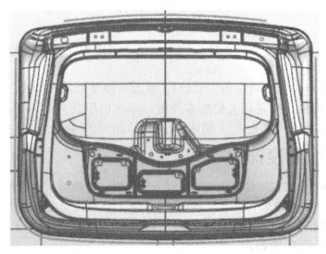

图3-60 拉延筋的布置

3.12.7 刺破刀设计

汽车覆盖件上的孔，包括工艺切口、定位孔及C/H孔等，一般应在制件拉延成型后冲出，以防止冲制的孔在拉延过程中发生变形。但对位于制件上不变形或变形极小的部位的孔，以及可以在后序冲掉的孔，也可以在拉延工序冲出。

本拉延工序所使用的刺破刀，为无预冲孔的刺破孔类型。凸模端部呈锥形，α取60°，如图3-61所示。

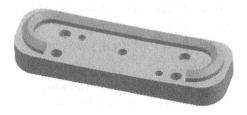

图3-61 刺破刀

"乘用车提升门内板拉延模具刺破刀零件图"可在出版社网站 www.cip.com.cn 中"资源下载"区下载,见文件"第3章 刺破刀.dwg"。

3.12.8 定位装置设计

该拉延模具使用单动压力机,因此板件应放置在压边圈上。为了保证板料安放稳定,采用封闭定位形式,前、右各2个板件定位板,左、后各1个板件定位板,并各设置1个带感应器的板件定位器。

注意,感应器安装在定位板上,且感应器导杆不能超出模具型面;感应器的位置应便于检查;感应器电缆线固定可靠;感应器固定可靠,并摆动顺畅。

经验

➢ 一块板料需两个感应器。
➢ 拉延模的感应器一般设置在右后侧。

3.12.9 模具导向设计

该拉延模具使用单动压力机,采用倒装结构。

① 凸模与压边圈的导向,采用8块导板导向(前后左右各2块),其导向间隙值为(0.05±0.02)mm。导板安装在凸模上,凸台设置在压边圈上。

② 凹模(上模座)与压边圈的导向,采用8块导板导向(前后左右各2块),其导向间隙值为(0.05±0.02)mm。4块导板安装在凹模(上模座)上,4块导板安装在压边圈上,凹模(上模座)和压边圈各设置4个凸台。

3.12.10 工艺孔及排气孔设计

(1) 工艺孔

乘用车提升门内板产品共需要经过拉延,修边冲孔、侧修边、侧冲孔,冲孔、切断、侧冲孔和翻边整形4序冲压工艺过程才能完成。在拉延工序后面的模具制造过程中,为使研配更加快速准确,减小孔与形的位置公差,需要设置2处研磨用基准孔,即C/H孔。本拉延模具在(400,-140,0)和(-400,-140,0)位置上设置两个C/H孔,孔径为ϕ10mm,孔位偏差为±0.01mm。

(2) 排气孔

在单动压力机拉延模工作过程中,凸模和拉延件之间应使空气通畅,否则,在压边圈静止而凸模向上运动过程中,拉延件有可能被凸模贴紧带起,而导致变形。因此,拉延模凸、凹模都应在适当的位置设置排气孔。

本拉延模具直接在凸模和凹模的凹角及最后成型墩死部位表面钻出直径ϕ6~8mm的若干个通孔,必须保证每200mm×200mm上有一个C/H孔。对于斜面,应按斜面的法向做排气孔。

上模座在排气孔上方增加盖板防尘,其布置如图3-62所示。

3.12.11 模架设计

(1) 模具外形尺寸

根据实际制件尺寸和在大批量冲压生产线中,要求全工序模具外形尺寸及闭合高度应尽可能相同,这样既可便于压力机的选择,有利于模具的安装,又方便模具的存放和管理。因

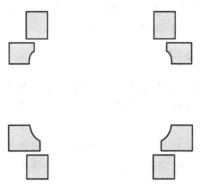

图 3-62 防尘盖板的布置

此，本拉延模具外形尺寸为：长×宽×高=2400mm×2000mm×1100mm。

(2) 上、下模座

上、下模座采用实型铸造结构。

下模座材料为 HT300。

上、下模座设计有用于模具运输的运输连接板用螺纹，规格为 M16。

上、下模座设计有与压力机工作台 T 形槽距离相同的压板槽（数量不相同），方便模具安装。

上、下模座设计有起重孔，为四个，其位置在四个角上。

"乘用车提升门内板拉延模具下模座零件图"可在出版社网站 www.cip.com.cn 中"资源下载"区下载，见文件"第 3 章下模座.dwg"。

3.12.12 设备选择

工厂（公司）现有冲压设备状况，不但是模具设计时选择设备的依据，而且对工艺方案的设计有直接影响。冲压设备的类型、规格、先进与否是确定工序组合程度、选择各工序压力机型号、确定模具类型的主要依据。

冲压设备（压力机）的选择应根据冲压工序的性质、生产批量的大小、冲压件的几何尺寸和精度要求、模具的外形尺寸以及现有设备等项内容综合考虑后进行选择。

(1) 选择压力机的先决条件

① 所选压力机的公称压力必须大于冲压所需总冲压力，即 $F_{压机} > F_{总}$。

② 压力机的行程大小应适当。

③ 所选压力机的闭合高度应与冲模的闭合高度相适应。

④ 压力机工作台台面的尺寸必须大于模具下模座的外形尺寸，还要留有安装固定余量。

(2) 一些数据

① 制件下料尺寸 1370mm×1085mm×0.65mm。

② 制件重 3.74kg。

③ 坯料重 7.57kg。

④ 材料利用率为 49.4%。

(3) 压力机的选用

包括选择压力机类型和压力机规格两项内容。

根据模具闭合高度及模具外形尺寸的要求，本模具选用的压力机规格为：JB36-1600 闭式双点单动压力机。

其主要计算参数为：公称压力1600t；滑块行程630mm；最大装模高度1200mm；最大装模高度调节量600mm；滑块底面尺寸（左右×前后）5000mm×2000mm。

3.12.13 模具总装配图、模具零件明细表及部分零件图

① "乘用车提升门内板拉延模具装配图（3D）"可在出版社网站www.cip.com.cn中"资源下载"区下载，见文件"第3章 zhuangpeitu.part"。

② "乘用车提升门内板拉延模具装配图（2D）及模具零件明细表"可在出版社网站www.cip.com.cn中"资源下载"区下载，见文件"第3章 装配图.dwg"。

③ "乘用车提升门内板拉延模具部分零件图"可在出版社网站www.cip.com.cn中"资源下载"区下载，见文件"第3章 零件图.dwg"。

第4章 汽车覆盖件修边冲孔模具设计

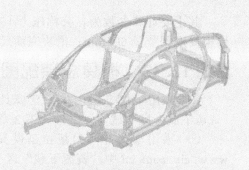

4.1 修边冲孔模具概述

修边冲孔模是汽车覆盖件模具中第二套模具（除落料模外），在多数冲压工序安排中是必须有的。修边冲孔模的好坏直接影响制件装车后的效果，图4-1所示为某轿车左/右后侧地板修边冲孔模。

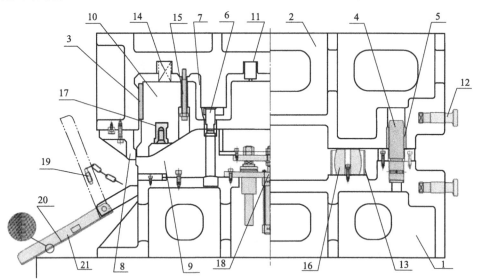

图4-1 左/右后侧地板修边冲孔模

1—下模座；2—上模座；3—导板；4—导柱；5—导套；6—冲孔凸模；7—冲孔凹模；8—修边凸模；9—修边凹模；10—卸料板；11—氮气弹簧；12—铸造式吊耳；13—限位套管；14—弹簧；15—限位螺栓；16—聚氨酯减振块；17—铸入型螺栓；18—顶料组件；19—滑板链条；20—滤油网板；21—废料滑板

4.1.1 修边冲孔模具的类型

现在汽车覆盖件模具中普遍将修边模、冲孔模及切断模三合一。冲孔工序合并在修边工序中，对于修边模的影响不大，只是增加了冲孔凸模和凹模等工作零件。切断工序是在修边及冲孔工序完成后，将修边废料切断。根据修边（冲孔）镶块的运动方向，修边冲孔模具共有以下三大类型。

（1）垂直修边冲孔模

修边与冲孔方向与压力机上滑块运动方向一致的模具。它是覆盖件修边冲孔模具的最常用形式，应用比较普遍。

（2）带斜楔机构的修边冲孔模

修边与冲孔方向与压力机上滑块运动方向成一定夹角（直角、锐角或负角）的模具。它要求该模具应有一套（或多套）将压力机垂直运动方向，转变成刃口镶块沿修边（或冲孔）方向运动的斜楔机构，如侧修边和侧冲孔等。

（3）组合修边冲孔模

在同一副模具上既要完成垂直修边（或冲孔）又要完成侧修边（或侧冲孔）的模具。

经验

➢ 修边冲孔模属于复合模。复合模是在压力机一次行程中，在同一工位上完成两道或更多工序的冲模。先修边冲孔，再切废料。一般不采用修边冲孔与废料同时加工的工序安排。

4.1.2 修边冲孔模具与落料冲孔模具的区别

① 修边冲孔模具的使用对象大多是经过拉延变形后形状复杂的覆盖件，而落料冲孔模具的使用对象大多是平的板料。

② 修边冲孔模具分离刃口所在的位置可能是任意的3D曲面，而落料冲孔模具的分离刃口都是平面。

③ 修边冲孔模具的分离过程常常存在着较大的侧向力，而落料冲孔模具的分离过程则没有。

④ 修边冲孔模具的有些机构运动方向与压力机上滑块运动方向成一定夹角（直角、锐角或负角），而落料冲孔模具的运动方向与压力机滑块运动方向是一致的。

4.1.3 修边冲孔模具的结构

（1）模具基本结构形式

一般来说，修边冲孔模具基本上由三个主要因素构成：装配（正、倒装）关系、导向方式、卸料和出件方式。只要这几个要素确定了，也就建立了冲压模具的基本结构形式。

（2）模具的正、倒装关系

正装与倒装是冲压模具的两种基本结构形式。正装是指凸模装在上模，凹模装在下模，使用双动压力机，如图4-2所示；倒装是指凹模装在上模，凸模装在下模，使用单动压力机。一般修边冲孔模具都采用正装结构。

（3）模具的卸料方式

在冲压模具中，常用卸料板卸料，其结构有固定卸料板和弹性卸料板。卸料板的作用是修边冲孔后将包在凸模上的制件推下。修边冲孔模具一般用弹性卸料板，弹性元件为弹簧、聚氨酯弹簧及氮气弹簧等。弹性卸料板结构卸料力可以调节，还兼有压料作用，同时弹性卸料板还对冲孔凸模进行导向，如图4-3所示。

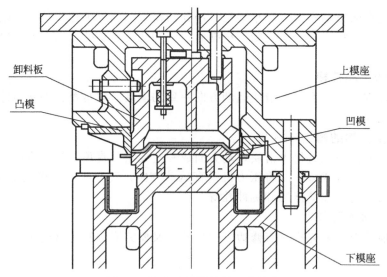

图 4-2　修边冲孔模具的正装结构

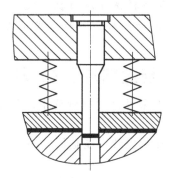

图 4-3　弹性卸料方式示意

(4) 模具的出件方式

修边冲孔模一般由上方出件，常用于模具的正装结构，利用弹性退料装置或气压、液压装置，通过出件器等将制件推出。

(5) 模具铸件最小壁厚尺寸参数

修边冲孔模具铸件最小壁厚如图 4-4 所示，尺寸参数见表 4-1。

表 4-1　修边冲孔模具铸件最小壁厚尺寸参数　　　　　　　　　　　　　mm

上模座					下模座					卸料板			加强筋
H_1	H_2	H_3	H_4	H_5	U_1	U_2	U_3	U_4	U_5	N_1	N_2	N_3	
60	50	50	40	50	60	50	50	40	10	40	40	40	40

4.1.4　修边冲孔模具的导向方式及导向间隙

(1) 导向方式

修边冲孔模具的导向方式有两种：一种是指利用导柱、导向腿导向，如图 4-5(a) 所示；另一种是利用导柱导向，如图 4-5(b) 所示。

图 4-5(a) 中结构，在模具长度＞1500mm，且有较大的侧向力时使用，且模具闭合过程中导向腿比导柱先吃入最小 30mm。

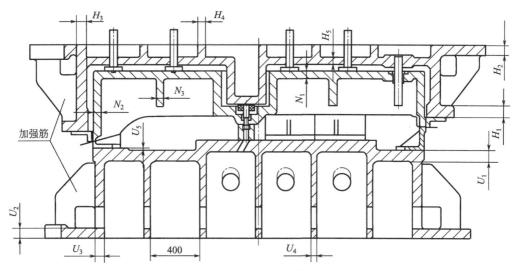

图 4-4 修边冲孔模具铸件最小壁厚

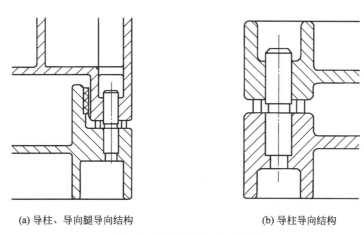

(a) 导柱、导向腿导向结构　　(b) 导柱导向结构

图 4-5 模具的导向方式示意

图 4-5(b) 中结构，在模具长度≤1500mm 或模具侧向力很小时使用。

经 验

➢ 导柱优先级别高于导向腿，在复合模具中，以导柱为优先选择。

(2) 导向间隙

① 上模座与下模座采用导柱/导套与导向腿（导板）导向，导向间隙分别为按 H7/h6 配合和 (0.05±0.02)mm。

② 卸料板与上模座内的导滑面滑配，利用导板导向，其间隙为 (0.08±0.02)mm。

4.2 修边冲孔模具的设计流程与设计要点

4.2.1 修边冲孔模具设计流程

设计修边冲孔模具时，首先要分析该零件的冲压工艺性。只有适合用冲压工艺生产的零件才需要进行冲压模具设计，否则需改用其他工艺生产，或者修改零件设计，使其适合用冲压方法加工。

如图 4-6 所示为修边冲孔模具的设计流程示意。

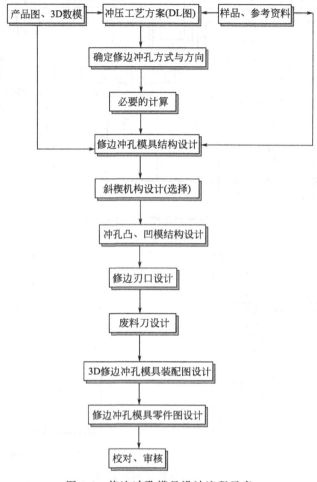

图 4-6　修边冲孔模具设计流程示意

在实际模具设计过程中，上述修边冲孔模具的设计流程并没有严格的先后顺序，这些步骤往往是交错进行的。

4.2.2　修边冲孔模具设计要点

(1) 阅读资料

在进行修边冲孔模具设计之前，必须阅读以下资料：

① 覆盖件产品图　覆盖件产品图（2D 和 3D 图）是所有工序生产的依据。在设计修边冲孔模之前，要仔细认真地阅读覆盖件产品图，充分理解产品设计思想、产品的各项功能和技术质量要求，并预计或设想修边冲孔时哪些因素会对产品质量产生不良影响。

② 覆盖件产品 DL 图　结合覆盖件产品图，认真阅读覆盖件 DL（2D 和 3D）图，要明确修边部位、修边质量要求以及冲孔加工内容及要求，以及修边冲孔工序与前、后各道工序之间的关系等。同时，分析和研究工艺设计时所初步确定的修边（冲孔）方式、修边（冲孔）方向等设计思想，认真考虑在模具中实现的可能性和可行性措施，预防可能出现的问题等，这对修边冲孔模设计是非常重要的。

(2) 修边冲孔质量问题分析

认真研究覆盖件冲压工艺文件，结合工序样件（如果有），根据修边线的空间形状特点对修边（冲孔）时可能会产生的质量问题进行分析、对比，并制定在模具结构、修边方式以及修边刃口等方面的应对措施。

(3) 资料准备

准备好有关的修边冲孔模具设计所需的参考资料，如以往的类似件的修边冲孔模具图样、模具国家标准、行业标准、企业标准、标准件与通用件样本，还应具备冲压件的公差、产品所用板材的各项性能参数以及客户要求等。

(4) 设计要点

① 修边方式与修边（冲孔）方向的确定　在冲压工艺设计时，已经初步确定了修边方式与修边（冲孔）方向。因此，在进行修边冲孔模具设计时，首先要对冲压工艺规定的修边方式与修边（冲孔）方向的合理性进行探讨，是否还存在不合理的情况，修边方式与修边（冲孔）方向是否能保证制件的质量要求等。在进行综合分析后，最终确定修边方式与修边（冲孔）方向。

② 确定模具结构　根据所确定的修边方式与修边（冲孔）方向，以及生产纲领与公司（客户）实际情况，决定采用何种模具结构。

③ 拉延件在修边冲孔模具中的定位　选择拉延件在修边冲孔模具中的定位方式时，要充分考虑拉延件的结构与形状特点、修边线的形状与位置以及汽车覆盖件冲压加工的基准等，选择定位最可靠、不影响模具结构布置（特别是斜楔的安放等）、能够保证修边冲孔质量的定位方式。拉延件在修边冲孔工序中的定位形式主要有：型面定位；定位半圆孔；下模导正销（如一模两件生产）。

④ 斜楔机构设计　汽车覆盖件修边冲孔模具中，斜楔机构的应用非常普遍。斜楔机构的合理、动作的灵活是保证修边冲孔质量的基本要求。在此基础上，所设计（或选择）的斜楔机构的斜楔角、滑块尺寸以及滑块行程等参数要尽可能使斜楔机构紧凑，以缩小整体模具结构尺寸。

⑤ 确定修边刃口轮廓　在确定修边刃口轮廓时，要考虑到后面的翻边整形工序的变形。当曲线或曲面的翻边高度不大，可以翻边整形时，则修边轮廓可以由连续光滑曲线组成；当翻边高度较大，加工会出现皱褶、破裂等质量缺陷而不能整形时，则需要在修边轮廓合适的部位进行切口。

⑥ 冲孔凸模、凹模（套）形式的确定　冲孔凸模、凹模（套）形式比较多，应根据不同的情况采用不同的形式，尽可能地选用标准件。非圆形凸模或凹模套，一定要注意防转方向。

⑦ 修边冲孔间隙的确定　设计修边冲孔模具时一定要选择一个合理的间隙值，确定合理间隙值的方法有计算法、经验法、查表法三种。

⑧ 确定刃口镶块形状尺寸及布置方式　根据修边线的空间形状，确定凹模刃口镶块的形状尺寸和布置方式。

⑨ 确定废料分块及废料刀布置　根据修边废料的形状和尺寸，按废料分块原则进行废料分块，并在相应的位置布置废料刀。

⑩ 确定废料处理方式　根据修边（冲孔）废料的具体情况确定废料的处理方式。

⑪ 修边冲孔模具的材料选择　根据不同材料厚度，修边（冲孔）模具的刃口形式主要有铸造镶块、堆焊及锻造镶块，使用的材料主要有铸 CH-1、7CrSiMnMoV 和 Cr12MnV 等，热处理硬度 58～62HRC。

⑫ 其他　包括卸料板的设计以及必要的计算等。

4.2.3 修边冲孔模具设计注意事项

① 修边刀块分块避免出现尖角,如果修边有小的凸点需要增加镶块,以方便更换和维修。

② 上模刀块提料时如果没有废料刀,以修边刃口加上吃入量再加上修边线到刀块安装面的高度。

③ 如果刀块安装面为高低面时,高面上的刀块长度大于安装尺寸 10mm。

④ 弹簧布置尽量靠近修边线。

⑤ 凹模套在斜面上安装时注意刃口的最小厚度。

⑥ 异形冲头防转和曲面上凹模套的防转。

⑦ 导柱(导向腿导板)的吃入量必须大于所有弹性元件的压缩量+30mm。

⑧ 冲头固定座尽量能和压力机台面直接接触。

⑨ 对于修边区域存在翻边工艺缺口或者修边线局部可能调整时,尽量设计镶块,便于更换。

⑩ 有高低落差时考虑废料流向,合理布置筋。

⑪ 注意凹模套安装孔的厚度和大小,废料孔应该成阶梯状设计。

⑫ 镶块工作间隙小于 0.03mm。

⑬ 超过 15kg 的镶块需有≥M16 的螺纹孔;小于 15kg 的镶块需有拆卸螺纹孔,孔径与其固定螺纹相同。

4.3 修边冲孔模具冲压力的计算

包括冲裁力、推件力和卸料力的计算等。

4.3.1 冲裁力的计算

定义:冲裁时材料对凸模的最大抗力称为冲裁力。

(1) 无剪切时的冲裁力

$$F_{冲}=\tau Lt \text{ (N)} \tag{4-1}$$

式中 $F_{冲}$——冲裁力,N;

L——冲裁轮廓线长度,mm;

t——板料厚度,mm;

τ——材料的抗剪强度,MPa。

冲裁力的计算,除应用上述公式外,还可以用图解法确定,此处略。

(2) 影响冲裁力的主要因素

① 材料的抗剪强度。

② 材料的厚度。

③ 冲裁件的轮廓周长。

④ 冲裁间隙。

⑤ 刃口的锐利程度。

⑥ 冲裁速度及润滑情况。

考虑到以上因素,实际所需的冲裁力还要增加 30%,因此选择冲床时的冲裁力应为

$$F_{冲}=1.3\tau Lt=Lt\sigma_b \text{ (N)} \tag{4-2}$$

式中 σ_b——材料抗拉强度,MPa。

汽车覆盖件材料的抗拉强度请查阅相关手册或资料。

(3) 有剪切（设置波浪刃口）时的冲裁力

$$F'_{冲} = KF_{冲} \text{（N）} \tag{4-3}$$

式中　$F'_{冲}$——有剪切（设置波浪刃口）时的冲裁力，N；
　　　$F_{冲}$——无剪切时的冲裁力，N；
　　　K——系数，当 $H=t$ 时 $K=0.4\sim0.6$，当 $H=2t$ 时 $K=0.2\sim0.4$；
　　　H——波浪刃口最高点到最低点的距离，mm。

4.3.2　推件力的计算

定义：顺着冲裁方向推出卡在凹模里的材料所需要的力。

推件力根据板厚、形状的不同而发生变化，一般为冲裁力的 4%～20%，如间隙为板厚的 10% 以下时，推件力将增大。

当 $t \leqslant 2$mm 时：

$$F_{推} = 0.05 F_{冲} \text{（N）（形状简单）} \tag{4-4}$$

$$F_{推} = 0.06 F_{冲} \text{（N）（形状复杂）} \tag{4-5}$$

式中　$F_{推}$——推件力，N；
　　　$F_{冲}$——无剪切时的冲裁力，N。

4.3.3　卸料力的计算

定义：卸下包在凸模上材料所需要的力。

卸料力因料厚、形状等的不同而各异，一般取冲裁力的 3%～7%（常取 5%）。即

$$F_{卸} = (0.03 \sim 0.07) F_{冲} \text{（N）} \tag{4-6}$$

式中　$F_{卸}$——卸料力，N。

也可按下式计算：

$$F_{卸} = KF_{冲} \text{（N）} \tag{4-7}$$

式中　K——卸料力系数（见表 4-2）。

表 4-2　卸料力系数

材料	料厚/mm	K
钢	≤0.5	0.045～0.055
	>0.5～2.5	0.04～0.05

注：卸料力系数 K 在冲多孔、大搭边和轮廓复杂时取上限值。

4.3.4　切刃侧压力的计算

切刃侧压力约为无剪切时冲裁力的 1/3，即

$$F_{侧} = F_{冲}/3 \text{（N）} \tag{4-8}$$

式中　$F_{侧}$——切刃侧压力，N；
　　　$F_{冲}$——无剪切时的冲裁力，N。

4.4　修边尺寸的确定

修边冲孔的尺寸确定有按产品图计算和按经验值确定两种方法。

① 按产品图计算时，要注意如图 4-7 所示的在斜面修边时，切边线处修边尺寸会变长，

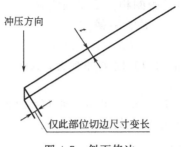

图 4-7 斜面修边

有时需要试验后进行修正。

② 以下的各种计算方法，适用于一般要求的弯曲件或翻边件；对于尺寸精度要求较高的冲压件，由于影响毛坯展开尺寸的因素很多，应先按下述方法计算后，经过试料后最终确定毛坯展开尺寸。

4.4.1 修边尺寸的计算方法

① 无伸长或压缩变形的纯 90°直角弯曲件的展开尺寸计算（设中性层为料厚的 40%），如图 4-8 所示。

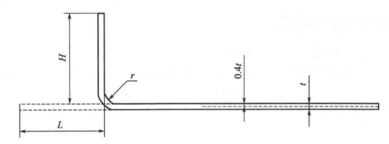

图 4-8 纯 90°直角弯曲件展开尺寸计算

$$L = H - 0.43r + 0.53t \tag{4-9}$$

式中　L——展开尺寸，mm；
　　　H——翻边高度尺寸，mm；
　　　r——弯曲内圆角尺寸，mm；
　　　t——板料厚度尺寸，mm。

② 压缩翻边（90°弯曲），如图 4-9 所示。

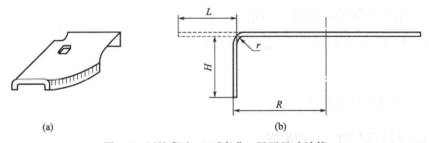

图 4-9 压缩翻边（90°弯曲）展开尺寸计算

当 $r \geqslant R$ 时，有

$$L = \sqrt{(R+H)^2 - 0.86Rr - 0.14r^2 - H^2} - R \tag{4-10}$$

当 $r<R$ 时，有

$$L=\sqrt{(R+H)^2-0.86Rr-H^2}-R \qquad (4-11)$$

式中　R——压缩翻边（90°弯曲）半径尺寸，mm。

③ 拉伸翻边（90°弯曲），如图 4-10 所示。

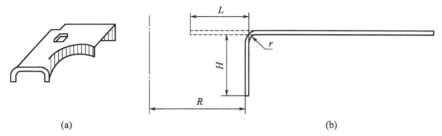

图 4-10　拉伸翻边（90°弯曲）展开尺寸计算

当 $r\geqslant R$ 时，有

$$L=R-\sqrt{(R+H)^2-0.86Rr-0.14r^2-H^2} \qquad (4-12)$$

当 $r<R$ 时，有

$$L=R-\sqrt{(R+H)^2-0.86Rr-H^2} \qquad (4-13)$$

式中　R——拉伸翻边（90°弯曲）半径尺寸，mm。

4.4.2　压合时修边尺寸的计算方法

图 4-11 所示为压合时修边尺寸计算。

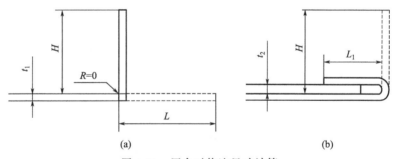

图 4-11　压合时修边尺寸计算

$$L=L_1+\frac{t_1+t_2}{2}+0.53t_1 \qquad (4-14)$$

式中　L——展开尺寸，mm；
　　L_1——压合后的边长，mm；
　　t_1——外板厚度，mm；
　　t_2——内板厚度，mm。

当 $R=0$ 时，如图 4-23(a) 所示，有

$$L=L_1+t_2+1.06t_1 \qquad (4-15)$$

当 $R=t_2$ 时，如图 4-23(b) 所示，有

$$L=L_1+0.57t_2+1.08t_1 \qquad (4-16)$$

4.5　修边冲孔模具刃口切入量的确定

包括修边刃口切入量的确定、形状刃口设计和冲孔刃口的切入量。

4.5.1 修边刃口切入量的确定

标准切入量如图 4-12 所示。

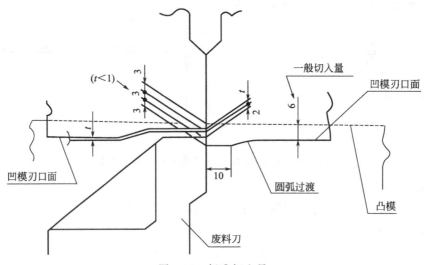

图 4-12 标准切入量

4.5.2 形状刃口设计

① 修边尺寸比较长时，应设波浪刃口，一般一个波浪刃口起伏变化间距为 200～300mm，如图 4-13 所示。

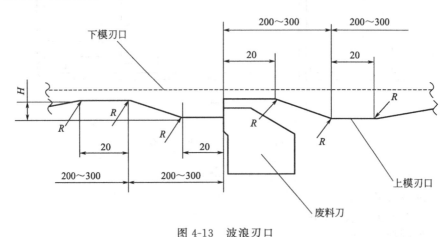

图 4-13 波浪刃口

图 4-13 中 R 为转角处圆角半径，为 20～40mm；H 为波浪刃口高度，mm。

> 经验

> ➤ 波浪形刃口设置的高低点应为制件板材厚度 t 的 2 倍以上。

② 波浪刃口必须设计在废料一侧，如图 4-14 所示。
③ 落料时，波浪刃口设计在凹模上，如图 4-15 所示。
④ 冲孔时，波浪刃口设计在凸模上，如图 4-16 所示。
⑤ 每个镶块上尽可能取半个波浪或一个波浪：一个波浪的高点，取在镶块中间。

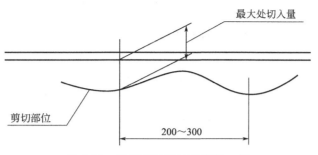

图 4-14 波浪刃口设计在废料一侧

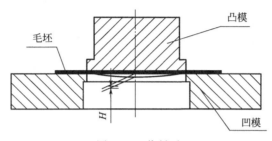

图 4-15 落料时

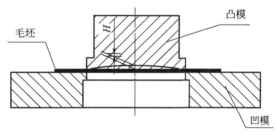

图 4-16 冲孔时

⑥ 产品切断时，不设形状刃口，如图 4-17 所示。

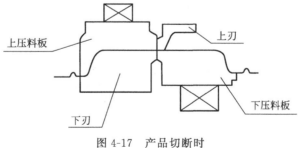

图 4-17 产品切断时

经验

使用波浪刃口的前提：
- 料厚≥1.2mm 时。
- 修边力≥冲压机床载荷的 60% 以上时。
- 修边模具面积≤机床台面面积的 40% 以下，修边力≥机床载荷的 40% 以上时。

对于满足以上其中之一项时，修边模需要制作波浪刃口。

4.5.3 冲孔刃口切入量的确定

① 平面冲孔时一定要保证凸模进入凹模 3～5mm（扣除板厚之后）。

② 在倾角小于 15°时，凸模端面做成平的，如图 4-18 所示。

③ 当倾角大于 15°时，为防凸模因侧向力折断（或刃口破损），必须将形状刃口设计成如图 4-19 所示，取 $C>A>B$，并注意防转。

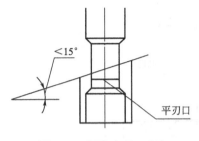

图 4-18 倾角小于 15°时

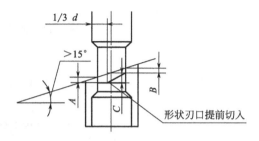

图 4-19 倾角大于 15°时

图 4-19 中的 d 为冲孔凸模直径。

④ 切入量：当孔径$>\phi 6mm$ 时，取 3～5mm；当孔径$<\phi 6mm$ 时，取 2mm 以下。

4.6 修边冲孔间隙的确定

冲裁间隙是修边冲孔模设计中一个重要的工艺参数，它对覆盖件的断面质量、尺寸精度、冲裁力和模具的寿命等都有影响。因此，设计修边冲孔模具时一定要选择一个合理的间隙值。

① 间隙的定义：间隙是相互配合的凸模和凹模相应尺寸的差值或其之间的空隙。

② 单面间隙的定义：单面间隙是从中心至一侧的间隙或一侧的空隙，用 $Z/2$ 表示，如图 4-20 所示。

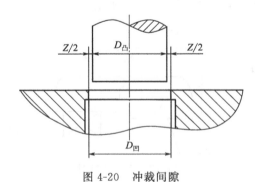

图 4-20 冲裁间隙

③ 双面间隙的定义：双面间隙是从一侧至对面另一侧的间隙或两侧空隙之和，用 Z 表示，如图 4-20 所示。

4.6.1 合理修边冲孔间隙值的确定原则

合理间隙值指的是一个范围值，即最大合理间隙与最小合理间隙。间隙的确定是综合考虑各个因素的影响，选择一个适当的间隙范围作为合理间隙，其上限为最大合理间隙，下限

为最小合理间隙。在设计修边冲孔模具时,应根据工件和生产上的具体要求按下列原则进行选取:

① 落料尺寸取决于凹模尺寸(基准侧),间隙取在凸模上。
② 冲孔尺寸取决于凸模尺寸(基准侧),间隙取在凹模上。
③ 当工件的断面质量没有严格要求时,为了提高模具寿命和减小冲裁力,可以选择较大间隙值。
④ 当工件断面质量及制造公差要求较高时应选择较小间隙值。
⑤ 当设计新模具计算修边冲孔(冲裁)模刃口尺寸时,考虑到模具在使用过程中的磨损会使刃口间隙增大,应当按 Z_{min} 值来计算。
⑥ 在同样的条件下,非圆形凸、凹模刃口形状比圆形的间隙大。
⑦ 在同样的条件下,冲孔比修边(落料)间隙大。
⑧ 凹模为斜壁刃口时,应比直壁刃口间隙小。
⑨ 对需要攻螺纹的孔,间隙应取小一些。
⑩ 采用弹性压料装置时,间隙可以大一些。

4.6.2 合理修边冲孔间隙值的确定

间隙的确定要使修边冲孔达到较好的断面质量、较高的尺寸精度、较小的冲裁力和较高的模具寿命。

确定合理间隙值的方法有计算法、经验法、查表法三种。

(1) 计算法

该方法的理论依据是保证上下裂纹重合,以获得良好的断面质量。根据图 4-21 所示的几何关系可得:

$$Z = 2(t-h_0)\tan\beta = 2t(1-h_0/t)\tan\beta \tag{4-17}$$

式中 t——材料厚度,mm;
h_0——产生裂纹时凸模挤入的深度,mm;
h_0/t——产生裂纹时凸模挤入的相对深度,查表 4-3;
β——最大切应力方向与垂线间的夹角,查表 4-3。

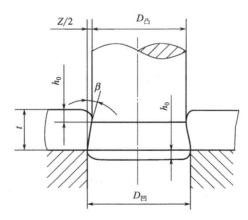

图 4-21 冲裁时产生裂纹的瞬时状态

由式(4-17)可知:间隙值的大小 Z 主要与材料厚度 t、相对切入深度 h_0/t 及裂纹方向 β 有关。而 h_0 和 β 又与材料性质有关,材料越硬,h_0/t 越小,因此影响间隙值的主要因素是材质与料厚。材料越硬越厚,其所需合理间隙值越大,反之则越小。由于理论计算法在生产中使用不方便，故目前广泛使用经验公式及查表确定。

表 4-3 h_0/t 与 β 值

材料	h_0/t		$\beta/(°)$	
	退火	硬化	退火	硬化
软钢、纯铜、软黄铜	0.5	0.35	6	5
中硬钢，硬黄铜	0.3	0.2	5	4
硬钢、硬黄铜	0.2	0.1	4	4

(2) 经验确定法

根据使用经验，在确定间隙值时要根据要求分类使用。对于汽车行业来说，应以提高模具寿命为主，其合理间隙值取得偏大一些。采用大间隙时应注意：为了保证制件平整，一定要有压料与顶件装置；为了防止冲孔凸模夹带废料，最好选择带顶件钉的凸模。

可以采用下列经验公式计算出合理的间隙 Z 值：

$$Z = mt \tag{4-18}$$

式中 t——材料厚度，mm；

m——系数，与材料性能和厚度有关，见表 4-4。

表 4-4 系数 m

材料	$t \leqslant 3\text{mm}$	$t > 3\text{mm}$
软钢、纯铁	6%～9%	15%～19%
铜、铝合金	6%～10%	16%～21%
硬钢	8%～12%	17%～25%

(3) 查表法

该方法是目前企业设计修边冲孔模具时普遍采用的方法之一，是一个经验数据表。

① 一般切刀间隙，如图 4-22 所示，间隙值见表 4-5。

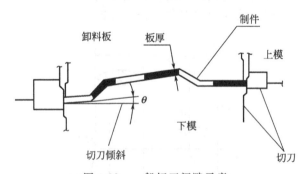

图 4-22 一般切刀间隙示意

表 4-5 一般切刀间隙值

料厚/mm	单侧间隙/%	料厚/mm	单侧间隙/%
0.4～0.6	5.0	1.6～3.2	8.0～10.0
0.7～1.2	6.0～8.0	4.5～6.0	10.0～12.0

② 相向切刀间隙，如图 4-23 所示，间隙值见表 4-6。

③ 冲孔单边间隙值见表 4-7。

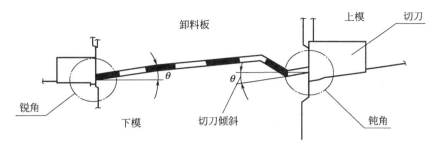

图 4-23 相向切刀间隙示意

表 4-6 相向切刀间隙值

料厚/mm	单侧间隙/%			
	$\theta=15°\sim20°$		$\theta=20°\sim30°$	
	锐角侧	钝角侧	锐角侧	钝角侧
0.4～0.6	6.5	3.5	7.5	2.5
0.7～1.2	8.0～10.5	4.0～5.5	9.0～12.0	3.0～4.0
1.6～3.2	10.5～13.0	5.5～7.0	12.0～15.0	4.0～5.0
4.5～6.0	13.0～15.5	7.0～8.5	15.0～18.0	5.0～6.0

表 4-7 冲孔单边间隙值

板厚 t	间隙 C	C/t	板厚 t	间隙 C	C/t	板厚 t	间隙 C	C/t
0.6	0.030	5%	1.6	0.100	6.2%	3.2	0.221	6.9%
0.7	0.035	5%	1.8	0.113	6.3%	4	0.320	8%
0.8	0.040	5%	2	0.130	6.5%	4.5	0.400	8.9%
0.9	0.045	5%	2.2	0.143	6.5%	5	0.460	9.2%
1.0	0.050	5%	2.5	0.163	6.5%	6	0.600	10.0%
1.2	0.070	6%	2.6	0.169	6.5%	7	0.700	10.0%
1.4	0.080	6%	2.9	0.200	6.9%	8	0.800	10.0%
1.5	0.090	6%	3	0.207	6.9%	10	1.000	10.0%

4.6.3 倾斜面修边冲孔合理间隙的确定

在斜面上修边冲孔（冲裁）要比普通平面修边冲孔承受更大的侧压力，因此要根据不同情况选取间隙值。

(1) 小于 15°修边

当小于 15°修边时，间隙值按常规选取，可直接修边且不需采取特殊措施，如图 4-24 所示。

(2) 角度为 15～30°修边

当角度为 15～30°修边时，如图 4-25 所示。要考虑在锐角刃口处设置 2mm 宽平台，间隙值按表 4-6 选取。

(3) 角度为 30°～60°修边

当角度为 30°～60°修边时，刃口制出局部平台，一般为 3 倍料厚，但不超过 5mm，间隙值趋于 0，如图 4-26 所示。

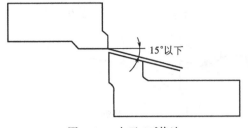

图 4-24 小于 15°修边

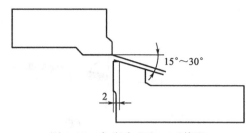

图 4-25 角度为 15°~30°修边

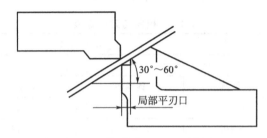

图 4-26 角度在 30°~60°修边

> **经验**

➤ 对咬边和整形要求较高的位置，修边冲孔应为 90°垂直方向。

(4) 立切修边

当刃口线与斜面上的最大斜线平行时，如图 4-27 所示，允许的最小 θ 角可参照表 4-8，间隙值按常规选用。

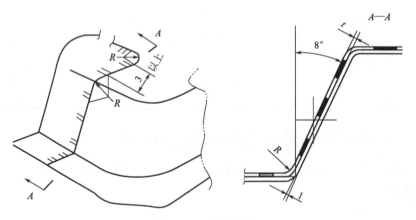

图 4-27 立切修边

表 4-8 立切修边允许最小 θ 角

t/mm	0.6	0.7	0.8	0.9	1.0	1.2	1.4	1.6	1.8	2.0
$(\theta)/(°)\geqslant$	5.7	8.0	9.2	10.3	11.5	13.9	16.2	18.6	21.1	23.5

立切角度 θ 不满足表 4-8 要求时，需要改变凹模刃口形状，如图 4-28 所示，并取小间隙。对于接近 90°的立切，修边间隙值趋于 0。此外，注意检查压边圈行程是否满足最大立切工作行程的要求。

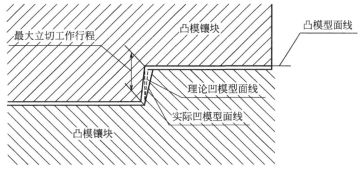

图 4-28 立切修边改变凹模刃口形状示意

(5) 立切部位切入量

① 立切修边时立切角度不能小于 5°。

② 立切角度大于 5°时,必须保证其沿面切入量,如图 4-29 所示,注意立切角度 (θ) 与立切切入量 (H) 之间的关系。H 值必须满足表 4-9 中所列数值或者由下面的公式计算求出。

$$H = 2/\sin\theta \text{ 或 } H = 3/\sin\theta \tag{4-19}$$

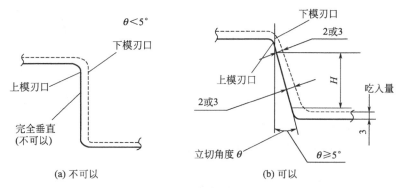

图 4-29 立切部位切入量

表 4-9 立切角度 (θ) 与立切切入量 (H) 之间的关系

$\theta/(°)$	立切切入量 H	
	沿斜面切入量为 2	沿斜面切入量为 3
5	23	34
10	12	17
15	8	12
20	6	9

(6) 冲孔间隙的确定

与以上介绍的修边情况基本相同。

4.7 修边刀块的设计

汽车覆盖件的修边线一般都是不规则 3D 曲面,并且比较长。为便于制造、装配和维修,修边冲孔模的修边凸模和凹模多数采用镶块式结构。

4.7.1 刃口镶块的分块原则

① 分块大小必须适应加工条件。直线段适当长些，尽量取标准值，一般不超过 300mm；形状复杂或拐角处的镶块取短些；上刀必须备有卸料钉。

② 刃口镶块之间的结合面宽度，应尽量小些，以消除由于接合面制造的垂直度误差，如图 4-30 所示。

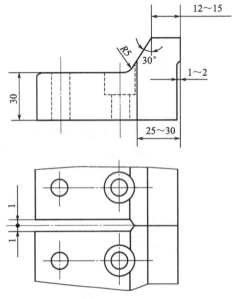

图 4-30 刃口接合面

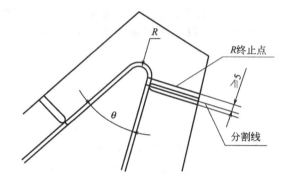

图 4-31 在平面形状的直线部位进行分块

③ 分块便于加工，便于定位，便于装配调整，便于误差补偿。

④ 曲线与直线连接时，结合面应在直线部分，距切点应有一定的距离，一般为 5～7mm。

⑤ 必须在曲线上分块时，结合面应尽量与修边线垂直，以增大刃口强度。

⑥ 对于立边修边的易损镶块，应尽量取最小值，以便更换。

⑦ 镶块为便于加工，最好为矩形块。

⑧ 在平面形状的直线部位进行分块，如图 4-31 所示。θ 和 R 特别小时，在 R 的终止点附近的直线部进行分块。重量以 15～20kg 为标准，以 35kg 为最大。

⑨ 局部为凸、凹点修边时，应采用镶块中再镶入镶块的复合结构，以消除或减小角部应力集中，延长模具寿命。

⑩ 对高度差较大的复杂修边表面，可将修边镶块底面做成阶梯形状，如图 4-32 所示：图（a）所示的是倾斜角度不大于 30°的情况下的阶梯形状，此时镶块结合面应与底面垂直；图（b）所示的是倾斜角度大于 30°的情况下的阶梯形状，此时镶块结合面应与刃口垂直。

⑪ 刀块分块线与刃口线夹角应在 70°～110°范围内为宜，尽可能垂直，如图 4-33 所示。

⑫ 在后序伸长翻边和收缩翻边明显的地方不要分块。

⑬ 末端部位按如图 4-34 所示分块。

⑭ 镶块尽量避免出现尖角，如图 4-35 所示。

⑮ 在复杂轮廓区域，增加切刀镶块。

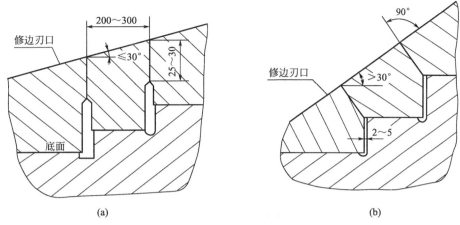

图 4-32 镶块底面做成阶梯形状

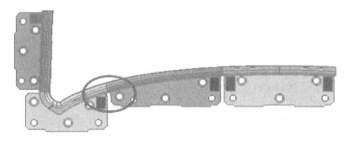

图 4-33 分块线与刃口线夹角应在 70°～110°范围

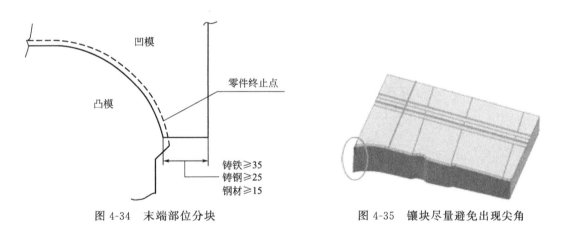

图 4-34 末端部位分块　　　　　图 4-35 镶块尽量避免出现尖角

➤ 镶块必须底面研磨好，贴合度高于 80%。并保证热处理不变形。

4.7.2 刃口硬度

修边刃口的热处理方法为激光热处理或感应热处理。使用其他热处理方式时，必须保证硬度达到规定要求并且均匀。

(1) 等平面轧钢刃口

上刃：整体淬硬，硬度 58～60HRC。

下刃：整体淬硬，硬度56～58HRC。

(2) 带形状铸造刃口

调质处理，抗拉强度850～950MPa。

上刃：感应淬火，硬度58～60HRC。

下刃：感应淬火，硬度54～56HRC。

产品使用高强度钢板（如CPW800）时，要特别考虑刀具材料。

4.7.3 刃口镶块的编号原则

① 首先要明确刃口镶块在模具装配图中的序号，如序号313等。

② 按照刃口镶块在模具中的布置，以顺时针（或逆时针）编号，如313-1、313-2、…，依此类推。

③ 使用标准钢印或雕刻机将编号雕刻在刃口镶块明显位置上。

④ 所有刃口镶块的编号字体与字号要统一、规范。

⑤ 刃口镶块安装后不得将编号遮挡。

经验

➤ 编号一般雕刻在刃口镶块前端面。

➤ 所有的镶块要有材料标识。

4.7.4 凸模与凹模刀块的设计

① 标准断面形状。

钢件结构如图4-36所示。

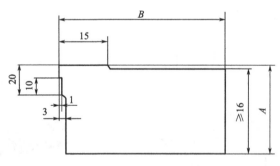

图4-36 凹模钢件结构

凹模宽度$B \geq (1.2 \sim 1.5)A$。

铸件结构如图4-37所示。

凹模高度A：$50\text{mm} \leq A \leq 200\text{mm}$。

凹模宽度B：$B \geq (1.2 \sim 1.5)A$；

筋位置：$a \leq 200\text{mm}$；$40\text{mm} \leq b \leq 60\text{mm}$；$A \leq 60\text{mm}$时不设加强筋；

刃口厚度T：40～50mm。

② 修边凸模的刃口型面应与修边件有一定的符型面，如图4-38所示。修边外周沿刃口应确保符型带宽度在45mm以上，如图4-38(a)所示的B和A处。但如图4-38(b)所示，若A取45mm，镶块呈锐角时，会划伤制件，并且卸料板会产生过大的侧向力，故应加大符型带的宽度，在R圆弧消失线外应加宽20mm以上。产品中间部分的冲孔，凹模的符型带

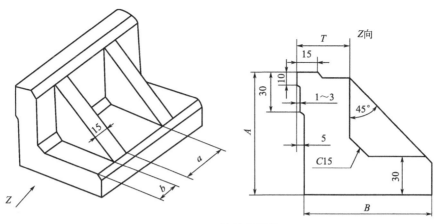

图 4-37 凹模铸件结构

宽度 C 取 35mm 以上，同样有图 4-38(b) 中的问题时，按以上的情况处理。

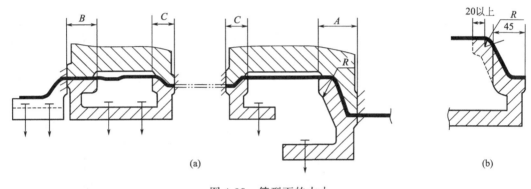

图 4-38 符型面的大小

③ 修边凹模的刃口也应与修边件形状相符。但由于考虑废料刀及加工条件限制，凹模刃口型面往往与制件表面不符型。

④ 凸模镶块接合面与凹模镶块接合面不应重合，应错开 5mm 以上，以减少模具损坏，提高制件质量，如图 4-39 所示。

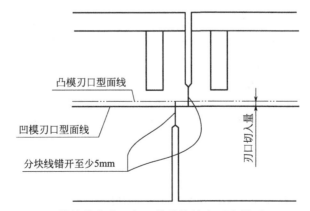

图 4-39 凸模镶块接合面与凹模镶块接合面应错开 5mm 以上

⑤ 凸模刃口尽量与凹模刃口修边线长度一致，如图 4-40 所示。

⑥ 在修边线有突变处，采用修边刀上加镶块结构，如图 4-41 所示。

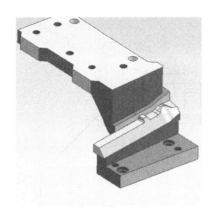

图 4-40　凸模刃口与凹模刃口修边线长度一致

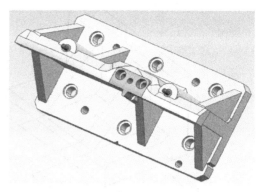

图 4-41　修边刀上加镶块

4.7.5　凸、凹模刃口镶块的平衡与固定

(1) 凸、凹模刃口镶块的平衡

由于修边凸模和凹模都是镶块结构，作用于刃口镶块上的剪切力及相伴而生的侧向力和卸料力，将使镶块沿受力方向产生位移翻转力矩。为保证冲裁刃口镶块间隙的均匀性，有必要在镶块上施加压力，以平衡掉由于剪切而产生的侧向力等。而由于修边件材料厚度不同，剪切力相差较大，因此经过大量的计算及实践，通常采用下列三种结构，如图 4-42 所示。

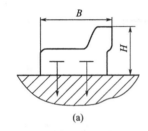
(a)
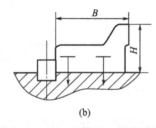
(b)
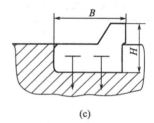
(c)

图 4-42　凸、凹模刃口镶块的平衡

图 4-42(a) 所示的结构，适用于覆盖件材料厚度小于 1.2mm 的修边，应用范围和效果不如图 4-42(b) 和图 4-42(c) 所示的结构。

图 4-42(b) 和 (c) 所示的结构，可防止镶块产生偏移，并且装配方便，适用于材料厚度大于 1.2mm 的修边。尤其图 4-42(c) 所示的结构，在大型覆盖件修边模中被普遍采用。

图 4-42 所示的刃口镶块的宽度与高度比应为 $B=(1.5\sim1.8)H$。

(2) 凸、凹模刃口镶块的固定

修边冲孔模凸、凹模刃口镶块一般使用螺钉和销钉固定。

① 需要设置螺钉和销钉的情况　对于单个的凸、凹模刃口镶块，一般在其上面设置 2 个销钉，布置在镶块的后侧，孔距尽量大；设置若干个螺钉（利用沉头孔安装），布置在刃口一侧，均布。

图 4-43 所示为两种螺钉和销钉的布置示意：图 (a) 的结构适用于长度为 200～300mm 的刃口镶块；图 (b) 的结构适用于长度大于 300mm 的刃口镶块。

钢件刀块使用 M12 螺钉和 ϕ12mm 销钉；铸件刀块使用 M16 螺钉和 ϕ16mm 销钉。

技巧

➢ 对于长度小于 200mm 的单个凸、凹模刃口镶块，螺钉和销钉的布置如图 4-44 所示。

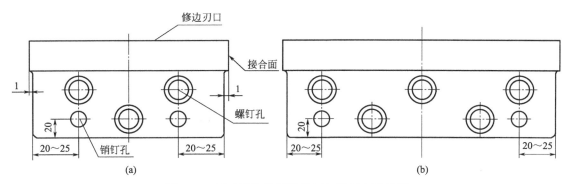

图 4-43 刃口镶块的两种螺钉与销钉布置示意

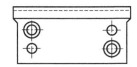

图 4-44 刃口镶块长度小于 200mm 的螺钉与销钉布置示意

② 不需要（或少设置）销钉的情况

a. 镶块四个方向位置已定死，可不要销钉。

b. 背面有挡墙时，镶块可设一个销钉。

c. 三面被其他镶块围住，可设一个销钉。

经验

➤ 如果镶块数量较多，钳工装配时识别困难，因此要求镶块和模具上要同时刻（粘）上对应的件号。

实例 修边刀的应用实例见表 4-10。

表 4-10 修边刀的应用实例

类型	简 图
没有后挡墙	
有一个后挡墙	

续表

类型	简图
有两个后挡墙	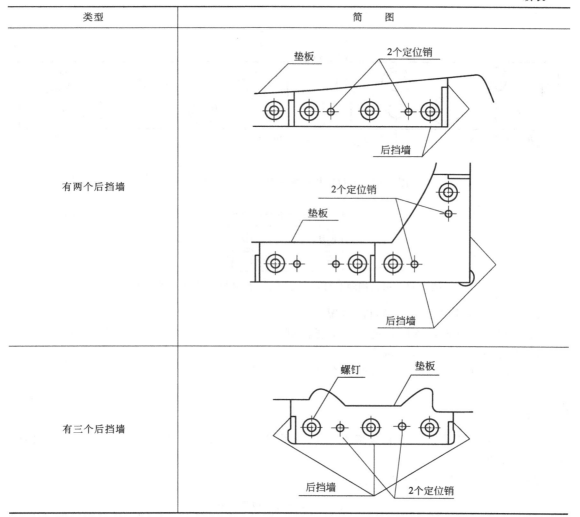
有三个后挡墙	

4.7.6 凸、凹模刃口的失效形式

凸、凹模刃口的失效形式主要有磨损、开裂、附着、塑性变形和崩刃等，如图 4-45 所示。

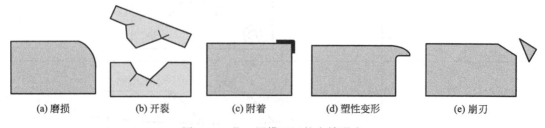

图 4-45 凸、凹模刃口的失效形式

4.7.7 修边刃口让空要求

下模刃口让空应根据如图 4-46 所示的要求加工。

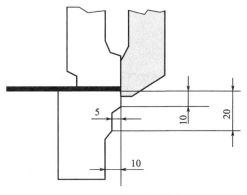

图 4-46 下模刃口让空

4.8 冲孔凸模和凹模设计

在修边冲孔模中，冲孔凸模和凹模是比较重要的工作零件之一。

4.8.1 冲孔凸模与凹模的形式

(1) 冲孔凸模形式

在修边冲孔模中使用的冲孔凸模形式见表 4-11。

表 4-11 冲孔凸模形式

形式	球锁式	台肩式	整体式	堆焊式	铸造式	混合式
简图				钢基	淬火	钢基 / 合金钢

技巧

➤ 尽可能地选用标准凸模。

(2) 冲孔凹模形式

在汽车覆盖件修边冲孔模中，对于冲小圆孔及形状孔的凹模，一般都使用圆筒式凹模套结构，这对于维修和更换比较方便。圆筒式凹模套如图 4-47 所示。

经验

➤ 凹模套适用于冲孔直径≤30mm 的情况。
➤ 仅用于下模。

4.8.2 冲孔凸模尺寸的计算

① 经验算法：

凸模尺寸=孔的基本尺寸 + 孔的下偏差 + 0.75×（孔的上偏差－孔的下偏差）

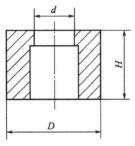

图 4-47 圆筒式凹模套

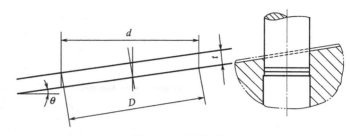

图 4-48 斜面冲孔

实例 以 $\phi15mm$ 的孔为例,产品偏差为 $\pm0.25mm$,则凸模尺寸为 $(15-0.25)+0.5\times0.75=15.125mm\approx15.1mm$。

> **经验**

> ① 冲孔凸模的尺寸计算后,保留小数点后一位,四舍五入。

② 凸模长度应根据模具结构确定,一般为 90mm。

③ 斜面冲孔:如图 4-48 所示,用直径 d 的凸模,在斜面倾角为 θ、料厚为 t 的板料上冲孔,实际冲孔尺寸为

$$D=d/\cos\theta-t\tan\theta \tag{4-20}$$

式中 D——实际冲孔尺寸,mm;
　　　d——冲孔凸模直径,mm;
　　　θ——斜面倾角,(°);
　　　t——材料厚度,mm。

a. 当斜面与冲压方向夹角不超过 7°时,冲头直径与产品图要求一致。

b. 当倾斜角超过 7°、对孔径精度要求比较高时,就需要进行孔径的预确定。在了解孔用途的基础上,决定用与不用。如果保证加工后的孔呈圆形孔,需要把冲孔凸模和凹模变成椭圆,椭圆冲头长、短轴直径分别为 D 和 d,则

$$d=(D+\tan\theta)\cos\theta \tag{4-21}$$

c. 冲孔孔径 D 与最大倾斜角 θ 的关系见表 4-12。

表 4-12 冲孔孔径 D 与最大倾斜角 θ 的关系

孔径/mm	最大倾斜角度/(°)
$4\leqslant D\leqslant 6$	$\leqslant 6$
$6< D\leqslant 12$	$\leqslant 10$
$D>12$	$\leqslant 15$

④ 异形冲孔凸模的尺寸计算请参阅相关资料。

4.8.3 冲孔凹模套尺寸的计算

(1) 冲孔凹模套尺寸

$$d=d_1+2Z \tag{4-22}$$

式中 d——凹模直径尺寸,mm;
　　　d_1——凸模直径尺寸,mm;
　　　Z——单面间隙,mm。

$$D=\sqrt{d^2+(16t+10)d+25} \tag{4-23}$$

式中 D——凹模套外径尺寸，mm。

H 表示凹模套高度尺寸，随外形 D 变化，以 15～30mm 为标准。

经验

➤ 凹模套的尺寸计算后，保留小数点后一位，四舍五入。

➤ 一般情况下，凹模套刃口尺寸是冲头尺寸加上板料的双面间隙值。而对于如图 4-49 所示的这种特殊孔，凹模套刃口尺寸的值是减去间隙值。

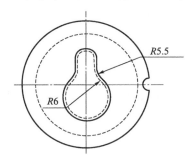

图 4-49 特殊孔凹模套刃口尺寸值的确定

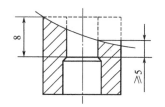

图 4-50 凹模套刃口高度值的确定

（2）凹模套刃口高度的确定

如果冲孔的位置是在平面上，则凹模套的刃口高度值取 8mm；如果是在斜面上，如图 4-50 所示，要保证最低处刃口高度，最少 5mm。

（3）凹模在平面图上的标注方法

圆筒式凹模套高度及铸件上加工的漏料孔尺寸大小需在平面图上标注，标注方法如图 4-51 所示。

图 4-51 中 D 表示凹模套直径，H 表示凹模套高度，D_1 表示铸件上加工的漏料孔孔径，凹模套直径对应的漏料孔直径见表 4-13。

表 4-13 凹模套直径对应的漏料孔直径

D	8	10	13	16	20	22	25	32	38	40	45	50	56	63	71
D_1	5	7	9	11	13	15	17	21	27	29	37	42	47	52	58

（4）异形冲孔凹模套的尺寸计算

请参阅相关资料。

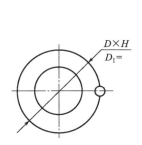

图 4-51 凹模套高度及铸件漏料孔标注

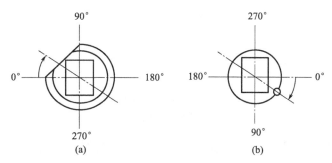

图 4-52 防转方向

（5）凹模套的防转

冲非圆形孔使用的圆形凹模套（或凸模）必须要注意防转方向，如图 4-52 所示。

冲圆孔凹模套的防转形式有圆销防转和键防转（一般不采用），如图 4-53 和图 4-54 所示。

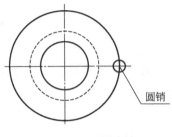

图 4-53 圆销防转

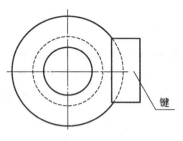

图 4-54 键防转

(6) 一体圆筒式凹模设计

① 一体圆筒式凹模设计如图 4-55 所示，两孔之间的壁厚，当孔径小于 φ4mm 时的要求如图 4-56 所示；当孔径在 φ4～10mm 之间时的要求如图 4-57 所示。

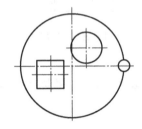

图 4-55 一体圆筒式凹模

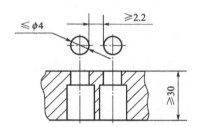

图 4-56 当孔径小于 φ4mm 时

② 可以将一体圆筒式凹模切割成如图 4-58 所示的两体结构。

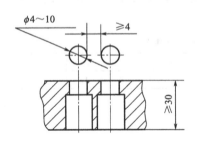

图 4-57 孔径在 φ4～10mm 之间时

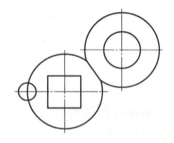

图 4-58 切割成两体结构

(7) 凹模孔与修边线的壁厚

凹模孔与修边线的壁厚要求如图 4-59 所示。如果凹模孔径大于 φ12mm 时，壁厚可适当增加。

以上尺寸适用于料厚小于 0.8mm 的场合，料厚大于 0.8mm 时壁厚酌加。如果凹模材料为 CH-1 时，最小壁厚为 6mm。

4.8.4 冲孔凸模和凹模的固定方法

(1) 圆形冲孔凸模的固定

① 球锁紧快换式固定板固定如图 4-60 所示。此固定方式适用于冲孔直径不大于 φ6.5mm、板厚≤1.2mm 的情况。

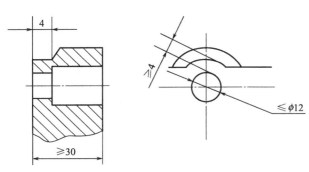

图 4-59 凹模孔与修边线的壁厚要求

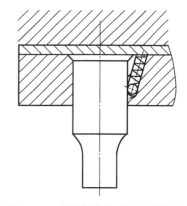

图 4-60 球锁紧快换式固定板固定

② 凸肩式固定板固定如图 4-61 所示。此固定方式适用于不能使用球锁紧快换式的场合。

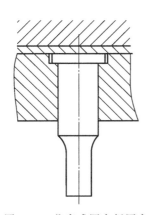

图 4-61 凸肩式固定板固定

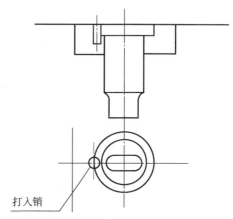

图 4-62 销式固定

(2) 异形冲孔凸模的固定

① 销式和槽式如图 4-62 与图 4-63 所示。

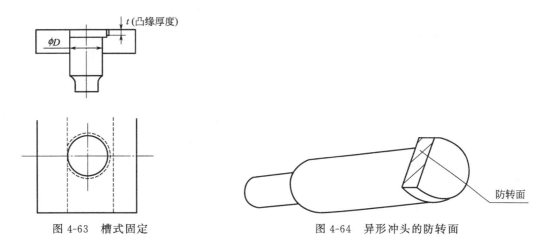

图 4-63 槽式固定　　　图 4-64 异形冲头的防转面

② 异形冲头必须有防转面，如图 4-64 所示。

③ 分体式和一体式（根据凸模与固定座是否分离而确定）如图 4-65 和图 4-66 所示。

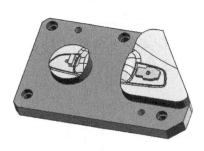
图 4-65 分体式

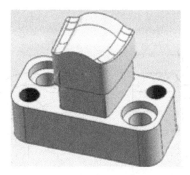
图 4-66 一体式

(3) 凸模的安装座

① 与上模座铸件一体。这种结构适用于多孔并预料不到以后是否有改变的场合，如图 4-67 所示。

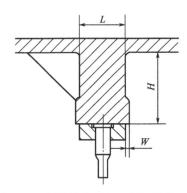

图 4-67 凸模安装座与上模座铸件一体

图 4-67 中，座的高度 H 和宽度 L 的关系是

$$H \leqslant 4L - 100 \tag{4-24}$$

式中 $L \geqslant 50$mm。

在设计时，固定底座应尽可能宽，其 W 尺寸不小于 10mm，以防止孔位置变更或修改。

② 分块式结构适用于预料到孔位置更改（通过设计更改）及修正时，如图 4-68 所示。

(4) 其他结构

冲孔凸模与凹模对间隙有困难时，要考虑覆盖件形状和冲孔位置，采取以下结构：

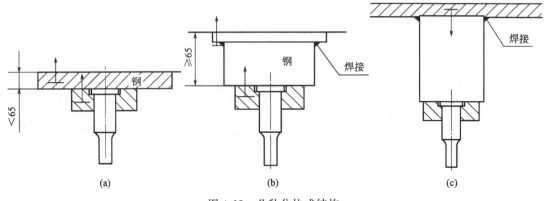

图 4-68 几种分块式结构

① 为使钳工调整间隙方便，在靠近凸模使用的侧面尽量设计铸造孔，如图 4-69 所示。
② 在冲孔凸模附近的凹模镶块设计时考虑采用工艺垫板，保证钳工有 100mm 以上的操作空间，如图 4-70 所示。

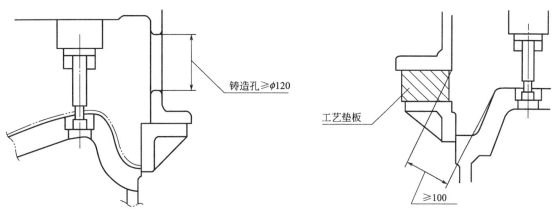

图 4-69　靠近凸模使用的侧面尽量设计铸造孔　　　图 4-70　保证有 100mm 以上的操作空间

③ 必要时，可使用安装凸模用的辅助安装板，如图 4-71 所示。

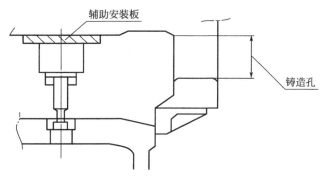

图 4-71　使用安装凸模用的辅助安装板

④ 长圆孔、异形孔等的凸模固定板尽可能设计成独立结构体。

有关凸模的固定请参阅 7.3.2 凸模固定块。

(5) 凹模的固定

① 使用圆筒式凹模套时，为便于更改孔位置，必须采用镶块座。
② 将圆筒式凹模装入淬火钢材时，必须装入 45 钢的镶套，如图 4-72 所示。

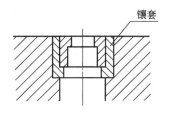 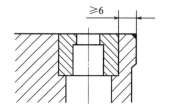

图 4-72　装入 45 钢的镶套　　　图 4-73　刃口到凹模套外圈的最小距离

③ 堆焊部分的圆筒式凹模的装入，从刃口到圆筒凹模套外圈为止的最小距离为 6mm，如图 4-73 所示。

④ 圆筒式凹模下面的壁厚为不小于 25mm，如图 4-74 所示。

⑤ 形状孔的圆筒式凹模上必须设置防转销。防转销的直径为 φ4～6mm，如图 4-75 所示。

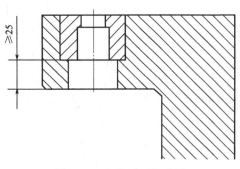

图 4-74 凹模下面的壁厚

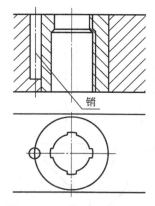

图 4-75 凹模设置的防转销

⑥ 同规格异形冲头的止转面尽量相同，以方便互换，如图 4-76 所示。

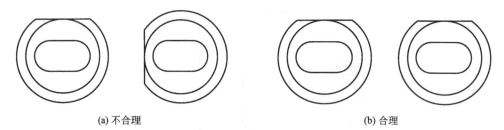

(a) 不合理　　　　　　　　　　(b) 合理

图 4-76 同规格异形冲头止转面设置

有关凹模的固定请参阅 7.3.3 凹模。

经验

➤ 当多个孔相距很近时，冲孔凸模和凹模套要做成非标的。制作完成后的凸模和凹模套要对其进行编号（字迹清晰），以利于钳工组装。

4.9　废料刀的设计

汽车覆盖件修边冲孔模应尽可能地实现废料的机械化和部分自动化排除，这样既可提高生产效率，减轻劳动强度，又可增加操作的安全性，以适应现代化大批量生产的需要。

废料刀有两种安装位置：一种是安装在拉延件凸缘修边模上用于切断整圈废料，以便于废料的顺利清除；另一种是安装在压力机或模具上用于将条（带、卷）状废料按定长切断以利清除。

4.9.1　废料刀的结构形式

常见废料刀的结构形式有符型废料刀、丁字与 L 形废料刀三种。

（1）符型废料刀

符型废料刀刃口形状根据废料的形状而定，如图 4-77 所示。实线表示凸模废料刀刃口，虚线表示凹模废料刀刃口。

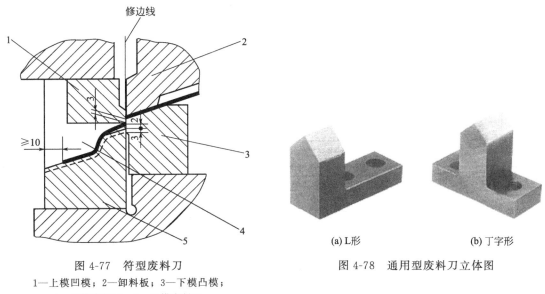

图 4-77 符型废料刀
1—上模凹模；2—卸料板；3—下模凸模；
4—凹模废料刀；5—凸模废料刀

图 4-78 通用型废料刀立体图

(2) 丁字与 L 形废料刀（通用型）

两种废料刀适用于小批量、材料厚度小于 1.6mm 的薄料以及不带形状废料的切断，图 4-78 所示为通用型的丁字与 L 形废料刀立体图，图 4-79 所示为通用型的丁字与 L 形废料刀二维图，其尺寸规格见表 4-14。

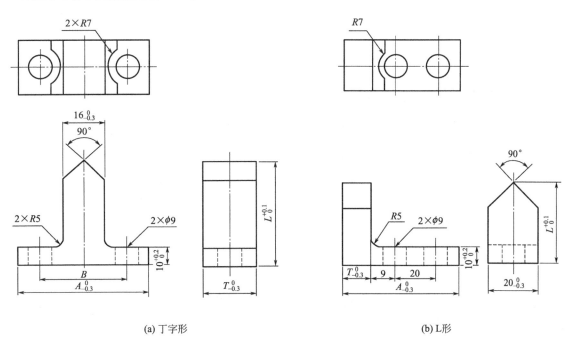

图 4-79 通用型废料刀二维图

实例 丁字形废料刀的应用如图 4-80 所示。

(3) 有支承与无支承废料刀

图 4-81(a) 所示的为有支承型废料刀，图 4-81(b) 所示的为无支承型废料刀，其使用要求及尺寸见表 4-15。

表 4-14　丁字与 L 形废料刀尺寸规格　　　　　　　　　　　　　　mm

类型	A	B	T	L
L 形	48		10	20,30,40,50,60
	54		16	
	63		25	
丁字形	50	32	20	30,40,50,60,70,80,90,100
			25	
			30	

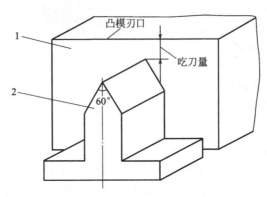

图 4-80　丁字废料刀的应用
1—凸模；2—废料刀

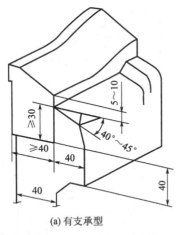

(a) 有支承型

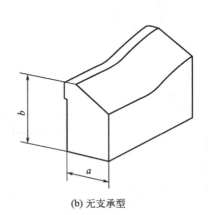

(b) 无支承型

图 4-81　有支承与无支承废料刀

表 4-15　有、无支承型废料刀使用要求及尺寸　　　　　　　　　　mm

料厚×抗拉强度/mm·MPa	支承	a	b	定位孔直径	备　注
≤450	无	≥50~60	<180	φ13	不满足 a×b 时有支承
		>60	≤250		
>450	有	40	无要求	φ10	

(4) 刃口长度

切刀刃口长度应比预计的废料宽度长 10mm 以上，如图 4-77 所示。

实例 图 4-82 所示是两个比较具有代表性的实例。

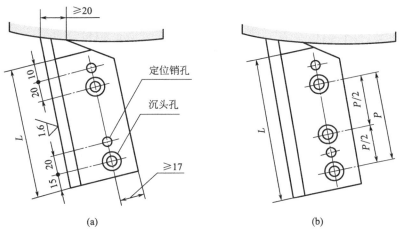

图 4-82 代表性实例

图 4-82(a) 中，110mm≤L<140mm；图 4-82(b) 中，L≥140mm。

(5) 材质与热处理硬度

废料刀材质为 SKD11，热处理硬度 60～63HRC。

4.9.2 废料刀的设置原则

① 考虑到滑板安装，废料刀应取足够的高度，如图 4-83 所示。

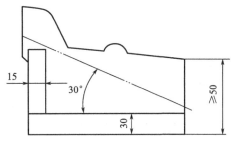

图 4-83 废料刀应取足够的高度

② 应考虑紧固螺钉的头不妨碍废料流出。
③ 考虑到废料的大小、流出，加强筋应尽可能取在内侧。
④ 保证废料排除通畅，要考虑废料各向翻转都能顺利落下。
⑤ 与操作者相对的废料刀不要指向操作者。
⑥ 废料刀要避开废料宽的地方布置。
⑦ 在精度要求高或伸长翻边处不要设置废料刀。

4.9.3 废料刀的布置

① 为了使废料容易落下，废料刀的刃口开口角度常取 0°～10°，一般废料刀的布置以单侧落下为原则，即顺时针或逆时针沿周布置，如图 4-84 所示。

② 废料刀的刃口开角相对于修边线基本调整到直角，如图 4-85 所示；若与凹陷曲线相交时，则与模具中心线平行，如图 4-86 所示。

③ 在型面倾斜及角部处，废料刀布置如图 4-87 所示。

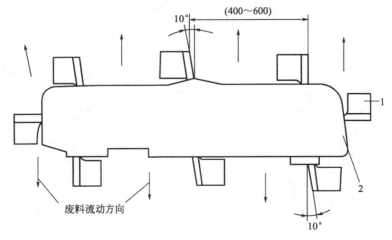

图 4-84 废料刀的布置
1—废料刀；2—凸模

图 4-85 刃口开角调整到直角　　　　图 4-86 刃口开角调整到模具中心线平行

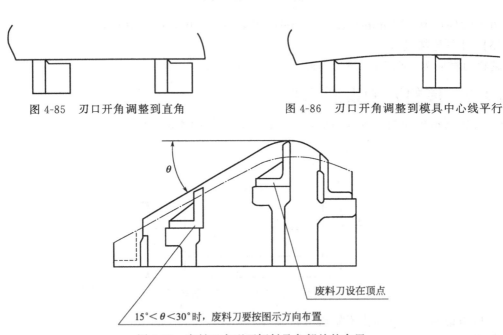

图 4-87 废料刀在型面倾斜及角部处的布置

④ 修边线有凸台或凹槽形状时，要在凸起部位配置废料切刀，以防废料卡住，如图 4-88 所示。当不能按图示布置时，废料必须强制落下。

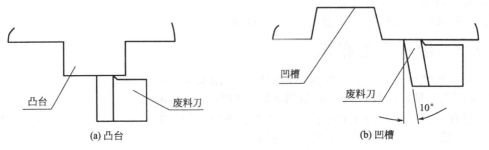

图 4-88 修边线有凸台或凹槽形状时废料刀的配置

⑤ 切角时，刀座不要凸出修边线外，如图4-89所示。废料刀的刃口应靠近R与切线的交点处，如图4-90所示，以便废料顺利滑下。当角部废料靠自重落下时，废料重心必须在图示的A线外侧。

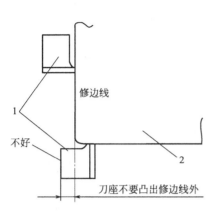

图4-89 切角时刀座不要凸出修边线外
1—刀座；2—修边凸模

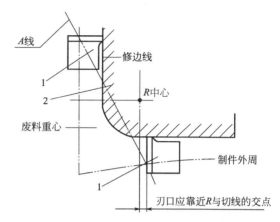

图4-90 刃口应靠近R与切线的交点
1—废料刀；2—修边凸模

⑥ 在修边冲孔模上，废料刀的垂直壁应尽可能避免相对布置。但当不可避免相对布置时，可改变刃口角度，如图4-91所示。此时应将废料刀下面挖空，使上模的凹模切入废料刀挖空部位以下，以便使废料滑下，如图4-92所示。

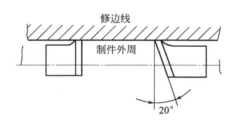

图4-91 相对废料刀的布置

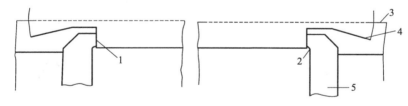

图4-92 相对布置的废料刀下面挖空
1—垂直壁；2—让料角；3—下模凸模刃口；4—上模凹模刃口；5—废料刀

⑦ 下模用的废料刀应避开镶块拼接线刃口的接缝，如图4-93(a)所示，以防止崩刃，延长模具寿命。上模用的废料刀刃口要利用镶块拼接线刃口的接缝，如图4-93(b)所示，否则既不便于模具加工，又容易造成刃口损坏。

⑧ 下模废料刀首先布置在修整线角部附近（与角R没有关系），如图4-94所示。

⑨ 上模废料刀不加工修整线的角部，如图4-95所示。

⑩ 对于同一块废料，不能有两处以上修整线角，如图4-96所示。

⑪ 与一个废料刀相对的废料旋转轨迹不能与其切刃面及其他修整线交叉，如图4-97所示。

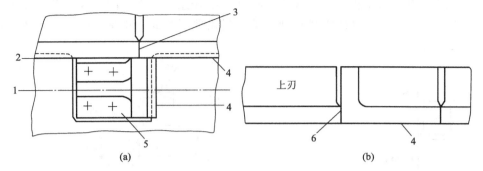

图 4-93　刃口应避开镶块拼接线

1—制件轮廓线；2—修边线；3—修边刃口接缝；4—刃口；5—废料刀；6—废料刀刃

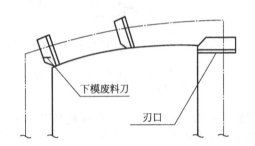

图 4-94　下模废料刀布置在修整线角部附近

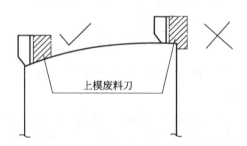

图 4-95　上模废料刀不加工修整线的角部

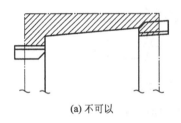

图 4-96　同一块废料不能有两处以上修整线角

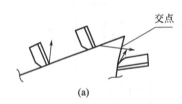 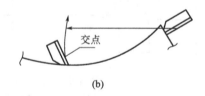

图 4-97　废料旋转轨迹不能与其切刃面及其他修整线交叉

⑫ 切刃面与修整线切线形成的角度在 90°以上 120°以下，即 90°≤θ≤120°，如图 4-98 所示。

⑬ 一个切刃面与其相邻的切刃面应平行或者朝向产品的外侧扇形展开，如图 4-99 所示。

经验

➤ 废料刀的安装位置，尽量避免安装在角部附近。因为角部切刀的修补多，具体的位置由各个产品的形状来决定。

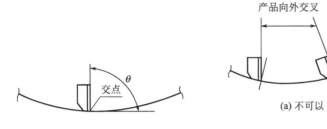

图 4-98　$90°\leqslant\theta\leqslant120°$

图 4-99　切刃面应平行或者朝向产品的外侧扇形展开

实例　如图 4-100(a) 所示的 A、D、E 和 G 处的废料刀设置不合理，应修改成如图 4-100(b) 所示的 A′、D′、E′ 和 G′ 处的样式。

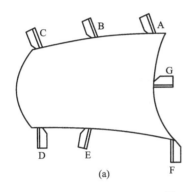
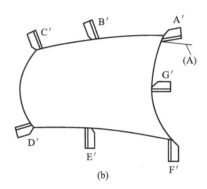

图 4-100　废料刀的设置

图 4-100(a) 所示的 A 处废料旋转轨迹与其他的修整线交叉，有与角部接触的可能。
图 4-100(a) 所示的 D 处废料切断后成 ⊏ 字形，有与角部接触的可能。
图 4-100(a) 所示的 E 处废料附着在刃上并保持原有状态。
图 4-100(a) 所示的 G 处废料旋转轨迹与 G 的刃面交叉。

4.9.4　废料刀的刃部尺寸及切入量

废料刀的刃部尺寸如图 4-101 所示，其切入量见表 4-16。

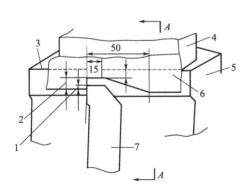
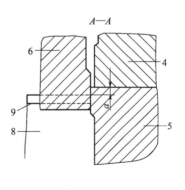

图 4-101　废料刀刃部尺寸
1—切刀吃模量；2—切入深度；3—修边刃口；4—卸料板；5—下模凸模；
6—上模凹模；7—切刀；8—废料刀；9—切刀刃口

表 4-16　废料刀切入量　　　　　　　　　　　　　　　　　　　　mm

项目	$t<1.2$	$t\geqslant1.2\sim1.6$
切刀吃模量	2～3	3
上模的切入深度	切刀吃模量＋t＋2	切刀吃模量＋$2t$
最小吃模量 a	3	$2t$

注：t—材料厚度。

4.9.5　废料刀安装座的设计

① 废料刀安装座在下模座上，并与安装面为同一水平面，如图4-102所示。

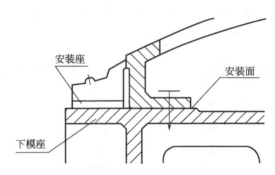

图 4-102　安装座应与安装面在同一水平面

② 安装座设计在凸模上，如图4-103所示。

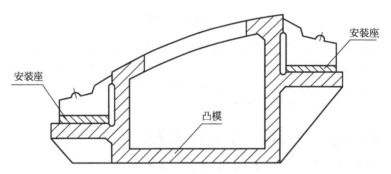

图 4-103　安装座设计在凸模上

③ 安装座分别设计在下模座和凸模上，如图4-104所示。

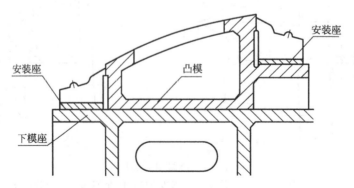

图 4-104　安装座分别设计在下模座和凸模上

> 经验
> ➢ 废料刀的安装面不得高于切边刀安装面。

4.10 废料的处理

不同的冲压生产方式,对于废料的处理方式有不同的要求。废料处理问题,必须高度重视,优先考虑。

(1) 废料大小的一般规定

废料尺寸应以下列尺寸为标准:细长废料尺寸(长×宽)≤600mm×250mm,如图4-105所示;L形废料尺寸(长×宽)≤500mm×250mm,如图4-106所示。

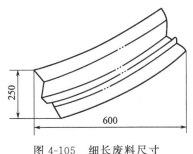

图 4-105 细长废料尺寸

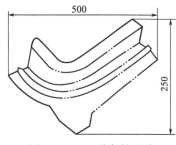

图 4-106 L形废料尺寸

(2) 废料处理的基本原则

① 控制废料的下落点,使其最好落在操作者附近,以便及时处理。
② 废料应每一行程落下一次,避免积存。
③ 废料形状不要有尖角,以免划伤操作者。
④ 废料通道在直线上的宽度和高度应宽裕。
⑤ 废料滑板要有足够的强度和刚性,应使用厚度不小于2.5mm的整体钢板制作,工作面不涂漆,考虑维修、安装,采用内六角螺钉固定。
⑥ 应尽可能避免在一个通道内通过两种废料。
⑦ 在模具存放时,使用铰链将露出模具外的废料滑板收起,或将废料滑板缩入模具内。
⑧ 使用传送带、辊轴搬运器或气动装置辅助废料的处理。
⑨ 冲孔废料φ30mm以上及对角线尺寸大于30mm的不规则块料,不使用废料盒,应用滑板滑出。
⑩ 当要求废料滑出压力机工作台面时,废料滑板应为两级可拆式。

4.10.1 废料处理方式

(1) 手工操作废料处理

① 切边废料原则上尽量靠自重落下,滑出模具外,如图4-107所示。废料滑出比较困难时,应设置适当的废料顶出器。模具内废料滑板倾角为滑道≥30°,滚道≥15°。
② 冲孔或较小型的废料,原则上应设置废料盒处理。

> 经验
> 手工线上也应尽可能避免使用抽屉型废料槽。如果确实无法避免,需要得到客户的认可。

图 4-107　废料滑出模具外

图 4-108　两级可拆式废料滑板

（2）自动化废料处理

① 切边的废料必须每一工序全部排出压力机工作台外，因此必须设置废料刀和废料滑板，废料滑板应为两级可拆式，如图 4-108 所示。

② 冲孔或较小废料原则上要求将废料排出压力机工作台外，若无法满足此需求可用废料盒处理。但废料盒大小必须满足能够容纳 1000 冲次冲压所产生的废料（$\phi 10mm$ 以下废料一班次清理一次），如图 4-109 所示。

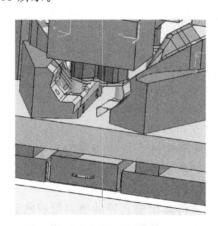

图 4-109　废料盒

> 经验

➤ 自动冲压线上绝对不允许采用抽屉型废料槽。

（3）强制废料落下

① 使用提升臂，如图 4-110 所示。

以安装在废料 $1/3 L$ 以下的部分为原则，不得安装在上、下导向区内，同时不得妨碍上料或出件。

② 使用模具附属气动机构强制废料落下，如图 4-111 所示。

③ 使用弹顶销，布置在制件刚性好的部位，如图 4-112 所示。

螺塞规格为 M10mm×3.5mm，弹簧预压缩量为 12～30mm。

④ 在凹模上使用柱塞，如图 4-113(a) 和（b）所示。

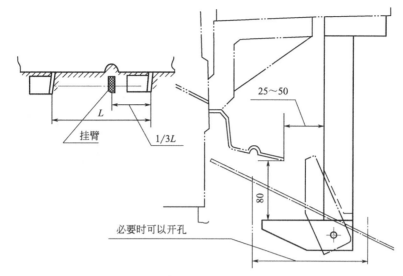

图 4-110 使用提升臂强制废料落下

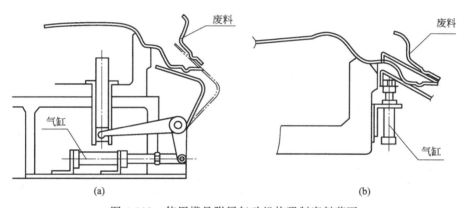

图 4-111 使用模具附属气动机构强制废料落下

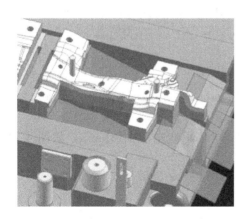

图 4-112 使用弹顶销强制废料落下

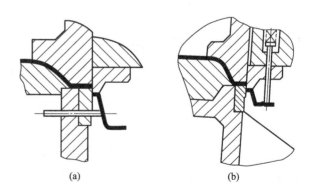

图 4-113 在凹模上使用柱塞强制废料落下

4.10.2 大孔径废料的处理

① 设计成两级空刀，有两种方法，如图 4-114(a) 和 (b) 所示。

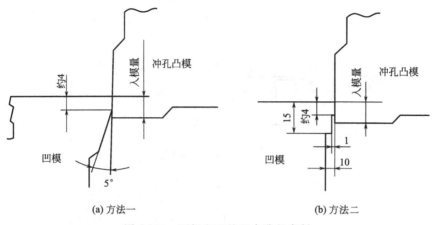

图 4-114 两级空刀处理大孔径废料

② 倾斜面冲孔时，低处废料先接触滑板，高处铸件要空开，以防堵塞，如图 4-115 所示。

③ 废料向窄的地方流动时，凹模的避让尺寸应大于废料最大尺寸，如图 4-116(a) 和 (b) 所示。

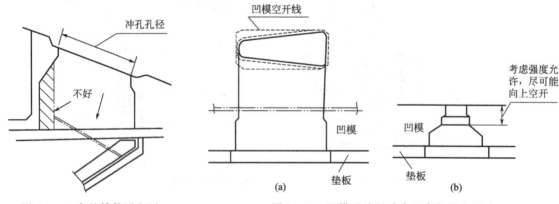

图 4-115 高处铸件要空开
处理大孔径废料

图 4-116 凹模避让尺寸大于废料最大尺寸

4.10.3 小孔径废料的处理

① 冲孔之下有加强筋时，小孔径废料的处理如图 4-117 所示。冲多孔时，在废料滑板下不能设置加强筋时，要安装防护网。

② 一般情况下，铸件空开孔要大。在机械加工时，保证单边尺寸≥2mm，如图 4-118 所示。

③ 冲孔靠近修边线时，要铸出滑槽，打磨光滑，如图 4-119 所示。

4.10.4 特殊形状废料的处理方法

① 废料长而难于处理时（多为废料落不下或流不出等），应在前工序冲工艺孔，本工序增加废料切刀，如图 4-120(a) 和（b）所示。

② 斜面废料：当孔的形状上大下小时，不可上、下垂直冲孔，应水平冲孔或倾斜冲孔，如图 4-121 所示。

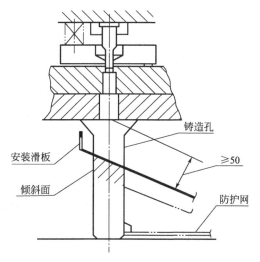

图 4-117 有加强筋时小孔径废料的处理

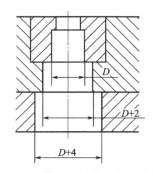

图 4-118 机械加工时小孔径废料的处理

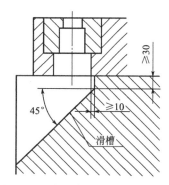

图 4-119 靠近修边线时要铸出滑槽

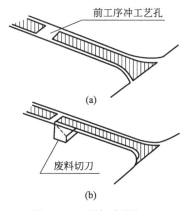

图 4-120 增加废料切刀

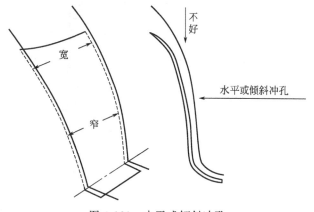

图 4-121 水平或倾斜冲孔

4.11 卸料板的设计

4.11.1 卸料板的作用

① 卸料板在修边或冲孔时起到防止产品变形的作用。

② 卸料板同时起到退料作用。
③ 对冲孔凸模起导向作用。

4.11.2 对卸料板的要求

① 卸料板的型面实质是定位面，应按覆盖件表面的模型研符，研符率应≥60%。
② 卸料板的压紧力应优先选用强力弹簧。也可选用聚氨酯弹簧、氮气弹簧、气缸、液压缸等。
③ 在汽车覆盖件卸料板导正中，选用导板导正具有导正精度和抗侧向力的最佳功能。
④ 卸料板限位，目前大、中型模具中使用最广泛的是采用侧销限位。它具有安全、可靠、方便等综合特点。
⑤ 在修边冲孔模中，冲孔凸模往往易于损坏，为了不影响批量生产，要求快速修理模具，在卸料板中应设计快速更换凸模窗口。
⑥ 卸料板与凸模配合面的设计应注意的几个问题如图 4-122 所示。

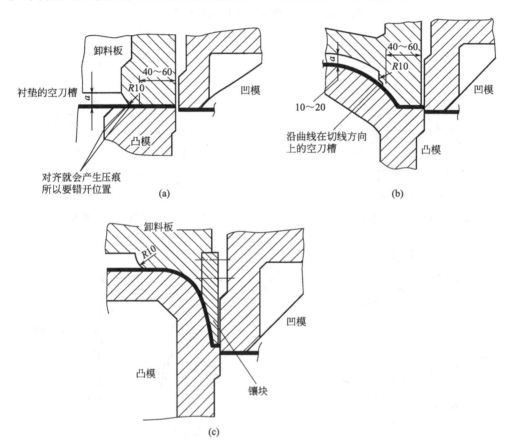

图 4-122 卸料板与凸模的配合面

在图 4-122(a)、(b) 中衬垫的空刀槽及沿曲线在切线方向上的空刀槽 a 值为 10~20mm。
在图 4-122(c) 中，卸料板压料面为锐角时，应在基体上镶嵌钢件。
⑦ 卸料板材料一般采用 QT600 或铸钢代替 HT 材料。

4.11.3 卸料板与修边凹模及冲孔凸模的间隙

① 如图 4-123 所示，卸料板与修边凹模之间的间隙 C 值取 0.3~0.5mm。

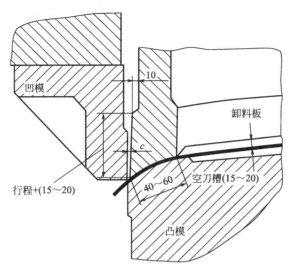

图 4-123 卸料板与修边凹模的间隙

② 卸料板与冲孔凸模的间隙如图 4-124 所示。

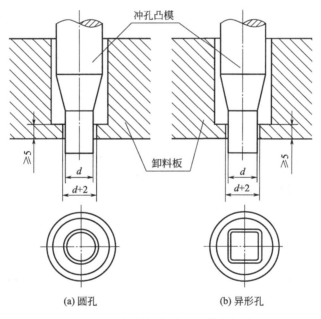

(a) 圆孔　　　　(b) 异形孔

图 4-124 卸料板与冲孔凸模的间隙

4.12 修边冲孔模具的材料

在同一副模具上,不允许使用由不同材料制作的切刀。修边冲孔模具工作部分材料的选用及热处理见表 4-17。

> 冲孔凹模热处理硬度比凸模热处理硬度低 2～5HRC。

表 4-17 修边冲孔模具工作部分材料的选用及热处理

材料厚度/mm	刃口形式	材料	热处理硬度
$t \leqslant 1.0$	铸造镶块	铸 CH-1	58～62HRC
	堆焊	铸铁基体	
$t \leqslant 1.2$	锻造镶块	7CrSiMnMoV、T10A	58～62HRC
	堆焊	铸钢基体	
$1.2 < t \leqslant 2.5$	锻造镶块	Cr12MnV	58～62HRC
$t > 2.5$	锻造镶块	Cr12MnV	58～62HRC

4.13 轿车车顶盖零件修边冲孔模具设计实例

工件名称：车顶盖。
生产批量：大批量。
制件尺寸：1790mm×1062mm×200mm。
制件材料：B170P1。
材料厚度：0.70mm。

① "轿车车顶盖产品图"可在出版社网站 www.cip.com.cn 中"资源下载"区下载，见文件"第 4 章 chedinggai.igs"。

② 轿车车顶盖修边冲孔工序简图如图 4-125 所示。

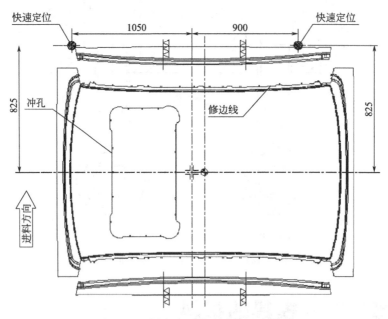

图 4-125 轿车车顶修边冲孔工序简图

4.13.1 零件的工艺分析

该制件为汽车外覆盖件，经过拉延后，制件形状呈 3D 曲面，表面质量精度及沿周修边要求比较高。

由图 4-125 所示的工序简图可以知道，本工序所要完成的工作是：将制件在拉延工序中的工艺补充部分切除掉，修周边至工序简图要求尺寸（见 3D 数模），冲天窗孔（长方孔）。

确定修边冲孔工序的冲压方向主要从以下几个方面考虑：

① 首先要考虑凸、凹模刃口强度、刃口有效厚度的绝对值和相对值，尽量避免锐角修边。

② 按制件的功能和尺寸精度要求，确定修边冲孔的冲压方向，使偏差控制在允许的范围内，以保证和提高产品的使用性。

③ 还要考虑模具的制造成本。使用模具进行冲压件的生产，获得最大的经济效益，对确定冲压方向具有决定性作用。一般情况下，小批量或单件生产宜用简单模具，而大批量生产，应该使用自动化、生产效率及经济效益都比较高的模具。

综上所述，本修边冲孔工序模具的冲压方向如图 4-126 所示（该制件的所有工序的冲压方法均一致）。

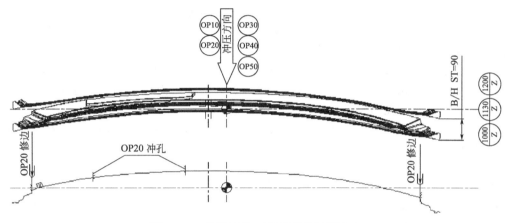

图 4-126　修边冲孔工序模具的冲压方向

④ "轿车车顶盖工程图（DL 图）" 可在出版社网站 www.cip.com.cn 中 "资源下载" 区下载，见文件 "第 4 章 车顶盖 DL 图 .dwg"。

4.13.2　冲压力的计算

(1) 冲裁力的计算

① 修边　按式(4-2) 有

$$F_{修边} = Lt\sigma_b$$

修边轮廓线长度 L 约为 3610mm；板料厚度 t 为 0.70mm；材料抗拉强度 σ_b 为 350MPa。所以

$$F_{修边} = 3610 \times 0.70 \times 350 \approx 885 \text{kN}$$

② 冲天窗孔　冲天窗轮廓线长度 L 约为 2496mm。

$$F_{冲孔} = Lt\sigma_b = 2496 \times 0.70 \times 350 \approx 612 \text{kN}$$

所以，冲裁力为

$$F_{冲} = F_{修边} + F_{冲孔} = 885 + 612 = 1497 \text{kN}$$

(2) 卸料力的计算

按式(4-6) 有

$$F_{卸} = (0.03 \sim 0.07)F_{冲} = 0.05 \times 1497 = 74.9 \text{kN}$$

(3) 推件力的计算

当 $t \leq 2(\text{mm})$ 时，按式(4-4) 有

$$F_{推} = 0.05 F_{冲} = 0.05 \times 1497 = 74.9 \text{kN}$$

> 由于修边凸、凹模多为不规则形状，并且强度计算复杂，通常依靠经验设计。

4.13.3 修边冲孔模具结构设计

冲压工艺方案确定以后，通过分析选择合理的模具结构及部件，使其能够满足的要求是：能冲出符合技术要求的制件；能满足大批量生产的需要；模具制造、维修方便；模具易于安装、调试和使用；模具有足够的寿命等。

① 由于本轿车车顶盖制件修边线基本是在同一个平面上，因此采用修边冲孔模具的最常用形式，即应用比较普遍的垂直修边冲孔模具类型。

② 该修边冲孔模具使用单动压力机，因此采用正装模具结构。

③ 由于该模具长度＞1500mm，且有较大的侧向力，因此利用导柱、导向腿导向。模具闭合过程中导向腿比导柱先吃入最小 30mm。

④ 该模具的卸料方式，使用弹性卸料板卸料。卸料板的作用是修边冲孔后将包在凸模上的制件推下，弹性元件为氮气弹簧。弹性卸料板结构卸料力可以调节，还兼有压料作用，同时弹性卸料板还对冲孔凸模进行导向。

⑤ 由于模具是正装结构，所以模具的出件方式为上方出件，利用氮气弹簧，通过出件器将制件推出。

4.13.4 修边凸模与凹模的设计

对于大型、不规则冲压件，尤其是汽车覆盖件的修边刃口，通常采用镶块或刃口堆焊结构。本修边冲孔模具修边凸、凹模刃口同样采用镶块结构。

(1) 刃口镶块材料

汽车覆盖件模具通常修边线较长，且多为不规则 3D 曲面，使用普通的机械加工设备很难满足高质量要求，而且加工周期长，效率低；利用大型数控铣床，可大大缩短制造周期，并能满足模具高精度的要求。同时对模具刃口材料也提出了较高要求：材料应有良好的加工性能；良好的热处理性能，淬透性好，淬火温度范围宽，淬火变形小；具备良好的耐磨性和焊接性等。

本修边冲孔模具的凸、凹模选用 CH-1 材料，基本达到上述要求，它是一种比较理想的刃口镶块材料，数控加工后淬火硬度可达到 60HRC 以上。

(2) 刃口镶块的划分

刃口镶块长度≤300mm，直线部分长些，形状复杂和拐角处的镶块取短些。根据不同部位高度，镶块支承面可取不同高度，但必须能满足切边要求。镶块之间的配合间隙为不大于 0.03mm。曲线与直线连接时，接合面尽可能取在直线部位；镶块为便于加工和安装，应尽量设计成矩形。有立切修边处，镶块尽量取小，以利维修及更换。凸、凹模镶块接合面不应重合，应错开 5mm 以上，以减少模具损坏，提高制件质量。图 4-127 所示为上模刀块镶块拼接结构。

镶块的宽度与高度比应为 $B=(1.5\sim1.8)H$。

(3) 刃口镶块的固定

为防止镶块受侧向力而发生位移，在镶块后设计挡墙，见图 4-42(c) 所示。每个镶块采用销钉定位，螺钉连接。一般在其上面设置 2 个销钉，规格为 $\phi 16mm\times40mm$，布置在镶块的后侧，孔距尽量大；设置若干个螺钉（利用沉头孔安装），布置在刃口一侧，规格为 M20mm×40mm，均布。

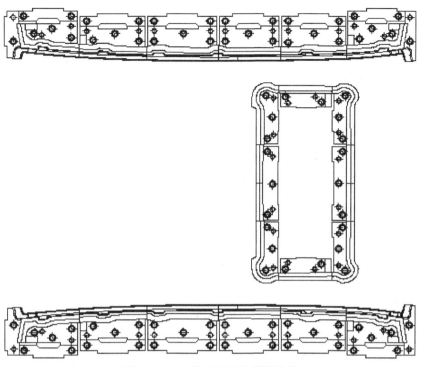

图 4-127 上模刀块镶块拼接结构

4.13.5 冲孔（天窗）凸模与凹模的设计

此模具冲孔（天窗）凸模采用镶块拼接结构，如图 4-128 所示。

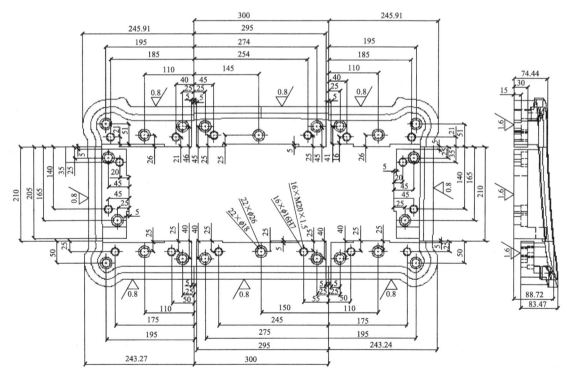

图 4-128 冲孔（天窗）凸模

凹模采用镶块拼接结构，与下模刀块一体，如图 4-129 所示。

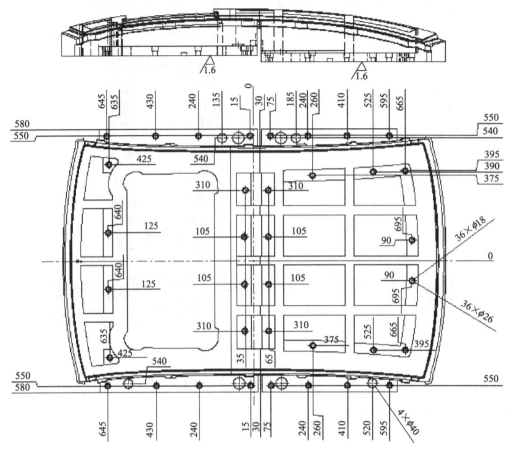

图 4-129　冲孔凹模（下模刀块）

4.13.6　凸、凹模间隙的确定

冲裁件的断面有圆角、光面、毛面和毛刺四个部分。而在冲裁件的测量与使用中，都是以光面的尺寸为基准的。根据观察与分析，落料件的尺寸接近于凹模尺寸，而冲孔件的尺寸接近于凸模尺寸。故计算修边冲孔的凸模与凹模刃口尺寸时，应按落料与冲孔两种情况分别进行。其计算原则如下：

① 修边时以凹模尺寸为基准，即先确定凹模尺寸。考虑到凹模尺寸在使用过程中因磨损而增大，故修边凹模的基本尺寸应取工件尺寸公差范围内的较小尺寸，而修边凸模的基本尺寸，则按凹模基本尺寸减最小初始间隙。

② 冲孔时以凸模尺寸为基准，即先确定凸模尺寸。考虑到凸模尺寸在使用过程中因磨损而减小，故冲孔凸模的基本尺寸应取工件尺寸公差范围内的较大尺寸，而冲孔凹模的基本尺寸，则按凸模基本尺寸加最小初始间隙。

修边凸、凹模修边线皆在数控铣床上加工，凹模为产品的名义尺寸，凸模以凹模为基准，查表 4-5 单面间隙为 0.035～0.050mm。

冲孔凸、凹模尽可能选标准件。凸模为产品的名义尺寸，凹模以凸模为基准，查表 4-5 单面间隙为 0.035～0.050mm。

修边冲孔模具凸模与凹模的制造公差可查相关手册。

4.13.7 废料刀的设计与布置

废料刀的作用是将修边后较长（或成圈状）的废料分割成块状，因此在切边刃口外布置的废料刀，可使操作者方便、安全地清理废料。

(1) 废料刀的形式

拉延件的工艺补充都是有形状的，因此将废料切断则需要带形状的废料刀，即符型废料刀，如图 4-77 所示。

(2) 废料刀的切入量及刃口部位尺寸

因制件的材料厚度 $t=0.70$mm，查表 4-16 可得上、下废料刀的吃模量为 3mm；上模的切入深度＝切刀吃模量＋料厚＋2＝3＋0.7＋2＝5.7mm；最小吃模量 a 取 3mm。

废料刀的刃口部位尺寸如图 4-130 所示。

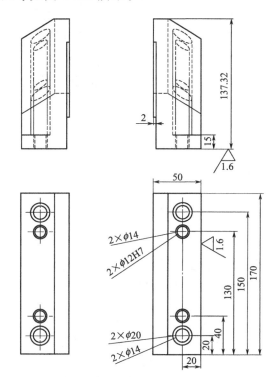

图 4-130 废料刀的刃口部位尺寸

(3) 废料刀的布置

废料处理方式对废料尺寸的要求：细长废料尺寸（长×宽）≤600mm×250mm；L形废料尺寸（长×宽）≤500mm×250mm。本修边冲孔模具共设置四组废料刀。为便于废料落下，废料刀全部顺向布置，如图 4-131 所示的下模总装图中的序号 209、210、211 和 212。下模废料刀避开刃口镶块接合面，上模废料刀利用刃口镶块接合面。下模四个角上的废料刀设置挡墙，以防止由于废料刀承受侧向力而产生位移，影响废料刀的正常工作。

(4) 废料滑板设置

修边冲孔废料每一行程靠自重落下一次。模具前后废料刀处设置废料滑板，为防止滑板卡料，其宽度和高度应设计宽裕。滑板使用厚度不小于 2.5mm 的整体钢板制作，工作面不涂漆，考虑维修、安装，采用内六角螺钉固定。废料滑板一般都是现场按实际配作。

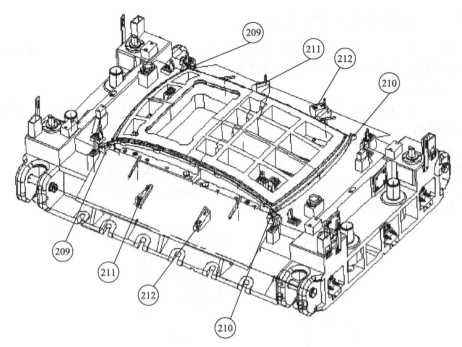

图 4-131 下模总装图

4.13.8 定位装置的设计

合理确定制件在模具中的定位,是模具设计中至关重要的环节之一。它既关系到产品的质量是否稳定、可靠,又直接影响到操作者的操作是否简单、方便及模具的使用寿命。

拉延件在修边冲孔工序中的定位主要从以下几个方面考虑:

① 形状定位。一般拉延件都是空间曲面变化复杂的覆盖件,其外形已满足了定位的要求。

② 用压料面形状定位,用于一般空间曲面变化小的浅拉延件。其优点是方便、可靠和安全;缺点是由于考虑定位块结构尺寸、修边凹模镶块强度、凸模对拉延毛坯的拉延条件以及定位稳定可靠等诸多因素,增加了工艺补充部分的材料消耗。

③ 用拉延时冲或穿的工艺孔定位。修边时既不能用侧壁形状,又无压料筋可利用,此时才用工艺孔定位。缺点是操作者用工艺孔套定位销比较麻烦,并且拉延模还要增加冲或穿工艺孔结构,制造比较复杂,应尽量少采用。

本工序模具型面利用上工序拉延件形状,采用符型定位的方法,既安全可靠,又方便操作;四周采用八个定位板(或称为材料定位架、素材定位器),用于制件与模具之间的定位,位置在模具内,制件外,如图 4-132 中的序号 307。

4.13.9 模具导向及限位设计

在汽车覆盖件模具中,普遍使用导向腿(导板)+导柱(导套)的结构,作为模具的导向。

① 为保证修边及冲孔的凸、凹模间隙,上、下模座导向精度要求高,且稳定性要好,除使用导板导正外,还应选用较粗的导柱(导套)结构,作为模具的导向。

上、下模座导向间隙为 (0.05 ± 0.02)mm。

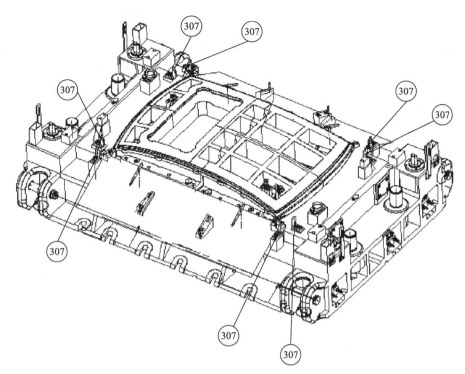

图 4-132 定位装置设计

本模具选用四个 $\phi 80mm$ 导柱，导套为铸造式，按 H7/h6 配合，采用导柱偏移防反结构。

② 卸料板在凹模腔内上、下运动，为保证其与凹模保持一定的配合间隙，采用导板导正，在卸料板的四周共设置八块导板，与上模座内的导滑面滑配，导向间隙为 $(0.08\pm 0.02)mm$。

③ 目前，在汽车覆盖件模具中使用最广泛的是采用侧销限位，它具有安全、可靠、方便等综合特点。此外，卸料板与上模座连接采用如图 4-133 所示的限位螺钉合件的形式。

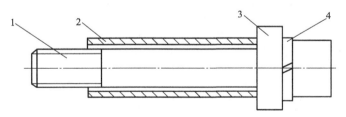

图 4-133 限位螺钉合件
1—限位螺钉；2—衬套；3—调整块；4—弹簧垫圈

4.13.10 卸料板的设计

一般的汽车覆盖件，经过冲压加工后都存在不同程度的弹性变形，而且这种弹性变形在模具设计、制造中要想消除是很困难的。由于弹性变形的结果，使冲压件与按理想形状的模型制造的定位面不相符合，从而导致修边冲孔尺寸的不稳定。空间修边制件易移动，为了保证冲压件质量的稳定，在确保定位可靠的情况下，利用卸料板将制件强行压贴到凸模上，使制件不能产生位移。卸料板不仅起将制件从凹模内推出的作用,同时起定位和压料的作用。本例则采用此卸料板。

① 大型汽车覆盖件的卸料板多采用实型铸造结构。此种结构既可节省材料,通过铸造得到较复杂的内、外部结构,又可减少加工余量,缩短铸件及型面加工周期,大大降低成本。

卸料板的型面实质也是定位面,应按制件表面的模型研符,研符率≥70%。

本模具卸料板采用实型铸造结构,材质为HT300,如图4-134所示。卸料板周圈及压料型面采用仿形制造,以保证其以凹模为基准,与凹模的单边间隙为0.30~0.50mm,如图4-135所示。

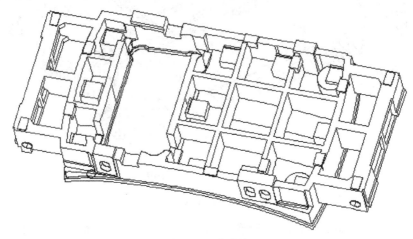

图4-134 卸料板

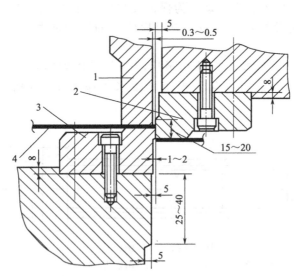

图4-135 卸料板与凹模的单边间隙
1—卸料板;2—凹模;3—凸模;4—制件

② 卸料板与凸模之间应有一定的配合面,该面保证既起退料和压料作用,又不能损伤制件及使卸料板局部强度减弱。

③ 卸料板的压紧力选用氮气弹簧,本模具共使用11个氮气弹簧。

④ 对空间曲面变化较大的汽车覆盖件修边时,为保证制件在修边时不产生位移及滑动,

除要求氮气弹簧有一定的预压量外，还要使卸料板有较大的压缩行程。本模具取卸料板的行程 $S=50$mm。

"轿车车顶盖修边冲孔模具卸料板零件图"可在出版社网站 www.cip.com.cn 中"资源下载"区下载，见文件"第 4 章 卸料板.dwg"。

4.13.11 模架设计

(1) 模具外形尺寸

根据实际制件尺寸和在大批量冲压生产线中，要求全工序模具外形尺寸及闭合高度应尽可能相同，这样既可便于压力机的选择，有利于模具的安装，又方便模具的存放和管理，因此本修边冲孔模具外形尺寸为长×宽×高＝2600mm×2000mm×1100mm。

(2) 上、下模座

上、下模座采用实型铸造结构。

上、下模座材料为 HT300。

上、下模座设计有用于模具运输的运输连接板用螺纹，规格为 M16。

上、下模座设计有与压力机工作台 T 形槽距离相同的压板槽（数量不相同），方便模具安装。

上、下模座设计有起重孔，为四个，其位置在四个角上。

"轿车车顶盖修边冲孔模具上、下模座零件图"可在出版社网站 www.cip.com.cn 中"资源下载"区下载，见文件"第 4 章上、下模座.dwg"。

4.13.12 设备的选择

工厂（公司）现有冲压设备状况，不但是模具设计时选择设备的依据，而且对工艺方案的设计有直接影响。冲压设备的类型、规格、先进与否是确定工序组合程度、选择各工序压力机型号、确定模具类型的主要依据。

冲压设备（压力机）的选择应根据冲压工序的性质、生产批量的大小、冲压件的几何尺寸和精度要求、模具的外形尺寸以及现有设备等项内容综合考虑后进行选择。

(1) 选择压力机的先决条件

① 所选压力机的公称压力必须大于冲压所需总冲压力，即 $F_{压机} > F_{总}$。

② 压力机的行程大小应适当。

③ 所选压力机的闭合高度应与冲模的闭合高度相适应。

④ 压力机工作台面的尺寸必须大于模具下模座的外形尺寸，还要留有安装固定余量。

(2) 一些数据

① 制件下料尺寸 1785mm×1250mm×0.70mm。

② 制件重 9.70kg。

③ 坯料重 12.26kg。

④ 材料利用率为 79.1%。

(3) 压力机的选用

包括选择压力机类型和压力机规格两项内容。

根据模具闭合高度及模具外形尺寸要求，本模具选用的压力机规格为 J36-800（闭式双点单动压力机）。

其主要计算参数为：公称压力 800t；滑块行程 500mm；最大装模高度 990mm；最大装模高度调节量 500mm；滑块底面尺寸（左右×前后）3640mm×1550mm。

4.13.13　模具总装配图、模具零件明细表及部分零件图

①"轿车车顶盖修边冲孔模具装配图（3D）"可在出版社网站www.cip.com.cn中"资源下载"区下载，见文件"第4章 zhuangpeitu.part"。

②"轿车车顶盖修边冲孔模具装配图（2D）及模具零件明细表"可在出版社网站www.cip.com.cn中"资源下载"区下载，见文件"第4章 装配图.dwg"。

③"轿车车顶盖修边冲孔模具部分零件图"可在出版社网站www.cip.com.cn中"资源下载"区下载，见文件"第4章 零件图.dwg"。

第5章 汽车覆盖件翻边整形模具设计

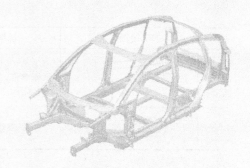

5.1 翻边整形模具概述

翻边整形模是汽车覆盖件模具中对制件起成型作用的模具。翻边整形模的好坏直接影响覆盖件的质量，图5-1所示是某轿车前罩外板翻边整形模。

在介绍翻边整形模具设计之前，首先要了解汽车覆盖件翻边整形的种类。

5.1.1 翻边整形的种类

(1) 翻边

翻边是将工序件的外边缘或孔边缘在模具的作用下冲制成竖直边或倾斜边的成型方法。根据工序件的边缘状态和应力、应变状态的不同，翻边可以分为外缘翻边和内孔翻边，也可分为伸长类翻边和压缩类翻边。外缘翻边又分为外凸的外缘翻边和内凹的外缘翻边。此外根据翻边壁厚的变化情况，又分为变薄翻边和不变薄翻边。

(2) 整形（成型）

凡是能使工序件产生局部变形来改变其形状的冲压工艺便称为成型或整形工艺。该工艺是用各种局部变形的方法来改变制件形状。它们的变形性质有些与弯曲相似，有些与拉延相似，一般都是在拉延和修边工序以后进行的。比较常见的翻边整形的种类见表5-1。

表5-1 比较常见的翻边整形的种类

序号	简图	说明	序号	简图	说明
1		单纯弯曲,减小尺寸	4		台阶折弯
2		单纯折弯,钣金折弯	5		加深成型
3		过拉延部分,成型	6		R角整形

序号	简图	说明	序号	简图	说明
7		平面整形,二次冲压	9		U、V折弯
8		局部整形	10		内缘翻边

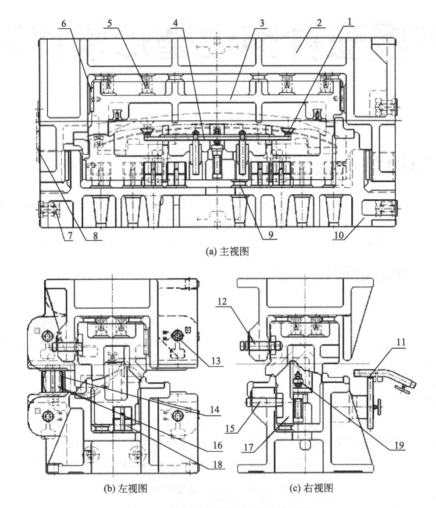

图 5-1 某轿车前罩外板翻边整形模

1—顶料缓冲器；2—上模座；3—上卸料板；4—H形顶料组件；5—弹簧；6—导板；7—铸入式吊耳；8—运输连接板；9—行程限位块；10—下模座；11—可调式送出料托架合件；12—工作侧销；13—吊棒组件；14—行程挡块；15—安全侧销；16—聚氨酯缓冲器；17—下卸料板；18—氮气弹簧；19—气缸组件；

(3) 翻边变形

汽车覆盖件翻边整形，因表面上的轮廓形状不同而异。翻边时，直线是弯曲变形，材料厚度不变化。圆弧和曲线的凸形翻边材料受压而变厚，如果该处凸模与凹模间隙大，就产生波纹，间隙小则又会拉断；圆弧和曲线的凹形翻边材料受拉而变薄，超过伸长率就产生裂口。

> 消除裂口的办法是降低垂直翻边的高度或水平、倾斜翻边的宽度。

5.1.2 翻边整形模具的类型

根据翻边整形模的结构特点和复杂程度,可分为以下六种类型。

(1) 垂直翻边整形模

此类型模具的特点是翻边凸模(或凹模)作上、下垂直运动,对覆盖件进行翻边整形。这类冲模结构简单,制件翻边后包在凸模上,退料时退料板或翻边顶出器要顶住翻边边缘,以防止制件变形。

(2) 斜楔翻边整形模

此类型模具的特点是利用斜楔机构,使翻边凹模单面沿水平或倾斜方向运动完成对覆盖件进行向内的翻边整形。由于是单面翻边整形,因此要求凸模设计成整体结构,以便制件容易从凸模上取出。

(3) 斜楔两面开花翻边整形模

此类型模具的特点也是利用斜楔机构,使翻边凹模在对称两面沿水平或倾斜方向运动完成对覆盖件进行向内的翻边整形。制件翻边后包在凸模上,不易取出,因此要求凸模必须设计成活动的扩张式结构。其工作过程是翻边时凸模扩张成翻边形状,翻边后凸模缩回便于取件。此类模具结构比较复杂。

(4) 斜楔圆周开花翻边整形模

此类型模具的特点与两面开花翻边整形模相似,所不同的是翻边凹模三面或圆周封闭沿水平或倾斜方向运动完成对覆盖件进行向内的翻边整形。同样不易取出制件,同样要求凸模必须设计成活动的,扩张成翻边形状,转角处的一块翻边凸模靠相邻的开花凸模块的斜面挤出。此类模具结构较上面的一种更为复杂。

(5) 斜楔两面向外翻边整形模

此类型模具的特点也是利用斜楔机构,使翻边凹模在两面沿水平或倾斜方向运动完成对覆盖件进行向外的翻边整形。制件翻边后可以取出。

(6) 内外全开花翻边整形模

覆盖件窗口封闭式向外翻边整形时采用这种模具。翻边后包在凸模上,不易取出,要求凸模必须设计成活动的,缩小时整形翻边,扩张时取件。而凹模恰恰相反,扩张时整形翻边,缩小时取件。角部的一块翻边凹模靠相邻的开花凸模块的斜面挤出。这类模具结构非常复杂。

5.1.3 翻边整形模具的尺寸参数

翻边整形模具铸件最小壁厚如图 5-2 所示,尺寸参数见表 5-2。

表 5-2 翻边整形模具铸件最小壁厚尺寸参数   mm

上模座							下模座					形状件/翻边			卸料板				加强筋
L_1	L_2	L_3	L_4	L_5	L_6	L_7	U_1	U_2	U_3	U_4	U_5	F_1	F_2	F_3	N_1	N_2	N_3	N_4	
50	50	50	40	50	20	60	60	50	50	40	50	30	30	40	40	40	40	50	40

在极端应力的情况下(横向力),应加大壁厚。表 5-2 所列数值适用于长度大于 1500mm 的模具。小于 1500mm 的模具,其铸件壁厚可适当减小。

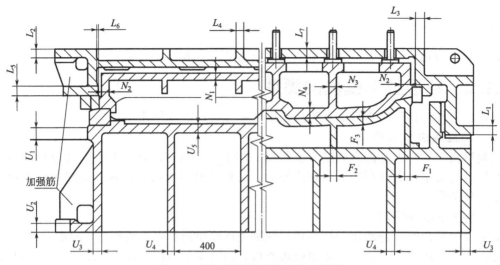

图 5-2 翻边整形模具铸件最小壁厚

5.1.4 翻边整形模具的导向与导向间隙

① 上模座与下模座采用导向腿（导板）导向，导向间隙为 (0.03±0.02)mm。
② 卸料板与上、下模座内的导滑面滑配，利用导板导向，其间隙为 (0.08±0.02)mm。

经验

➤ 有侧向力时，反侧块间隙为 (0.02±0.02)mm。

5.2 翻边整形模具的设计流程与设计要点

翻边整形工序一般都安排在拉延与修边冲孔工序后。

5.2.1 翻边整形模具的设计流程

图 5-3 所示是翻边整形模具的设计流程示意。
在实际模具设计过程中，上述翻边整形模具的设计流程并没有严格的先后顺序，这些步骤往往是交错进行的。

5.2.2 翻边整形模具的设计要点

(1) 阅读资料

在进行翻边整形模具设计之前，必须阅读以下资料：
① 覆盖件产品图　覆盖件产品图（2D 和 3D 图）是所有工序生产的依据。在设计翻边整形模之前，要仔细认真地阅读覆盖件产品图，充分理解产品设计思想、产品的各项功能和技术质量要求，并预计或设想翻边整形时哪些因素会对产品质量产生不良影响。
② 覆盖件产品 DL 图　结合覆盖件产品图，认真研究覆盖件 DL（2D 和 3D）图，明确翻边（整形）部位、翻边方向，以及翻边整形工序与前、后各道工序之间的关系等。预防可能出现的问题，这对翻边整形模设计是非常重要的。

(2) 翻边整形质量问题分析

认真研究覆盖件冲压工艺文件，结合工序样件（如果有），根据翻边线的空间形状特点

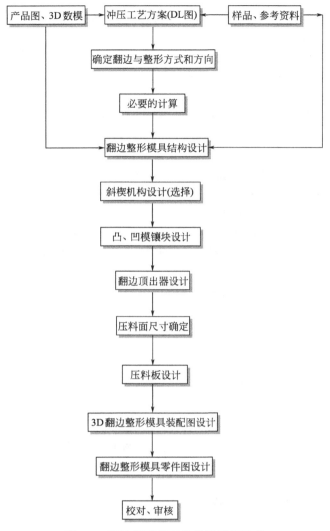

图 5-3 翻边整形模具的设计流程示意

对翻边（整形）时可能会产生的质量问题进行分析、对比，并制定在模具结构、翻边方式和整形内容以及翻边镶块端面轮廓形状等方面的应对措施。

(3) 资料准备

准备好有关的翻边整形模具设计所需的参考资料，如以往的类似件的翻边整形模具图样、模具国家标准、行业标准、企业标准、标准件与通用件样本，还应具备冲压件的公差、产品所用板材的各项性能参数以及客户要求等。

(4) 设计要点

① 翻边和整形方向：对冲压工艺文件给出的翻边和整形方向进行确认，翻边和整形方向要能够保证翻边整形加工的顺利进行，能够保证翻边整形工序件的质量要求。

② 翻边整形模具结构：首先根据翻边与整形部位和翻边与整形方向，确定修边冲孔件（上道工序件）在翻边整形模具中的摆放位置和定位方式。零件在模具中依靠零件型面或导正销定位，然后确定翻边整形模具结构。合理的翻边整形模具结构能使各翻边整形部位的加工顺利进行而不发生干涉，出件方便，结构尽量简单实用。

③ 斜楔机构设计（选择）：当必须使用斜楔机构时，要准确计算斜楔和滑块的行程。选

择斜楔时，尽可能用标准结构，或客户指定的斜楔机构。

④ 翻边行程设计：应按不同的情况确定翻边行程。特别是当翻边线变化大，一个冲压方向不能成型，要分成两序完成。

⑤ 翻边（整形）凸、凹模镶块设计：根据翻边整形凸、凹模的分块原则，沿翻边（整形）线进行凸模和凹模镶块的分块。

根据翻边（整形）线的位置及所在型面等，确定翻边变形性质和变形程度。然后按伸长类翻边或压缩类翻边的变形性质的不同，确定翻边（整形）凹模镶块前端面的曲面形状，同时确定镶块的安装位置。

确定合适的翻边（整形）凸、凹模镶块交接部位、交接量等。

⑥ 退件机构设计：对需要两面或两面以上向内翻边的制件，要考虑退件机构（翻边顶出器）。若选凸模开花结构，必须正确设计凸模的扩张范围、初始和最终位置，保证制件能顺利地从翻边凸模上退下。设计的退件机构，必须运动灵活、方便与实用。

⑦ 压料面尺寸确定：主要是确定卸料板和凸模的压料面尺寸。对于汽车覆盖件平坦与斜面形状的压料面尺寸，外板和内板要求是不同的。另外，压料面的符型区应与托料面相互对应。

⑧ 卸料板设计：应注意卸料板强度和刚性，以及卸料板的行程，卸料板与凹模的间隙必须确定好。

⑨ 导向腿的吃入量一定要大于弹性元件的受压缩量，导滑面长度一定要大于卸料板的行程（一定要考虑开模状态和闭合状态以及存放状态）。

⑩ 一定要保证翻边刀块同时翻边。

⑪ 存在翻孔时，必须有顶器，而且顶器要有初定位作用。

⑫ 在对沿周翻边使用翻边顶出器时，一定要考虑翻边顶出器的行程，必须保证板件没有任何干涉，即在自由状态下顶出。

⑬ 如果不是垂直翻边，必须区分翻边刀块的轮廓线和翻边分模线。

⑭ 其他：包括翻边整形模具的导向与导向间隙以及必要的计算等。

5.3 翻边行程的确定

① 平面及断面形状为直线时，制件末端距凹模圆角 R 切点不小于3mm，如图5-4所示。

② 翻边线为折曲线并且翻边高度相同时，在冲压方向上应保证翻边行程 L 不变，如图5-5所示。即

$$L=L_0+10 \tag{5-1}$$

式中　L——翻边行程，mm；
　　　L_0——翻边凸缘高度，mm。

③ 翻边凸缘高度不相等时，应按翻边高度最长处考虑，刃口吃入量在冲压方向上应相同，即保证同时翻边，如图5-6所示。即

$$L=L_2+10 \tag{5-2}$$

式中　L——翻边行程，mm；

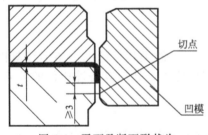

图5-4　平面及断面形状为直线时翻边长度的确定

　　　L_2——翻边凸缘最大高度，mm。

④ 折弯线与翻边在同一条线上时，有两种情况：

a. 折弯部分比翻边高度深时，$L>L_1$ 翻边行程取 L 值，如图5-7所示。

b. 翻边高度超出折弯线时，翻边行程逐渐变化，如图5-8所示。

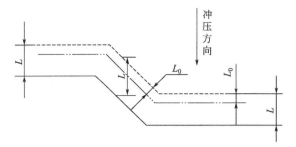 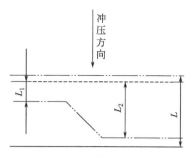

图 5-5 翻边线为折曲线时翻边行程的确定   图 5-6 翻边凸缘高度不相等时翻边行程的确定

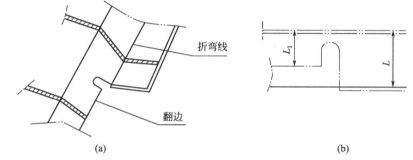

图 5-7 折弯部分比翻边高度深时翻边行程的确定

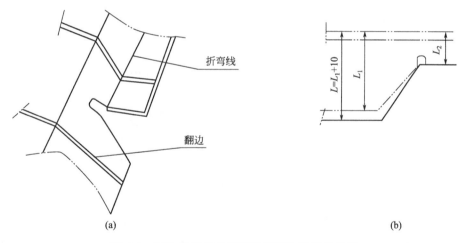

图 5-8 翻边高度超出折弯线时翻边行程的确定

⑤ 立斜面上的翻边，由于凹模运动方向与翻边方向有较大的相对滑动（其中凹模凸出点与制件相对滑动的距离 A 最大，较缓斜面处的距离 B 最小），因此凹模凸出点至较缓斜面点之间的凹模口翻边行程应设计成渐变，如图 5-9 所示。

⑥ 凹模端部弧度大的情况下，应加出余量。钢件≥15mm，铸件≥25mm，如图 5-10 所示。

⑦ 翻边线变化大，一个冲压方向不能成型，要分成两道工序完成，两道工序相接处最少要重合 40mm，如图 5-11 所示。

⑧ 当 FL 与 REST 同时作业时，假如 FL 高度小，那么折弯线变化量将是恒定的，FL 部位与 REST 部位应有同样的行程，如图 5-12 所示。

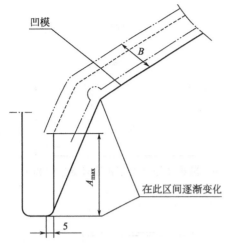

图 5-9 立斜面上的翻边行程的确定

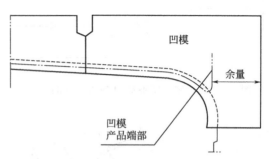

图 5-10 凹模端部弧度大的情况下翻边行程的确定

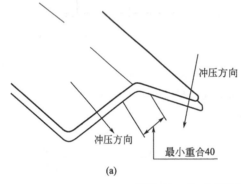

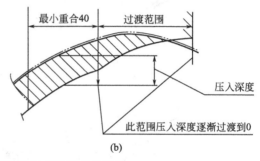

图 5-11 分成两道工序翻边时翻边行程的确定

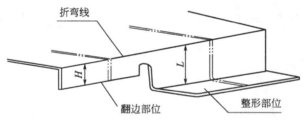

图 5-12 FL 部位与 REST 部位应有同样的行程

⑨ 当 FL 与 REST 同时作业时，REST 比 FL 高度矮时，那么折弯线变化量将是有规律的进行变化。此时应将 FL 与 REST 的行程设为不同值后，在不同作业区间给出合理边界，如图 5-13 所示。

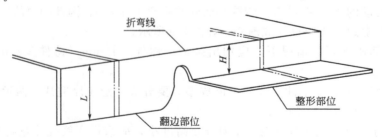

图 5-13 FL 与 REST 的行程设为不同值

5.4 冲压力的计算

冲压力包括翻边成型力、压料力和翻边整形力。目前,一般情况下的模具除了需要做下压料芯的,其他的不需要考虑其冲压力,只需要在压料芯上均匀地补上顶杆。而有一些模具的设计则根据计算出来的冲压力来确定氮气弹簧的数量。

5.4.1 翻边成型力的计算

比较常见的翻边成型的形式和计算公式见表 5-3。

表 5-3 常见的翻边成型的形式和计算公式

序号	简图	计算公式	序号	简图	计算公式
1		$F_{翻}=Lt\sigma_b$	5		$F_{翻}=Lt\sigma_b$
2		$F_{翻}=Lt\sigma_b$	6		$F_{翻}=Lt\sigma_b$
3		$F_{翻}=Lt\sigma_b$	7		$F_{翻}=Lt\sigma_b$
4		$F_{翻}=2Lt\sigma_b$	8		$F_{翻}=Lt\sigma_b$

注:1. $F_{翻}$—翻边成型力,N;L—加工长度,mm;t—板料厚度,mm;σ_b—材料抗拉强度,MPa。
2. 序号 5、6、7 和 8,其底面如需墩死时,翻边成型力取计算值的 1.5~2 倍。

5.4.2 压料力的计算

FL 及 REST 作业时,卸料板(PAD)施加于制件的力称为压料力。压料力指的是在作业开始节点时保证的压力。

压料力一般为翻边成型力的 15%~30%,即冲压开始点的压料力,如图 5-14 所示。

计算压料力可分为两种情况:

① 对外板覆盖件,有

$$F_{压} = 0.3 F_{翻} \ (N) \tag{5-3}$$

② 对内板覆盖件,有

$$F_{压} = (0.15 \sim 0.2) F_{翻} (N) \tag{5-4}$$

式中 $F_{压}$——压料力,N;

$F_{翻}$——翻边成型力,N。

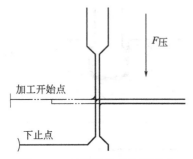

图 5-14 冲压开始点的压料力

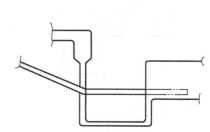

图 5-15 向外拉料的可能

经验

- 制件平缓,取大值,保证压住料。
- 氮气弹簧、弹簧和气垫等压力源尽量设置在成型部位附近。
- 视卸料板形状确定是否兼有平衡作用。如存在平衡力的因素,压料力应大于计算值。
- 上弹簧压料和下气垫压料同时使用时,主要考虑向下翻边时的上压料力。
- 压料力对外板件的质量问题有很大的影响,因此在设定压料力时,应充分考虑。
- 内板件在翻边成型时,如有向外拉料的可能时,如图 5-15 所示,应加大压料力,计算方法与外板相同。

5.4.3 翻边整形力的计算

翻边整形力为

$$F_{整} = Sq \ (N) \tag{5-5}$$

式中 $F_{整}$——翻边整形力,N;

S——整形部分的投影面积,mm²;

q——整形所需的单位压力,MPa,见表 5-4。

表 5-4 整形所需的单位压力　　　　　　　　　　　　　　　MPa

材料	材料厚度/mm		材料	材料厚度/mm	
	<3	3~10		<3	3~10
08钢~20钢	80~100	100~120	8TiL	120~150	150~180
20钢~35钢	100~120	120~150	10TiL	150~180	180~210

5.5 压料面尺寸的确定

主要是确定卸料板和凸模的压料面尺寸,也就是有效工作面尺寸。

5.5.1 平坦形状压料面尺寸的确定

对于汽车覆盖件平坦形状的压料面尺寸,外板和内板要求是不同的,一般的要求如图 5-16 和图 5-17 所示。

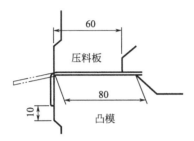
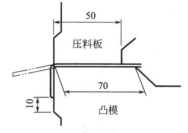

图 5-16 平坦形状外板压料面尺寸的确定　　　图 5-17 平坦形状内板压料面尺寸的确定

经验

➢ 对于外板压料面尺寸,翻边尺寸比较小时,可取 80mm(卸料板)和 100mm(凸模)。

➢ 对于内板压料面尺寸,翻边尺寸比较小时,可取 80mm(卸料板)和 100mm(凸模)。特殊情况下,可取 180mm(卸料板)和 200mm(凸模)。

5.5.2 斜面形状压料面尺寸的确定

同样,对于汽车覆盖件斜面形状的压料面尺寸,外板和内板要求也是不同的,如图 5-18 和图 5-19 所示。

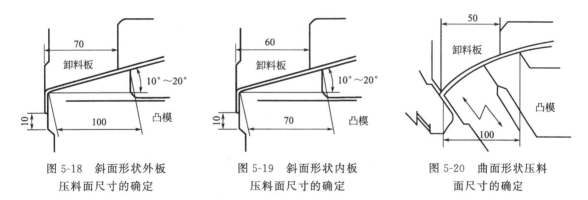

图 5-18 斜面形状外板压料面尺寸的确定　　图 5-19 斜面形状内板压料面尺寸的确定　　图 5-20 曲面形状压料面尺寸的确定

5.5.3 曲面形状压料面尺寸的确定

对于汽车覆盖件曲面形状的压料面尺寸,其要求如图 5-20 所示。

经验

➢ 压料面设计时,应注意方便制件的取送。

- 不会引起制件变形的部分，可沿形空开 10mm，如图 5-21 所示。
- 压料面的符型区应与托料面相互对应，可比凸模托料面少 10mm，如图 5-22 所示。
- 卸料板的表面宽度一般部位为 70～90mm。可能变形之处取 90～140mm，让开面比制件面低 10mm。

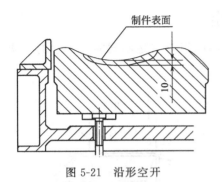

图 5-21 沿形空开

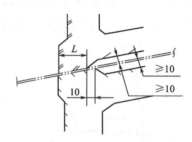

图 5-22 压料面的符型区应与托料面对应

5.6 卸料板的设计

卸料板的作用是既压料又卸料，此外还兼有防止坯料移动、弹跳和变形等作用。

5.6.1 卸料板的强度

① 卸料板的材料一般为 HT250，需要卸料板兼有成型作用时材料为 HT300 或合金铸铁。

② 卸料板的厚度示意如图 5-23 所示。特别是在中间部位，卸料板的断面面积明显变小时，应注意其强度。

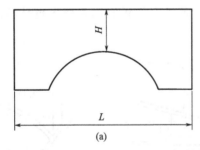
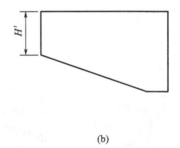

图 5-23 卸料板的厚度示意

图 5-23 中 H' 与 H 的关系为 $H'=(0.6\sim0.7)H$。

③ 有推力作用于卸料板上时，要注意刚性，厚度最薄尺寸（铸铁件）见表 5-5。

表 5-5 厚度最薄尺寸（铸铁件）　　　　　　　　　　　　　　　　　　　　mm

L	≤750	751～1250	1251～1750	1751～2250	2251～2600	≥2601
H_{min}	≤100	101～120	121～140	141～160	161～180	≥181

④ 强度变小的地方，或用钢质镶块增加强度，或将材质改为铸钢（或球铁），如图 5-24 所示。

⑤ 在压弯翻边结束，卸料板需墩死时，其与上模的接触面应加大，断面面积小的部位的底面必须接触到底板；断面强度弱的部分，底面必须与底板接触，如图 5-25 所示。

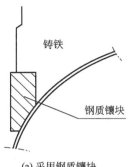

(a) 采用钢质镶块　　　(b) 将材质改为铸钢(或球铁)

图 5-24　卸料板增加强度方法

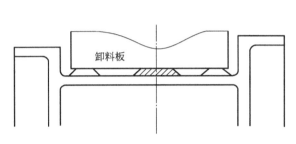

图 5-25　卸料板与底板接触

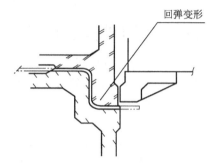

图 5-26　在产生回弹的部位卸料板不需让开

经验

➤ 在产生回弹的部位，卸料板不需让开，如图 5-26 所示。

➤ 应预测翻边整型时的压料效果，必要时，设计卸料板压过斜面，以消除侧向力，保证压料稳定，如图 5-27 所示。

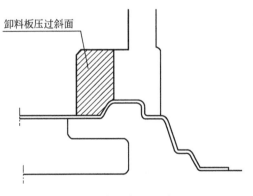

图 5-27　卸料板压过斜面

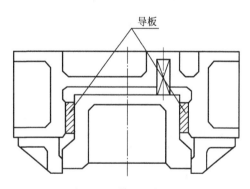

图 5-28　利用导板导向

5.6.2　卸料板的导向

① 一般情况下，大型和中型模具，利用导板导向，如图 5-28 所示；小型模具，利用小导柱/导套导向。

② 生产批量小的情况下，采用凹模镶块或导向块来导向，如图 5-29 所示。

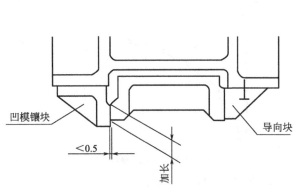

图 5-29 采用凹模镶块或导向块来导向

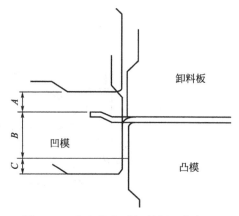

图 5-30 垂直翻边时卸料板工作行程

5.6.3 卸料板工作行程的确定

按垂直翻边与倾斜翻边两种情况来确定卸料板的工作行程。

(1) 垂直翻边时卸料板工作行程的确定

如图 5-30 所示,垂直翻边时卸料板工作行程为

$$S=A+B+C \tag{5-6}$$

式中 S——卸料板工作行程,$\geqslant 30mm$;
A——卸料板空行程,$\geqslant 10mm$;
B——翻边整形行程,mm;
C——刃口吃入量余量,$\geqslant 10mm$。

 经验

▶ 带有卸料板成型时取大一点;凹模刃口接触制件开始到成型完了为止,应注意前一工序的形状变化,其行程取最大值。

(2) 倾斜翻边时卸料板工作行程的确定

如图 5-31 所示,倾斜翻边时卸料板工作行程为

$$S=A+B \tag{5-7}$$

式中 S——卸料板工作行程,$\geqslant 30mm$;
A——卸料板空行程,$\geqslant 10mm$,带有卸料板成型时,$A=20\sim 30mm$;
B——翻边整形行程,mm。

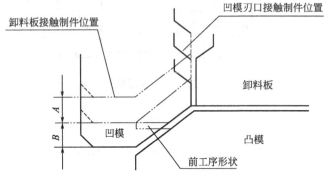

图 5-31 倾斜翻边时卸料板工作行程

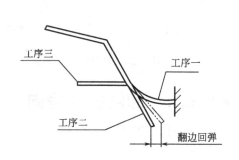

图 5-32 上道工序件的回弹量

➤ 设计卸料板行程时，注意要加上上道工序件的回弹量。如图 5-32 所示，在加工工序三时应加上工序二的回弹量。

5.6.4 卸料板的压力

卸料板的压力按式(5-8)计算。

$$F \geqslant aF_1 + F_2 \tag{5-8}$$

$$F_1 = \frac{\delta}{32} \times \frac{t}{0.8} \times L \tag{5-9}$$

式中 F——翻边整形开始点处卸料板的压力，N；
F_1——翻边成型所必需的压力，N；
F_2——平衡用压力，N；
a——系数，见表 5-6；
$\frac{\delta}{32}$——拉伸强度系数（普通钢板 32/32=1）；
$\frac{t}{0.8}$——板厚系数（板厚 0.8mm 以下取 1）；
L——翻边整形加工长度，mm。

表 5-6 系数 a 值

a	加工简图	备注	a	加工简图	备注
50		一个折弯	125		四个折弯
75		两个折弯	150		四个以上折弯
100		三个折弯			

注：1. 外部有限制时，即使折弯少于四个，a 仍然取 150。
2. 当产品有特殊技术要求时，可不按此表，应根据产品资料选取。

注意，此处卸料板的压力与 5.4.2 压料力的计算是有区别的。

5.6.5 卸料板与凹模的间隙

① 当翻边圆角 $R \leqslant 1$mm 时，卸料板与凹模的间隙为 0.5mm，如图 5-33 所示。

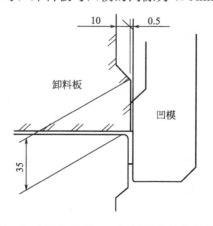

图 5-33 翻边圆角 $R \leqslant 1$mm 时卸料板与凹模的间隙

② 当翻边圆角 $R>1$mm 时，卸料板与凹模的间隙为 (1 ± 0.2)mm，如图 5-34 所示。

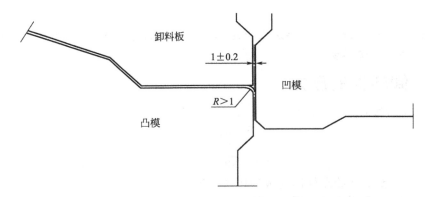

图 5-34　翻边圆角 $R>1$mm 时卸料板与凹模的间隙

③ 在卸料板倾斜的场合，卸料板与凹模的间隙为 (1 ± 0.2)mm，如图 5-35 所示。

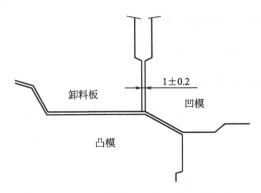

图 5-35　卸料板倾斜时卸料板与凹模的间隙

5.7　翻边顶出器的设计

汽车覆盖件翻边整形模常常使用翻边顶出器退料，方便适用。

5.7.1　翻边顶出器的设置

(1) 设置翻边顶出器的条件

① 以下两种情况，不是变薄翻边时，不设顶出器，分别如图 5-36(a) 和 (b) 所示。

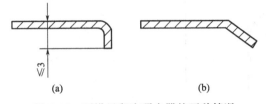

图 5-36　不设置翻边顶出器的两种情况

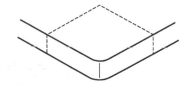

图 5-37　收缩翻边时使用翻边顶出器

② 翻边时制件有包凸模的倾向时使用翻边顶出器。
③ 收缩翻边时使用翻边顶出器，如图 5-37 所示。
④ 伸长翻边时使用翻边顶出器，如图 5-38 所示。

图 5-38　伸长翻边时使用翻边顶出器

图 5-39　形状变化大时使用翻边顶出器

⑤ 形状变化大时使用翻边顶出器，如图 5-39 所示。
⑥ 角部翻边（聚料）时使用翻边顶出器，如图 5-40 所示。

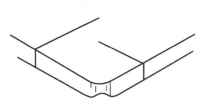
图 5-40　角部翻边（聚料）

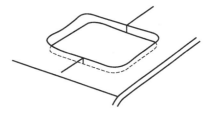
图 5-41　内孔翻边（聚料）

⑦ 内孔翻边（聚料）时使用翻边顶出器，如图 5-41 所示。

（2）翻边顶出器布置的位置

翻边顶出器的布置由顶出器的使用条件及制件形状决定，应考虑如下事项：
① 在形状比较平坦处布置，间隔在 600～700mm 之间，如图 5-42 所示。

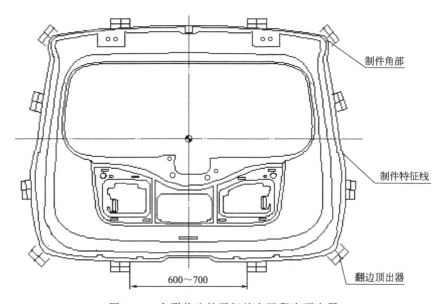
图 5-42　在形状比较平坦处布置翻边顶出器

② 考虑在放入或取出制件时没有干涉的位置（主要考虑躲开定位块）。
③ 向上翻边时，翻边顶出器可布置在上模上（但要考虑润滑是否方便等）。
④ 尽可能在角部布置，因为角部包件的可能性比较大。
⑤ 在刚性强的地方多设置。

（3）翻边顶出器布置实例

几种典型的汽车覆盖件翻边顶出器布置的实例见表 5-7。

表 5-7　几种典型的汽车覆盖件翻边顶出器布置的实例

名称	布置简图	名称	布置简图
前挡泥板	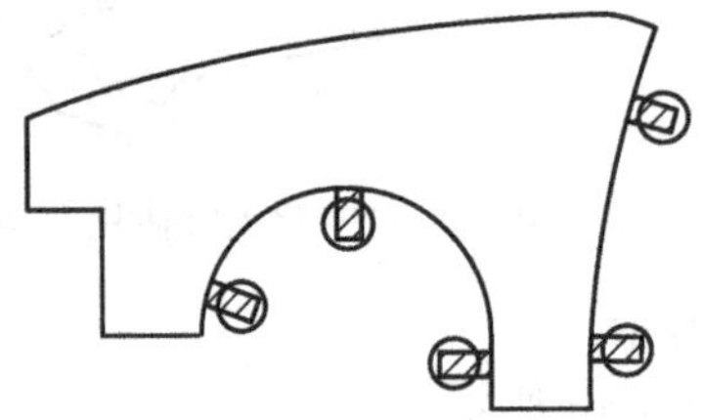	后挡泥板	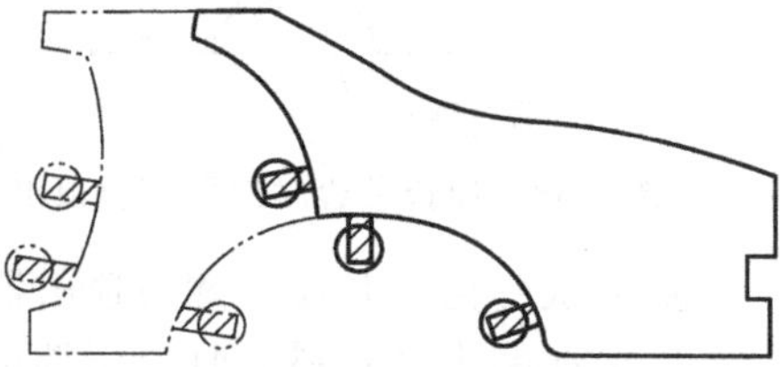
发动机罩外板	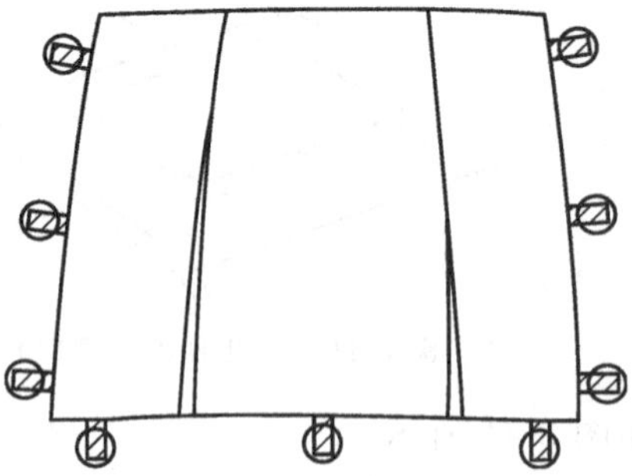	后盖门外板	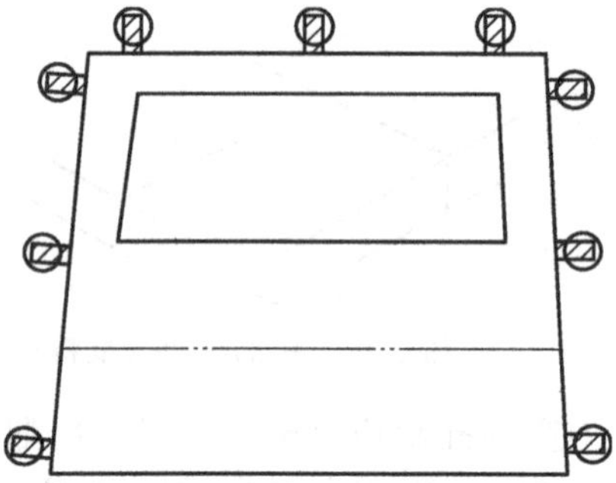
前门外板	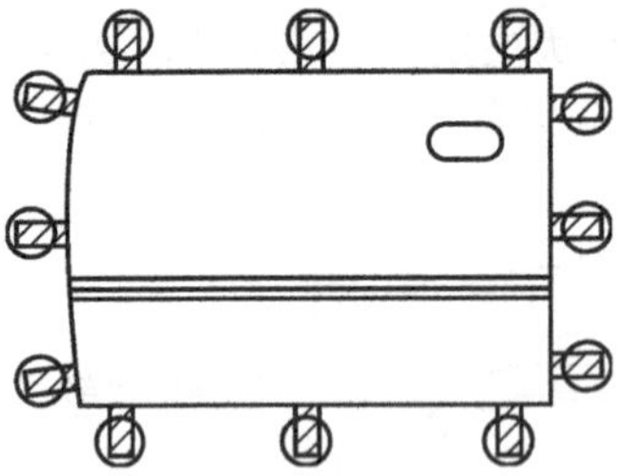	后门外板	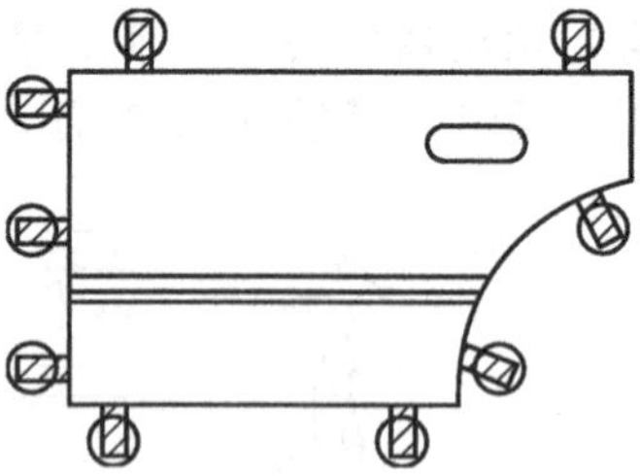
行李箱外板	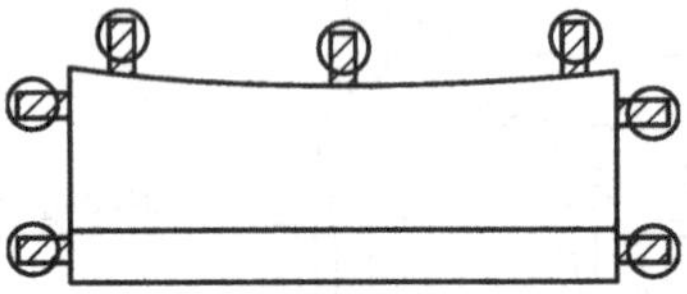	顶盖	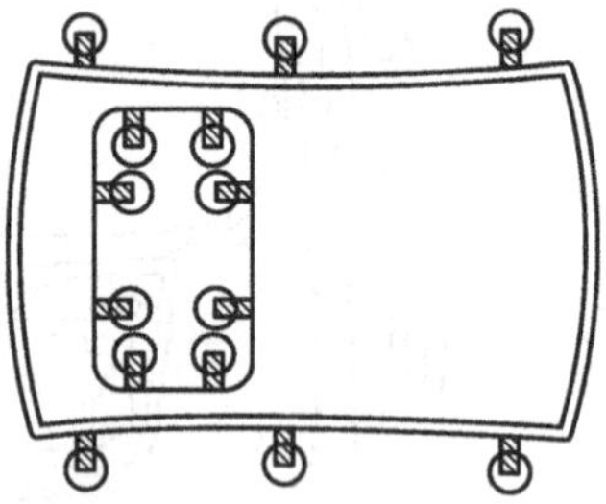

5.7.2　翻边顶出器的行程

翻边顶出器工作行程的设定，原则上为确保卸料板脱开制件后才允许翻边顶出器工作。

(1) 单动结构翻边顶出器

如图 5-43 所示，当 $P_s \leqslant 120\text{mm}$ 时采用单动结构翻边顶出器。

$$P_s = S + a + L \tag{5-10}$$

式中　P_s——翻边顶出器行程，mm；

　　　S——卸料板行程，mm；

　　　a——空行程，$\geqslant 10\text{mm}$；

　　　L——翻边高度，mm。

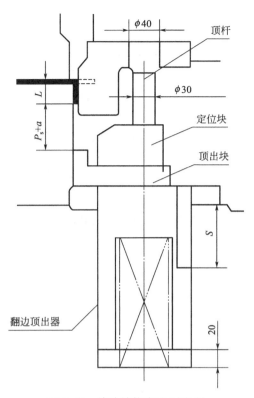
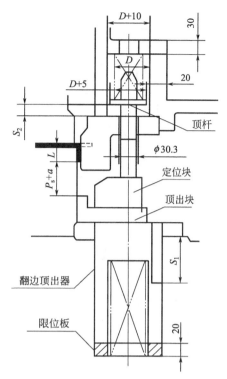

图 5-43　单动结构翻边顶出器　　　　图 5-44　双动结构翻边顶出器

（2）双动结构翻边顶出器

如图 5-44 所示，当 $P_s > 120\text{mm}$ 时采用顶杆为弹性结构的双动结构翻边顶出器。计算公式与式（5-10）相同。

当 $S_1 = 120\text{mm}$ 时，有 $S_2 = P_s - S_1$。

- 此种结构适用于翻边顶出器的行程较大的场合。
- 必须保证顶杆弹簧初载荷要大于翻边顶出器被压下 $L+10\text{mm}$ 时的顶出器弹簧载荷。
- 弹簧 B（上）弹力需大于弹簧 A（下）的弹力。
- 顶杆需高频淬火。

5.7.3　翻边顶出器的类型

① 套筒式如图 5-45 所示，这种结构采用标准件。
② 一体式如图 5-46 所示，这种结构的制件需要自制。
③ 气缸式（翻边不垂直时，使用这种形式）如图 5-47 所示。

5.7.4　翻边顶出器的附属件

主要有顶出块和定位块。

（1）顶出块

① 为了确保与制件同时接触并退件，顶出块形状与制件翻边形状线应当吻合。
② 顶出块将制件顶出后，其上平面不得超出上道工序板件平面，如图 5-48 所示。

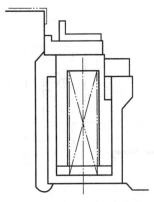

图 5-45 套筒式翻边顶出器

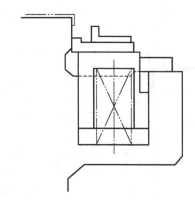

图 5-46 一体式翻边顶出器

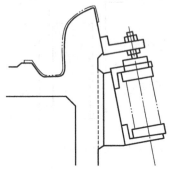

图 5-47 气缸式翻边顶出器

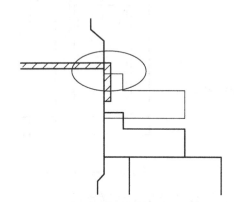

图 5-48 上平面不得超出上道工序板件平面

(2) 定位块

① 能够采用凸模形状定位的，一般不使用定位块定位（浅拉延件应设计定位用定位块）。

② 卸料板压住料时，要保证定位块上平面超过板件 5～10mm，如图 5-49 所示。

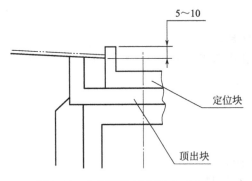

图 5-49 上平面超过板件 5～10mm

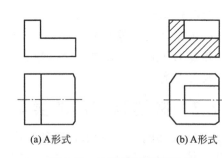

图 5-50 定位块的两种形式

③ 定位块的两种形式如图 5-50 所示。

④ 一般使用 A 形式。为使发动机外罩、门外板等覆盖件送料方便，侧面的翻边退料板使用 B 形式。另外，由形状决定位置的，不使用定位块。

5.7.5 翻边顶出器行程的确认

如图 5-51 所示，当卸料板距离制件 5mm 时，必须保证：

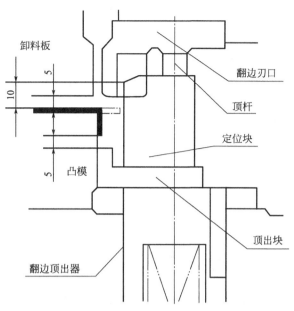

图 5-51 翻边顶出器行程的确认

① 翻顶出器的顶出块距制件翻边端部 5mm 以上。
② 定位块导向面距制件表面预留 10mm 以上。

5.8 翻边整形模刃口设计

包括凸模设计、凹模设计和凸、凹模镶块的固定以及凸、凹模镶块设计。

5.8.1 凸模设计

(1) 凸模的边缘尺寸

① 对于铸件，其边缘尺寸如图 5-52 所示。

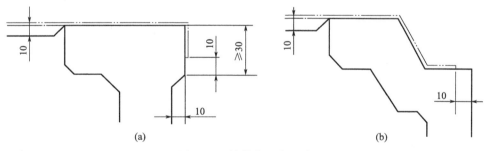

图 5-52 铸件的边缘尺寸

② 对于镶块，其边缘尺寸如图 5-53 所示。

(2) 凸模工作表面

① 一般情况下，要求工序制件定位稳定，操作方便，如图 5-54 所示。
② 对于翻边整形时出现制件易偏离的情况，定位面不受 80～100mm 的限制，整个型面作为定位面，如图 5-55 所示。
③ 在以下情况，凸模表面不得让开：

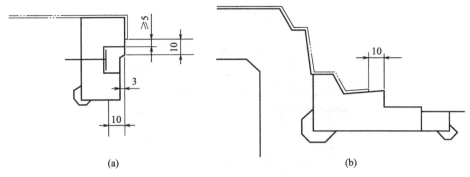

图 5-53 镶块的边缘尺寸

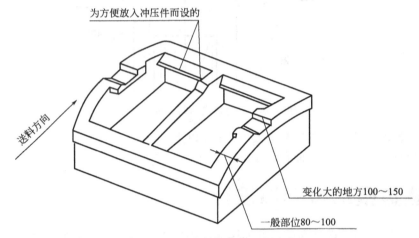

图 5-54 工序制件定位必须稳定

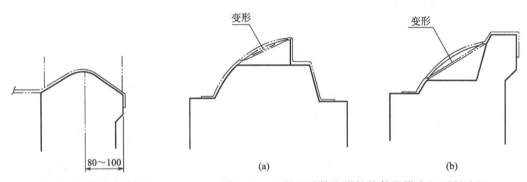

图 5-55 整个型面作为定位面　　图 5-56 细长以及易变形的部件凸模表面不得让开

a. 细长、易变形的部件整形时，如外轮罩、内轮罩、门下梁和支柱类等，如图 5-56 所示。

b. 整形部位（凸、凹台等）需很大压力时，如图 5-57 所示。

c. 当制件取不出来时，应设置顶料装置，卸料板整形部位的形状不得让开，如图 5-58 所示。

(3) 整体凸模的固定

① 一般情况下的整体凸模固定如图 5-59 所示。

② 内侧固定面积不够时，也可在凸模外缘固定，如图 5-60 所示。

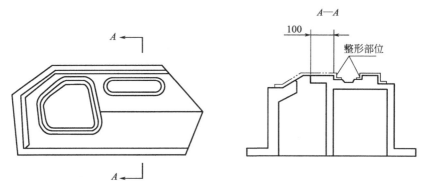

图 5-57 整形部位需很大压力时凸模表面不得让开

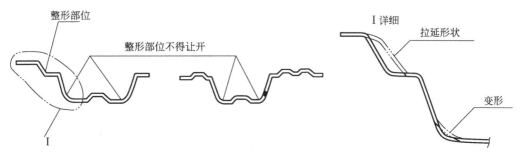

图 5-58 卸料板整形部分的形状不得让开

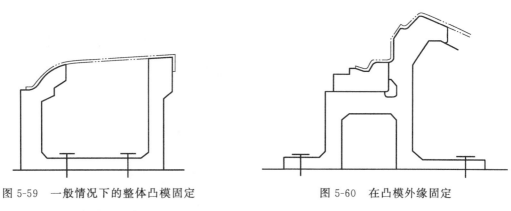

图 5-59 一般情况下的整体凸模固定　　图 5-60 在凸模外缘固定

③ 凸模外缘处的固定面积不够时，有时用反方向固定。但这样加工困难，因此应尽量避免采用此方法，如图 5-61 所示。

5.8.2 凹模设计

（1）铸造整体形式

如图 5-62 所示，当 $B \geqslant 1.5A$，$A > 60$mm 时，设加强筋，凹模圆角 R 需标注于模具图上。

（2）钢质整体形式

如图 5-63 所示，当 $B \geqslant 1.5A$，且 A 不小于 40mm 时，尺寸 C 及凹模 R 一定要在图纸中标出来。当材料厚度小于 1.6mm 时，使用 M12×40 螺钉及 ϕ12×40 销钉；当材料厚度大于 1.6mm 时，使用 M16×45 螺钉及 ϕ16×50 销钉。

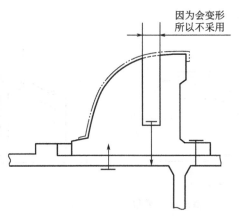

图 5-61 加工困难应尽量避免

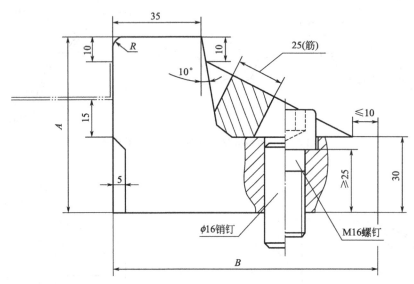

图 5-62 铸造整体形式凹模

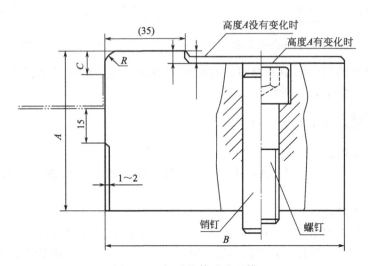

图 5-63 钢质整体形式凹模

(3) 铸块＋镶块形式

如图 5-64 所示，当 $B \geqslant 1.5A$ 时，凹模 R 一定要在图纸中标出来。使用 M12×40 螺钉及 ϕ12×40 销钉，螺纹孔不应透出有效型面。

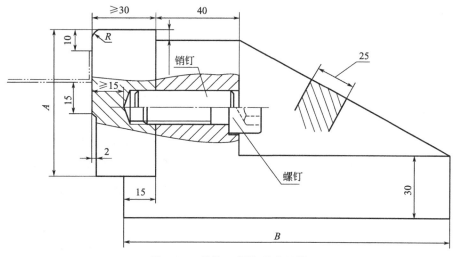

图 5-64 铸块＋镶块形式凹模

(4) 凹模圆角

如图 5-65 所示，凹模圆角 R 的取值范围：当 $t \leqslant 1.2$mm 时，$R=3$mm；当 $t>1.2$mm 时，$R=5$mm。

(5) 凹模刃口

① 如图 5-66 所示，为使凹模镶块同时与制件接触，即使翻边高度不同，进入量在冲压方向原则上也是一样的，但凹模的高度应比制件末端高出不小于 10mm。

② 倾斜凹模口形状：斜面很陡时，板料容易发生偏移，应先成型比较陡的倾斜部位，从 A 到 B 逐渐进入（前端进入量 A 最大），如图 5-67 所示。

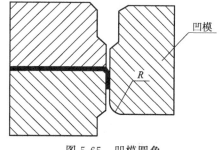

图 5-65 凹模圆角

③ 宽度小且制件两侧有翻边时：当制件宽度小，形状平滑且两侧有翻边时，两侧刃口

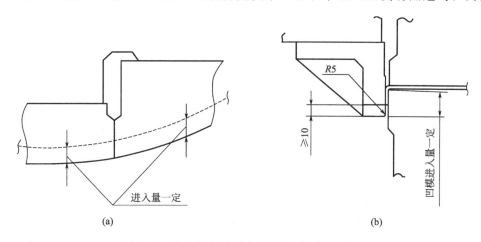

图 5-66 进入量在冲压方向原则上也是一样的

必须同时接触,如图 5-68 所示。

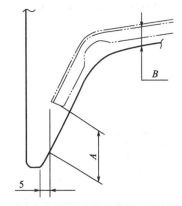

图 5-67 先成型比较陡的倾斜部位

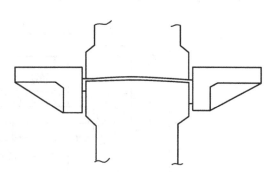

图 5-68 两侧刃口必须同时接触

④ 对镶块的强度有影响时:镶块的强度比较弱时,凹模 A 的刃口尺寸如图 5-69 所示。

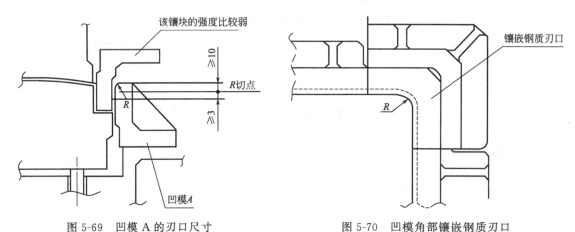

图 5-69 凹模 A 的刃口尺寸　　　　图 5-70 凹模角部镶嵌钢质刃口

⑤ 收缩翻边(收缩率 15% 以上),凹模角部镶嵌钢质刃口,如图 5-70 所示。

(6) 凹模镶块

① 根据型面起伏决定刃口镶块的结构形式,如图 5-71 所示。

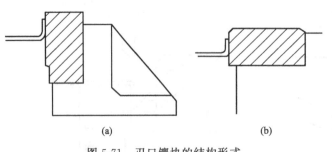

图 5-71 刃口镶块的结构形式

图 5-72 翻边高不足 5mm 时可以不加刃口镶块

② 如图 5-72 所示,翻边高不足 5mm 时,可以不加刃口镶块。

③ 镶块分割线要距离 R 切点 10mm 以上,刃口与模具中心线的角度大于 60°时,按模具中心线的平行线分割镶块,如图 5-73 所示;否则按刃口法向方向分割,如图 5-74 所示。

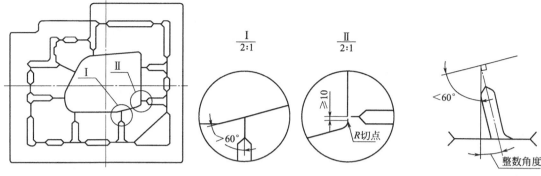

图 5-73 凹模镶块分割线

图 5-74 角度大于 60° 按刃口法向方向分割

④ 镶块分割线还要与凸模镶块分割线相距 10mm 以上（错开）。

⑤ 刃口镶块的反侧如图 5-75 所示。

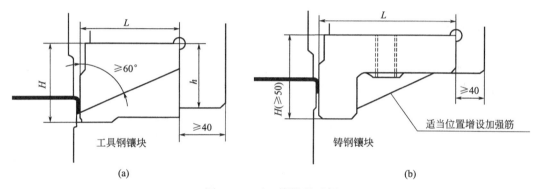

图 5-75 刃口镶块的反侧

图 5-75 中，$L \leqslant 400\text{mm}$；$H = 50 \sim 150\text{mm}$；$h \geqslant 20\text{mm}$；$L/H \geqslant 1.5$。

⑥ 凹模镶块必须有挡墙或止退键，图 5-76 所示的是采用止退键的形式。

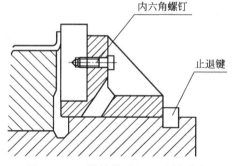

图 5-76 凹模镶块采用止退键形式

经验

➢ 镶块挡墙面应比镶块低 10mm 左右，这样保证镶块加工时，挡墙面不至于过切，如图 5-77 所示。

➢ 该条可以推广：尽量保证型面附件的安装面均低于型面 10mm 左右，以减少加工时间。

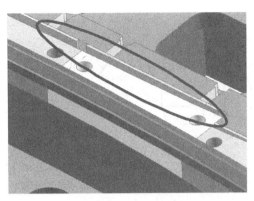

图 5-77　镶块挡墙面应比镶块低 10mm 左右

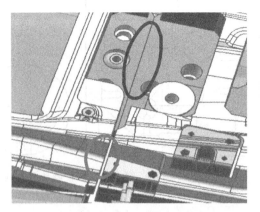

图 5-78　镶块与镶块的拼缝选在型面处

实例　镶块与镶块的拼缝应选在型面处，这样可以检查型面接合的连续性，如图 5-78 所示。

（7）凹模分块

凹模的分块分别取决于凹模形状、重量、长度及钳工配间隙工艺，具体如下。

① 为了方便加工制造，一般在平面上的直线部分分块，如图 5-79 所示。在 θ 及 R 特别小时，使钳工修角容易，应在 R 的切点以外分块。

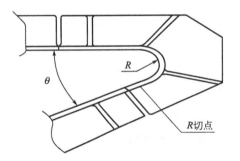

图 5-79　在平面上的直线部分分块

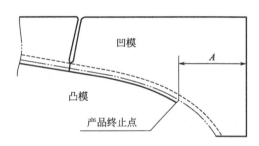

图 5-80　修改后的凹模端头

② 凹模端头为尖角时，沿产品终止点加出 A 尺寸，修改成如图 5-80 所示形状。其中 A 尺寸钢质不小于 15mm，铸铁不小于 25mm。

③ 在断面形状上的镶块分块参照下面两种情况：

a. 翻边线倾斜角度在 30°以下时，如图 5-81 所示。

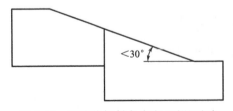

图 5-81　翻边线倾斜角度在 30°以下时

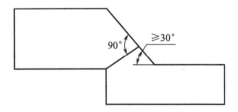

图 5-82　翻边线倾斜角度在 30°及以上时

b. 翻边线倾斜角度在 30°及以上时，如图 5-82 所示。

④ 凹模与底板的分块：从成本上考虑，希望采取整体方式，但当凹模与底板要求材质

不同或考虑试制时的调整，采取分块方式。

a. 一体式如图 5-83 所示。

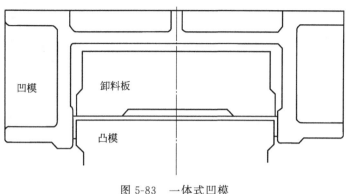

图 5-83　一体式凹模

b. 分块式如图 5-84 所示。

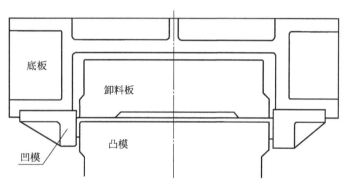

图 5-84　分块式凹模

⑤ 凹模与卸料板的分块：

a. 以制件材料外线分块，如图 5-85 所示。

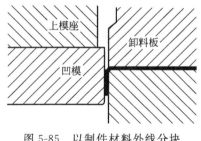 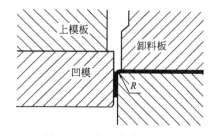

图 5-85　以制件材料外线分块　　　　图 5-86　在 R 切点处分块

b. 制件圆角 R 大时，在 R 切点处分块，如图 5-86 所示。

经验

➤ 一般考虑 $R \geqslant 5t$ 的部分，但对于料薄的制件，因为离开凹模时有可能变形，因此多数情况下不采用压弯的方法。

c. 翻边直线部分小于料厚的 2 倍时，在圆角 R 切点处分块，如图 5-87 所示。

d. 如图 5-88 所示，以制件弯曲点分块。

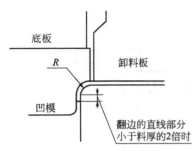

图 5-87 在圆角 R 切点处分块

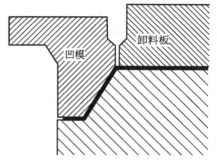

图 5-88 以制件弯曲点分块

(8) 凹模反侧

侧向力可造成翻边、整形刃口间隙变化，导致制件产生缺陷。

① 上、下压料结构造成侧向力。

技巧

➤ 模具为上、下压料结构时，必须设置消除侧向力的反侧块（或反侧凸台）。

② 刃口未设反侧凸台或反侧凸台高度不足。

技巧

➤ 考虑间隙调整，应设置导板，如图 5-89 所示。

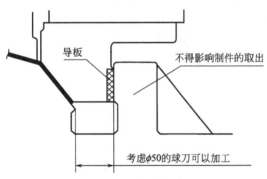

图 5-89 考虑间隙调整应设置导板

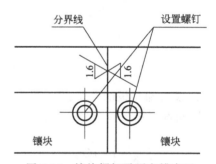

图 5-90 镶块螺钉需要交错布置

③ 铸造镶块刃口没有加强筋，造成刃口刚性不足。

技巧

➤ 增加加强筋。

5.8.3 凸、凹模镶块的固定

① 镶块螺钉交错布置，不要把螺钉排在一条直线上，如图 5-90 所示。
② 长度在 150mm 以下的镶块设置两个紧固螺钉和两个销钉，如图 5-91 所示。
③ 长度在 151~250mm 之间的镶块设置三个紧固螺钉和两个销钉，如图 5-92 所示。
④ 长度在 251~350mm 之间的镶块设置四个紧固螺钉和两个销钉，如图 5-93 所示。

技巧

➤ 如果既有正面螺钉，又有侧面螺钉且沿周翻边整形的情况，则镶块不需要都使用销

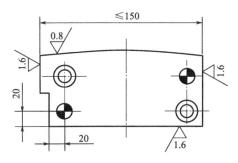
图 5-91 设置两个紧固螺钉和两个销钉

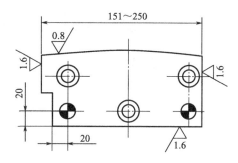
图 5-92 设置三个紧固螺钉和两个销钉

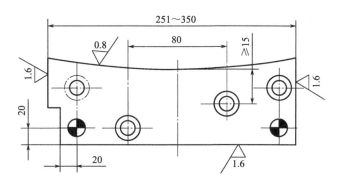
图 5-93 设置四个紧固螺钉和两个销钉

钉,可保留在四角的镶块使用销钉,如图 5-94 所示。

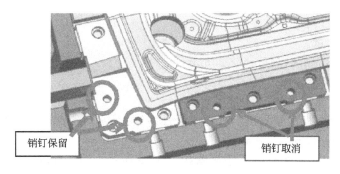
图 5-94 保留在四角的镶块使用销钉

5.8.4 镶块的尺寸大小

① 为了易于搬运及研合,单个镶块重量应小于 30kg。
② 铸造镶块长度 $L \leqslant 450mm$,锻造镶块长度 $L \leqslant 300mm$。

经验

➢ 镶块重量 $\geqslant 15kg$ 时要设置起吊螺孔,取放不方便的零部件至少设置一个 M12 起吊螺孔。
➢ 上模镶块定位销处要起台,便于设置丝堵。
➢ 镶块下方随形筋宽度不小于 50mm。

5.9　翻边整形模具的材料

（1）凸模与凹模的材料

表 5-8 列出了凸模与凹模的材料。

表 5-8　凸模与凹模的材料

料厚/mm	凸模		凹模	
	铸件	钢质镶块	铸件	钢质镶块
$t>2.5$		Cr12MoV		Cr12MoV
$1.2<t\leqslant 2.5$	合金铸铁	Cr12MoV 或 T10A		Cr12MoV 或 T10A
$t\leqslant 1.2$	MoCr 合金或 HT300	Cr12MoV 或 T10A	铸 CH-1	Cr12MoV 或 T10A

① 根据零件的料厚也可选用空冷钢（7CrSiMnMoV），热处理硬度 58～62HRC。

② 采用 Cr12MoV 镶块结构的镶块最小厚度为 60mm，镶块固定基体厚度保证 50mm 以上。

Cr12MoV 热处理硬度 58～62HRC。

③ MoCr 的表面淬火硬度不低于 50HRC。

（2）卸料板的材料

卸料板（上、下卸料板）的材料一般为 HT300。

5.10　面包车尾门内板零件翻边整形模具设计实例

工件名称：尾门内板。
生产批量：大批量。
制件尺寸：1338mm×1446mm×238mm。
制件材料：DC04。
材料厚度：0.80mm。

① "面包车尾门内板产品数模"可在出版社网站 www.cip.com.cn 中"资源下载"区下载，见文件"第 5 章 weimenneiban.igs"。

② 面包车尾门内板翻边整形工序简图如图 5-95 所示，为该件的 OP40 工序。

5.10.1　零件的工艺分析

该制件为汽车内覆盖件，经过拉延与修边冲孔后，制件形状呈 3D 曲面，表面质量精度要求比汽车外覆盖件低。

翻边整形是汽车覆盖件冲压的关键工序之一。汽车覆盖件上的翻边除焊接和装配的要求外，还可以增加汽车覆盖件的刚性与强度。整形能使汽车覆盖件表面及边缘光滑、整齐和美观。

由图 5-95 所示的工序简图可以看出，本工序所要完成的工作是：将制件在修边冲孔工序中的窗口部分翻边，靠近翻边部位整形，沿周边整形，中间部位也有 11 处需翻成 L 形至工序简图要求的翻边尺寸（见 3D 产品数模）。

本翻边整形工序模具的冲压方向如图 5-96 所示（该工序的冲压方向与该件 OP30 工序一致）。

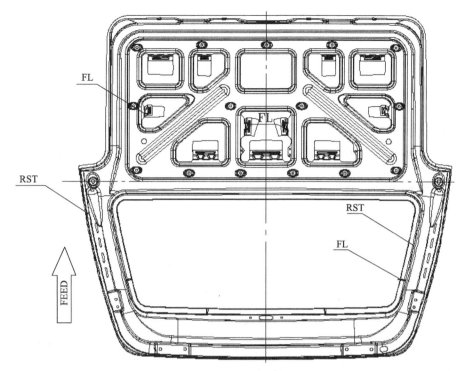

图 5-95　面包车尾门内板翻边整形工序简图

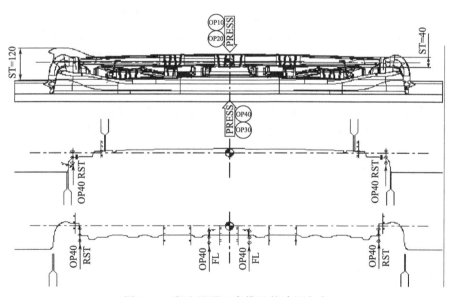

图 5-96　翻边整形工序模具的冲压方向

"面包车尾门内板工程图（DL 图）"可在出版社网站 www.cip.com.cn 中"资源下载"区下载，见文件"第 5 章　尾门内板 DL.dwg"。

5.10.2　冲压力的计算

(1) 翻边成型力的计算

按表 5-3 中序号 6 有

$$F_{翻} = Lt\sigma_b$$

加工轮廓线长度 L 约为 3092mm；板料厚度 t 为 0.80mm；材料抗拉强度 σ_b 为 350MPa。

代入上式得

$$F_{翻} = \times 3092 \times 0.80 \times 350 \approx 866\text{kN}$$

由于中间部位 11 处需要翻成 L 形的轮廓上有加强筋，因此模具需要墩死。此时的翻边成型力应取计算值的 1.5～2 倍，所以

$$F_{翻} = (1.5 \sim 2) \times 866 = 2 \times 866 = 1732\text{kN}$$

(2) 压料力的计算

压料力一般为翻边成型力的 15%～30%，由于该制件为内板件，因此按式(5-4) 有

$$F_{压} = (0.15 \sim 0.2)F_{翻} = 0.2 \times 1732 = 346.4\text{kN}$$

(3) 翻边整形力的计算

按式(5-5) 有

$$F_{整} = Sq$$

整形部分的投影面积 S 约为 35920mm^2；整形所需的单位压力 q，由于 $t<3$mm，查表 5-4 有 $q=80\sim100$MPa（按 08 钢～20 钢选取）。因此得到

$$F_{整} = 35920 \times 90 \text{（平均值）} \approx 3232.8\text{kN}$$

5.10.3　翻边整形模具结构设计

冲压工艺方案确定以后，通过分析选择合理的模具结构及部件，使其能够满足的要求是：能冲出符合技术要求的制件；能满足大批量生产的需要；模具制造、维修方便；模具易于安装、调试和使用；模具有足够的寿命等。

① 由于面包车尾门内板制件窗口翻边与中间部位 11 处的翻边高度差不大，并且翻边方向相同，整形也是如此，因此采用垂直翻边整形形式。这类冲模的特点是结构简单，凸模（或凹模）作上、下垂直运动。制件翻边后包在凸模上，退料时退料板或翻边顶出器要顶住翻边边缘，以防止制件变形。

② 该翻边整形模具使用单动压力机。

③ 该模具长度>1500mm，上模座与下模座采用导向腿（导板）导向。

④ 采用上卸料板和下卸料板同时使用，主要考虑向下翻边时的上压料力。

⑤ 上卸料板可在上模座内上、下运动，采用导板导正，侧销限位；下卸料板可在下模座内上、下运动，同样采用导板导正，侧销限位。

⑥ 由于模具是正装结构，所以模具的出件方式为上方出件，利用顶料组件，通过顶料用镶块将制件推出。

⑦ 压料高度 650mm。

⑧ 由于该模具为上、下压料结构，必须设置消除侧向力的反侧块（或反侧凸台）。

5.10.4　翻边行程的确定

由于面包车尾门内板制件窗口翻边与中间部位 11 处的翻边高度不相同，窗口翻边最短，应按翻边高度最长处考虑，刃口吃入量在冲压方向上应相同，即保证同时翻边。因此最终确定其翻边行程为 65mm。

5.10.5　上模及下模刃口设计

对于大型不规则冲压件，尤其是汽车覆盖件的翻边刃口，通常采用镶块结构。本翻边整形模具窗口部分凸、凹模刃口采用镶块结构。

① 上模及下模刃口镶块材料：本翻边整形模具的翻边整形上、下模刃口分别选用 ICD-

5与7CrSiMnMoV材料，是比较理想的刃口镶块材料。ICD-5材料用在镶块拼接，数控加工后淬火硬度可达到58HRC；7CrSiMnMoV材料用在11处翻边部位，淬火硬度可达到62HRC。

② 上模及下模刃口镶块的划分：刃口镶块长度≤300mm，直线部分长些，形状复杂和拐角处的镶块取短些。根据不同部位高度，镶块支承面可取不同高度，但必须能满足翻边整形要求。镶块之间的配合间隙为不大于0.03mm。曲线与直线连接时，接合面尽可能取在直线部位；镶块为便于加工和安装，应尽量设计成矩形。图5-97和图5-98所示为上模和下模镶块拼接结构。

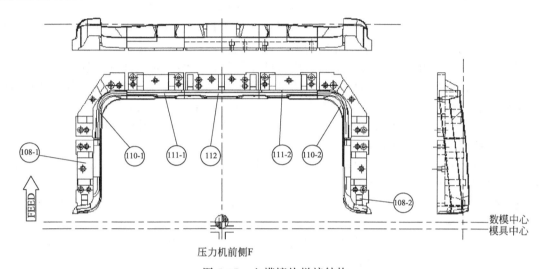

图5-97 上模镶块拼接结构

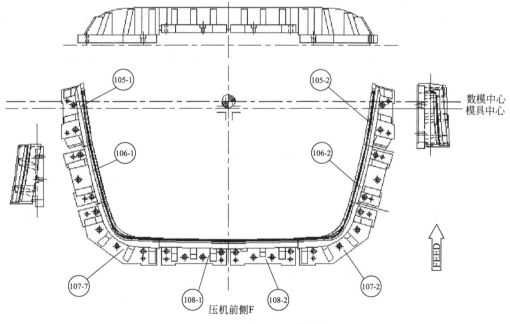

图5-98 下模镶块拼接结构

③ 外轮罩、内轮罩、门下梁和支柱类等细长、易变形的部件整形时，上模表面不得让开。

④ 整形部位（凸、凹台等）需很大压力时，上模表面不得让开。

⑤ 上模及下模刃口镶块的固定：为防止镶块受侧向力而发生位移，在镶块后设计挡墙，如图 4-42(c) 所示。每个镶块采用销钉定位，螺钉连接。一般在其上面设置 2 个销钉，规格为 $\phi 16\times 40$，布置在镶块的后侧，孔距尽量大；设置若干个螺钉（利用沉头孔安装），布置在刃口一侧，规格为 $M16\times 55$。

5.10.6 卸料板的设计

一般的汽车覆盖件，经过冲压加工后都存在不同程度的弹性变形，而且这种弹性变形在模具设计、制造中要想消除是很困难的。由于弹性变形的结果，使冲压件与按理想形状的模型制造的定位面不相符合，从而导致翻边整形尺寸的不稳定。空间翻边制件易移动，为了保证冲压件质量的稳定，在确保定位可靠的情况下，利用卸料板将制件强行压贴到凸模上，使制件不能产生位移。卸料板同时起定位和压料两个作用。本例则采用此卸料板。

大型汽车覆盖件的卸料板多采用实型铸造结构。此种结构既可节省材料，通过铸造得到较复杂的内、外部结构，又可减少加工余量，缩短铸件及型面加工周期，大大降低成本。

① 本模具上卸料板采用实型铸造结构，材质为 GM246。上卸料板周圈料型面采用仿形制造，与上模座的导向采用八块导板导向。

"面包车尾门内板翻边整形模具上卸料板零件图"可在出版社网站 www.cip.com.cn 中"资源下载"区下载，见文件"第 5 章　上卸料板.dwg"。

② 同样，下卸料板也采用实型铸造结构，材质为 GM246。下卸料板周圈料型面采用仿形制造，与下模座的导向采用八块导板导向。

"面包车尾门内板翻边整形模具下卸料板零件图"可在出版社网站 www.cip.com.cn 中"资源下载"区下载，见文件"第 5 章　下卸料板.dwg"。

③ 当制件取不出来时，应设置顶料装置，卸料板整形部位的形状不得让开。本模具由于翻边高度不大，因此采用了顶料组件。

④ 卸料板的压紧力选用氮气弹簧，本模具上卸料板使用 15 个氮气弹簧；下卸料板使用 16 个氮气弹簧。

⑤ 卸料板的型面实质也是定位面，应按制件表面的模型研符，研符率≥70%。

⑥ 为保证在翻边整形时制件不产生位移及滑动，除要求氮气弹簧有一定的预压量外，还要使卸料板有适当行程。本模具取上卸料板的行程 80mm，下卸料板的行程 63mm。

5.10.7 制件的定位

合理确定制件在模具中的定位，是模具设计中至关重要的环节之一。它既关系到产品的质量是否稳定、可靠，又直接影响到操作者的操作是否简单、方便及模具的使用寿命。

翻边整形件的定位主要从以下几个方面考虑：

① 形状定位。对于翻边整形时出现制件易偏离的情况，一般是利用压料面作为定位面。

② 一般拉延件都是空间曲面变化复杂的覆盖件，其外形已满足了定位的要求。

③ 用拉延时冲或穿的工艺孔（或修边冲孔工序中的孔）定位。操作者用工艺孔套定位销比较麻烦，并且拉延模还要增加冲或穿工艺孔结构，制造比较复杂，应尽量少采用。

因此，本工序模具利用拉延件工序形状，采用符型定位的方法定位，既安全可靠，又方便操作。

5.10.8 模具导向及限位设计

在汽车覆盖件模具中，普遍使用导向腿（导板）＋导柱（导套）的结构，作为模具的导向。

① 为保证翻边及整形的凸、凹模间隙，上、下模座导向精度要求高，且稳定性要好，使用导板导正，作为模具的导向。上、下模座导向间隙为（0.03±0.02）mm。

② 上卸料板可在上模座内上、下运动，为保证其与上模座保持一定的配合间隙，采用导板导正，在上卸料板的四周共设置八块导板，与上模座内的导滑面滑配，导向间隙为（0.08±0.02）mm。

③ 同样，下卸料板可在下模座内上、下运动，为保证其与下模座保持一定的配合间隙，采用导板导正，在下卸料板的四周共设置八块导板，与下模座内的导滑面滑配，导向间隙为（0.08±0.02）mm。

④ 目前，在汽车覆盖件模具中使用最广泛的是采用侧销限位，它具有安全、可靠、方便等综合特点。本翻边整形模具便采用侧销限位，上卸料板使用六个，其中两个安全侧销，四个工作侧销；下卸料板使用四个安全侧销。

5.10.9 模架设计

（1）模具外形尺寸

根据实际制件尺寸和在大批量冲压生产线中，要求全工序模具外形尺寸及闭合高度应尽可能相同，这样既可便于压力机的选择，有利于模具的安装，又方便模具的存放和管理，因此本翻边整形模具外形尺寸为长×宽×高＝2470mm×1910mm×100mm。

（2）上、下模座

上、下模座采用实型铸造结构。

上、下模座材料为 HT300。

上、下模座设计有用于模具运输的运输连接板用螺纹，规格为 M12×50，共四个。

上、下模座设计有与压力机工作台 T 形槽距离相同的压板槽（数量不相同），方便模具安装。

上、下模座设计有起重孔，为四个，其位置在四个角上。

"面包车尾门内板翻边整形模具上模座零件图"可在出版社网站 www.cip.com.cn 中"资源下载"区下载，见文件"第5章 上模座.dwg"。

"面包车尾门内板翻边整形模具下模座零件图"可在出版社网站 www.cip.com.cn 中"资源下载"区下载，见文件"第5章 下模座.dwg"。

5.10.10 设备的选择

工厂（公司）现有冲压设备状况，不但是模具设计时选择设备的依据，而且对工艺方案的设计有直接影响。冲压设备的类型、规格、先进与否是确定工序组合程度、选择各工序压力机型号、确定模具类型的主要依据。

冲压设备（压力机）的选择应根据冲压工序的性质、生产批量的大小、冲压件的几何尺寸和精度要求、模具的外形尺寸以及现有设备等项内容综合考虑后进行选择。

（1）选择压力机的先决条件

① 所选压力机的公称压力必须大于冲压所需总冲压力，即 $F_{压机} > F_{总}$。

② 压力机的行程大小应适当。

③ 所选压力机的闭合高度应与冲模的闭合高度相适应。

④ 压力机工作台面的尺寸必须大于模具下模座的外形尺寸，还要留有安装固定余量。

（2）一些数据

① 制件下料尺寸 1720mm×1630mm×0.80mm。

② 制件重 8.50kg。
③ 坯料重 18.10kg。
④ 材料利用率为 46.9%。

(3) 压力机的选用

包括选择压力机类型和压力机规格两项内容。

根据模具闭合高度及模具外形尺寸要求，本模具选用的压力机规格为 J36-800（闭式双点单动压力机）。

其主要计算参数为：公称压力 800t；滑块行程 500mm；最大装模高度 990mm；最大装模高度调节量 500mm；滑块底面尺寸（左右×前后）3640mm×1550mm。

5.10.11 面包车尾门内板翻边整形模具装配图、模具零件明细表及部分零件图

①"模具装配图（3D）"可在出版社网站 www.cip.com.cn 中"资源下载"区下载，见文件"第 5 章 mujuzhuangpeitu.part"。

②"模具装配图（2D）及模具零件明细表"可在出版社网站 www.cip.com.cn 中"资源下载"区下载，见文件"第 5 章 模具装配图.dwg"。

③"面包车尾门内板翻边整形模具部分零件图"可在出版社网站 www.cip.com.cn 中"资源下载"区下载，见文件"第 5 章 模具零件图.dwg"。

第6章 汽车覆盖件斜楔模具设计

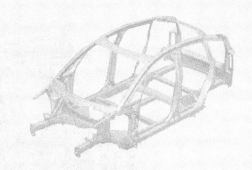

6.1 斜楔模具概述

斜楔模具是通过斜楔机构,将垂直运动改变为水平运动或者倾斜运动,最终完成垂直冲压不能完成的工作(如侧冲孔、侧翻边等)的冲压模具。图 6-1 所示是斜楔冲孔模具。

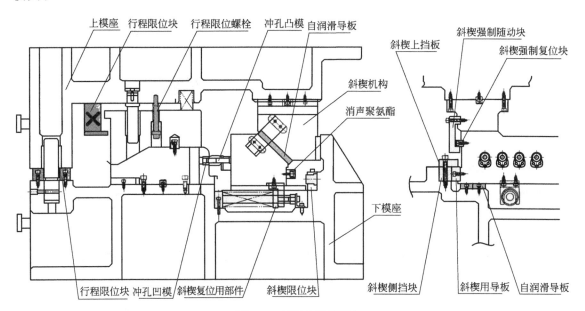

图 6-1 斜楔冲孔模具

图 6-2 所示是几种典型的斜楔机构。

斜楔机构只有在工艺和设计上无法避免时才可以采用。特别要注意,斜楔机构优先考虑用在下模上(普通斜楔机构),如不允许,才考虑安排在上模(悬吊斜楔机构)。悬吊斜楔机构只允许固定在上模上。图 6-3 所示是斜楔机构不同位置安放示意。

图 6-3 中 G 表示滑块的运动方向。

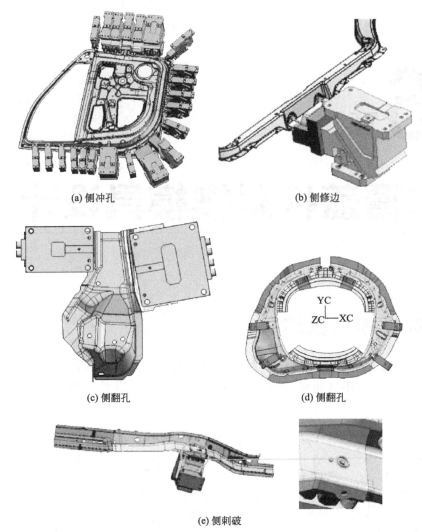

(a) 侧冲孔 (b) 侧修边
(c) 侧翻孔 (d) 侧翻孔
(e) 侧刺破

图 6-2 几种典型的斜楔机构

6.1.1 斜楔模具的类型

斜楔模具的类型按照滑块的附着方式可以分为普通斜楔模具、悬吊斜楔模具和旋转斜楔模具三大类。

(1) 普通斜楔模具

图 6-4 所示是普通斜楔模具。普通斜楔机构中的斜楔设计成斜面，反侧块也做成滑动机构。

如图 6-5 所示的悬吊斜楔模具，滑块等件是安装在下模座上的。

普通斜楔机构的滑块等件，一般附着在下模，使设计和运动相对比较简单。但有些情况，滑块等件附着在下模座时，制件的送入和取出不方便，或者影响模具其他功能的实现，此时应考虑采用悬吊斜楔机构。按照滑块的运动方式，普通斜楔机构又可以分为水平斜楔机构（见图 6-6）和倾斜斜楔机构（模具本体与滑块接触面为斜面，见图 6-7）两种。

水平斜楔机构适用于加工方向为 $80°\leqslant \alpha \leqslant 100°$，即加工方向为水平方向向上倾斜 $10°$ 和向下倾斜 $10°$ 的范围；滑块作向下倾斜运动称为正向倾斜斜楔机构（一般 $\alpha<80°$），滑块作向上倾斜运动称为逆向倾斜斜楔机构（一般 $100°<\alpha\leqslant 105°$）。

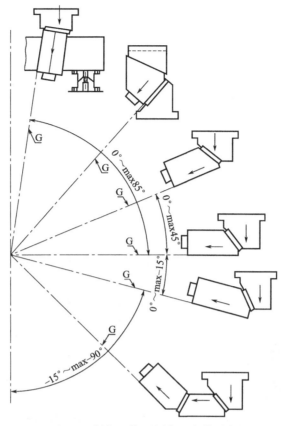

图 6-3 斜楔机构不同位置安放示意

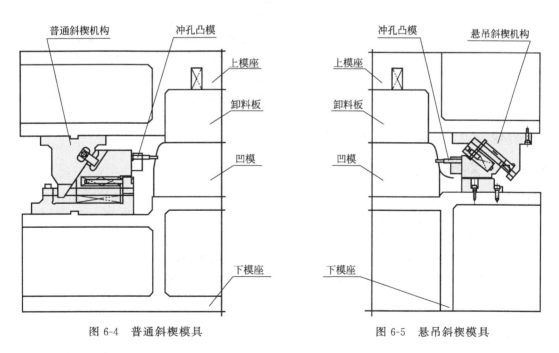

图 6-4 普通斜楔模具　　　　　　　图 6-5 悬吊斜楔模具

(2) 悬吊斜楔模具

图 6-8 所示是悬吊斜楔模具的斜楔机构，是安装在上模座上的，模具工作完成后随上模

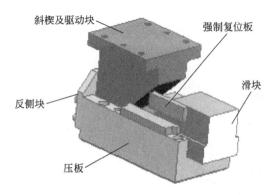

图 6-6 水平斜楔机构

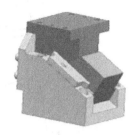

图 6-7 倾斜斜楔机构

上行。

悬吊斜楔机构必须保证无废屑沉积在驱动面上。驱动面为棱形。斜楔导向装置不用销定位而是用肩或键来控制。填充斜楔驱动楔的厚度需打印标记,便于维修。

(3) 旋转斜楔模具

在汽车覆盖件模具设计过程中,经常会遇到负角成型。若使用普通的成型模具,成型以后,制件包在凸模上,制件取不下来。旋转斜楔模具是利用旋转斜楔机构,通过凸模的旋转,在负角成型完成后,达到顺利取出制件的目的,图 6-9 所示是旋转斜楔模具局部。

图 6-10 所示是旋转斜楔模具的旋转斜楔机构。当斜楔运动时可以带动飘动块,实现一次完成有负角度的翻边成型或弯曲等动作。

对于需要负角成型的汽车钣金件,旋转斜楔机构比以往的普通斜楔机构具有较大的优势,

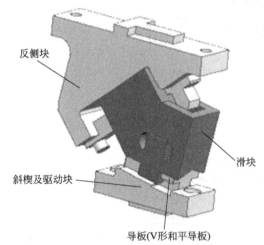

图 6-8 悬吊斜楔机构

特别是在汽车车门、立柱、翼子板、侧围、顶盖、行李箱外板、机罩外板等带有负角成型部位的应用。

旋转斜楔模具有替代双动斜楔模具的趋势。

6.1.2 斜楔模具的结构

斜楔模具能够完成垂直冲压不能完成的工作,适用于要求形状和位置精度比较高的制件,其结构比一般模具结构复杂。

(1) 斜楔机构的组成及作用

由图 6-6 和图 6-8 可以知道,斜楔机构主要由斜楔、滑块和附属装置三部分组成。

斜楔:称为主动斜楔,工作中起施力体作用,是主动件,它驱动滑块向前作动,一般安装在上模座上。

滑块:称为工作斜楔,为受力体,是从动件,安装工作部件,如冲头、修边刀和翻边凸模等,一般安装在下模座上。

附属装置:包括反侧板、压板、导板(导轨)、弹簧(氮气弹簧或气缸等)、螺钉等,起斜楔机构附着、导向、回程以及平衡等作用。

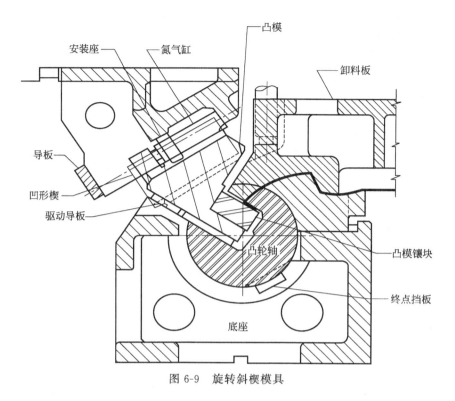

图 6-9 旋转斜楔模具

图 6-10 旋转斜楔机构

(2) 斜楔机构的特点

① 普通斜楔：与将产品悬挂加工方式比较，产品的稳定性、作业性好。但由于结构复杂，模具成本高。在翻边等工序，需充分考虑制件的取出问题。

② 倾斜斜楔：水平斜楔不能加工时采用。

③ 悬吊斜楔：加工方向倾斜较大，用倾斜斜楔不能加工时使用。作业性好，且适合多工位转换加工，主要问题是刃口研配困难。

④ 旋转斜楔：简化模具结构，减少冲压工序，精确性提高并更稳定。占用空间比较大，

而且结构复杂，对于模具的强度有影响，加工、研配时间较长。

综上所述，斜楔机构的特点还有：

① 比较容易安装在汽车覆盖件模具上。

② 因为在滑动面填充了润滑剂，因此能防止胶合，无需另行加油（初期加入少量甘油可以延长其使用寿命）。

③ 工作一个周期后，由强制复位块和弹簧（或氮气弹簧等）安全地复位。

④ 结构紧凑，减小安装面积。

⑤ 其结构具有很高的强度和耐用性。

⑥ 使用导板及氮气弹簧，提高斜楔机构的使用寿命及加工能力。

⑦ 部分结构采用了 V 形导块结构，使用更方便。

（3）斜楔机构的工作过程

以普通斜楔机构为例，说明斜楔机构的工作过程。

压力机滑块向下垂直运动，带动安装在上模座上的斜楔（驱动件），推动安装在下模座或安装件上的斜楔滑块（从动件）作水平运动（向左或向右），由安装在斜楔滑块上的工作部件（凸模等）与安装在下模座上的工作部件（凹模等），完成水平方向的加工任务，如修边、翻边、弯曲、冲孔及切口等工序。

压力机滑块回程时，斜楔滑块由强制复位块和弹簧（或氮气弹簧等）安全地复位。

一个工作循环结束后，再进行下一个工作循环。

（4）斜楔机构编号规则

① 模具上的所有斜楔机构均需要编号标识，统一印在斜楔机构各部分的显著位置，如图 6-11 和图 6-12 所示。

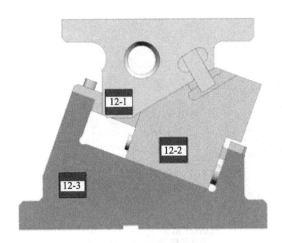

图 6-11　普通斜楔机构

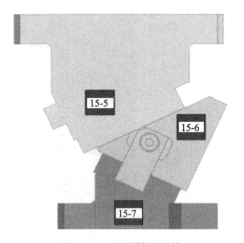

图 6-12　悬吊斜楔机构

② 斜楔机构的编号规则和镶块编号规则相同。

③ 标识需要用标准钢印雕刻在斜楔机构上。

（5）斜楔模具的尺寸参数

斜楔模具铸件最小壁厚如图 6-13 所示，尺寸参数见表 6-1。

表 6-1　斜楔模具铸件最小壁厚尺寸参数　　　　　　　　　　　　　　　　mm

符号	A	B	C	D	E	F	G	H	I
尺寸	45	40	40	45	35	35	40	35	35

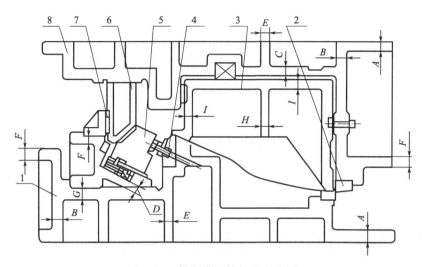

图 6-13 斜楔模具铸件最小壁厚
1—下模座；2—镶块；3—卸料板；4—镶套；5—滑块；6—斜楔；7—导板；8—上模座

6.1.3 斜楔模具的导向与导向间隙设计

(1) 斜楔模具的导向

斜楔模具导向要求比较高，特别是侧冲孔、侧修边等，因为修边冲孔的间隙都很小，所以这样的模具一般都是导柱加导向腿（导板）的导向形式。

上、下模座导向：所有导向均采用铝青铜本体带石墨润滑导板及导柱、导套。

斜楔机构导向：可采用铜本体带石墨润滑导板或烧结导板等导向。

卸料板一般是用导板导向，如果有特殊要求的可以增加导柱导向（或根据客户具体要求设计）。

卸料板和下模之间也可以设计增加锥形定位块，以提高卸料板的导向精度。

有关卸料板的导向，详见 6.10.4 卸料板的导向。

(2) 导向间隙

斜楔模具各相对滑动部件的间隙见表 6-2。

表 6-2 斜楔模具各相对滑动部件的间隙　　　　　　　　　　　　　　　　mm

类型	滑动部位	成型类模具	剪切类模具
单动斜楔	基体-滑块	0.03±0.02	0.03±0.02
	盖板-滑块	0.10±0.03	0.10±0.03
	卸料板-滑块	0.10±0.03	0.10±0.03
	卸料板-盖板	0.10±0.03	0.10±0.03
复合斜楔	本体-基体	0.03±0.02	0.03±0.02
	盖板-基体	0.10±0.03	0.10±0.03
悬吊斜楔	强制回位	0~0.03	0~0.03
普通斜楔	强制回位	0.5~1.0	0.5~1.0

此间隙指料厚 0.5~1.6mm 制件的斜楔加工结构的单面间隙。

➢ 悬吊斜楔卸料板部位的间隙为 (0.03±0.02)mm。

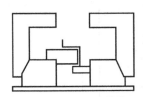

图 6-14 开花斜楔结构

➢ 卸料板承受上偏力时，盖板会受力，此时的卸料板与盖板的间隙为 (0.05±0.02)mm。

➢ 由于回位弹簧等的影响，滑块有上下翘动的可能时，此时间隙采用 (0.05±0.02)mm。

➢ 使用两个普通斜楔组成开花斜楔结构时（见图 6-14），由于有双方间隙的影响，因此即使仅用作弯曲结构，也应使用剪切结构的间隙。

6.2 斜楔模具的设计流程与设计要点

6.2.1 斜楔模具的设计流程

如图 6-15 所示是斜楔模具的设计流程示意。

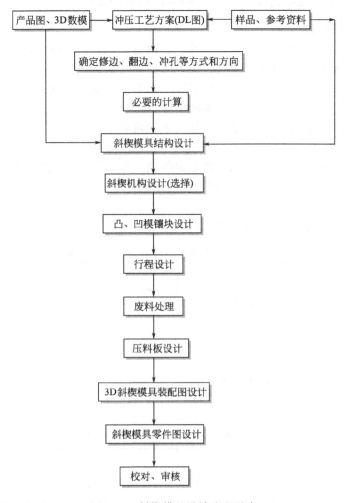

图 6-15 斜楔模具设计流程示意

在实际模具设计过程中，上述的斜楔模具的设计流程并没有严格的先后顺序，这些步骤往往是交错进行的。

6.2.2 斜楔模具的设计要点

(1) 阅读资料

在进行斜楔模具设计之前，必须阅读以下资料。

① 覆盖件产品图　覆盖件产品图（2D 和 3D 图）是所有工序生产的依据。在设计斜楔模具之前，要仔细认真地阅读覆盖件产品图，充分理解产品设计思想、产品的各项功能和技术质量要求，并预计或设想修边冲孔时哪些因素会对产品质量产生不良影响。

② 覆盖件产品 DL 图　结合覆盖件产品图，认真研究覆盖件 DL（2D 和 3D）图，明确修边（或翻边）部位、修边（翻边）方向和冲孔部位与方向，以及该工序与前、后各道工序之间的关系等。预防可能出现的问题，这对斜楔模具设计是非常重要的。

(2) 产品质量问题分析

认真研究覆盖件冲压工艺文件，参考工序样件（如果有），结合斜楔模具的特点，对修边（或翻边、冲孔等）时可能会产生的质量问题进行分析、对比，并制定在模具结构、修边（或翻边、冲孔等）方式和内容以及镶块轮廓形状等方面的应对措施。

(3) 资料准备

准备好有关的斜楔模具设计所需的参考资料，如以往的类似件的斜楔模具图样、模具国家标准、行业标准、企业标准、标准件与通用件样本，还应具备冲压件的公差、产品所用板材的各项性能参数以及客户要求等。

(4) 设计要点

① 修边、翻边（整形）及冲孔方向　对冲压工艺文件给出的修边、翻边（整形）及冲孔方向进行确认，修边、翻边（整形）及冲孔方向要能够保证修边、翻边（整形）及冲孔等加工的顺利进行，能保证修边、翻边（整形）及冲孔工序件的质量要求。

② 斜楔模具结构　首先根据修边（或翻边、整形、冲孔等）部位和方向，确定斜楔机构在模具中的摆放位置和定位方式，然后确定其模具结构。

③ 斜楔机构设计（选择）　在设计斜楔模具时，首先根据工艺要求，设计（选择）相应的斜楔机构类型，主要是斜楔和滑块设计。准确计算斜楔和滑块的行程及回位力，确定采用哪种滑块的回位方式。选择斜楔时，尽可能用标准结构，或客户指定的斜楔机构。

④ 斜楔机构行程设计　应按不同的情况确定其行程。修边与翻边及冲孔等的斜楔机构行程要求是不同的。

⑤ 凸、凹模镶块设计　根据不同模具类型（修边、翻边、整形及冲孔等），确定凸模和凹模镶块的分块及端面形状与安装位置。特别是斜楔机构的定位和防侧向力措施一定要设计好。

⑥ 卸料板设计　斜楔模具的卸料板有上卸料板、侧卸料板及侧压料和正压料共用卸料板三种类型。应根据卸料板凸起形状、动作方向和个数等，选择卸料板的类型。

压紧力的大小可根据修边冲孔模或翻边整形模等不同情况确定。对侧冲孔工序，卸料板的行程必须大于冲头进入卸料板的长度+5mm，否则将导致冲头折断。

⑦ 斜楔模具的废料处理　分三种情况，即修边废料的处理、冲孔废料的处理和切断（或切口）废料的处理。

⑧ 其他　包括斜楔模具的导向与导向间隙、斜楔机构力和行程的关系、斜楔行程示意图的作法及必要的计算等。

6.2.3 斜楔模具设计注意事项

① 注意加工设备旋转角度的最小单位,以免平面布置角度无法加工。
② 斜楔行程与压料宽度的确定,必须保证在模具打开状态时,卸料板能顺利拆卸。
③ 侧冲孔废料排出一定要顺畅,以免由于废料粘着导致冲头或者斜楔损坏。
④ 如果上压料使用的是上顶棒,需要考虑模具打开翻转时斜楔冲头和刀块的保护措施。
⑤ 设计自制斜楔时,必须考虑滑块水平行程与强制复位挂钩之间的关系,以免由于滑块水平行程不合理导致强制复位挂钩不起作用。
⑥ 斜楔设计时需要考虑侧向力的防止,防转销的设置。
⑦ 如果斜楔是安装在卸料板里面时,卸料板与下模之间最好能设计平衡块,利于冲头间隙的调整。

6.3 斜楔机构力的传递和行程

设计斜楔模具时,设备的公称压力、模具的强度与刚度、斜楔机构回位力等的确定,都是以对斜楔机构的受力分析、计算为依据的。

斜楔机构完成加工工艺所需的加工力,主要包括冲压力、卸料力及复位机构的回位力等。冲压力是指完成冲压加工所需的工艺力,如冲裁力、成型力及弯曲力等。卸料力是指弹性卸料板的卸料力或气垫的顶出力等。斜楔滑块的回位力是指复位弹簧(弹簧、氮气弹簧、聚氨酯弹簧及气缸等)和辅助复位机构的压缩力。因此,加工力是根据加工工艺的要求及具体结构确定的,是斜楔机构设计及选择冲压设备等的重要依据。

通过压力机上滑块施加给主动斜楔向下垂直方向的力 P 与工作斜楔沿滑动方向所受的力 F(加工力+压料力+回位弹簧力)以及行程 S 存在一定的关系,按水平斜楔、正向倾斜斜楔、逆向倾斜斜楔以及悬吊斜楔等形式分别叙述如下(不考虑滑动面上的摩擦力等因素)。

6.3.1 斜楔机构力和行程的关系

(1) 水平斜楔

水平斜楔的运动方向为水平,滑块安装在下模座上,如图 6-16 所示。水平斜楔的力和行程有如下的关系式成立:

$$F = P/\tan\alpha \text{ (N)} \tag{6-1}$$

$$S = L\tan\alpha \text{ (mm)} \tag{6-2}$$

当 $\alpha = 30°$ 时,有

$$F = 1.73P \text{ (N)}$$
$$S = 0.58L \text{ (mm)}$$

当 $\alpha = 40°$ 时,有

$$F = 1.19P \text{ (N)}$$
$$S = 0.84L \text{ (mm)}$$

式中 S——滑块行程,mm;
L——斜楔行程,mm;
α——斜楔角,即斜面与垂直面夹角,(°)。

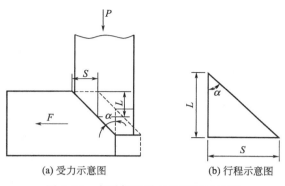

(a) 受力示意图　　(b) 行程示意图

图 6-16　水平斜楔受力及行程示意图

(2) 正向倾斜斜楔

正向倾斜斜楔是运动方向与水平有一定夹角的斜楔。其与滑块座一起安装在下模座上，如图 6-17 所示。正向倾斜斜楔的力和行程有如下的关系式成立：

$$F=\frac{\cos(\alpha-\beta)}{\sin\alpha}\times P \text{ (N)} \tag{6-3}$$

$$S=\frac{\sin\alpha}{\cos(\alpha-\beta)}\times L \text{ (mm)} \tag{6-4}$$

式中　β——斜楔的倾斜角，(°)。

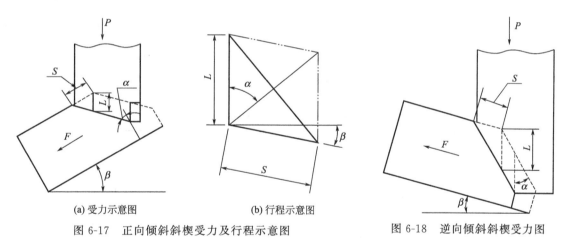

(a) 受力示意图　　(b) 行程示意图

图 6-17　正向倾斜斜楔受力及行程示意图

图 6-18　逆向倾斜斜楔受力图

(3) 逆向倾斜斜楔

如图 6-18 所示，逆向倾斜斜楔的力和行程有如下的关系式成立：

$$F=\frac{\cos(\alpha+\beta)}{\sin\alpha}\times P \text{ (N)} \tag{6-5}$$

$$S=\frac{\sin\alpha}{\cos(\alpha+\beta)}\times L \text{ (mm)} \tag{6-6}$$

(4) 悬吊斜楔

悬吊斜楔滑块与滑块座一起安装在上模座上，其运动方向与安装在下模座上的斜楔驱动块的方向一致。其受力与行程关系如图 6-19 所示。

$$F=\frac{\sin(\alpha+\beta)}{\cos\alpha}\times P \text{ (N)} \tag{6-7}$$

$$S=\frac{\cos\alpha}{\sin(\alpha+\beta)}\times L \text{ (mm)} \tag{6-8}$$

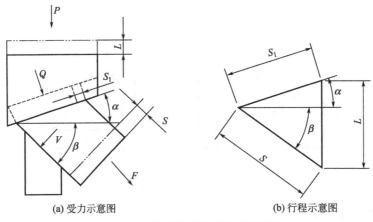

(a) 受力示意图　　(b) 行程示意图

图 6-19　悬吊斜楔受力及行程示意图

6.3.2　各种斜楔滑块力的计算方法

各种斜楔滑块力的计算方法见表 6-3。

表 6-3　各种斜楔滑块力的计算方法

斜楔种类	受力图	计算公式
水平斜楔		$\theta=30°$　$P=0.5774F$ $Q=1.156F$ $V=0.5774F+F_0$ $\theta=40°$　$P=0.8391F$ $Q=1.308F$ $V=0.8391F+F_0$
正向倾斜斜楔		$\theta_1=50°$　$\theta_2=10°$ $P=1.0F$ $Q=1.308F$ $V=0.8391F+F_0$
逆向倾斜斜楔		$\theta_1=30°$　$\theta_2=10°$ $P=0.653F$ $Q=1.305F$ $V=0.8391F+F_0$
悬吊斜楔		$\theta=40°$ $P=1.308F$ $Q=0.8391F$ $V=1.308F+0.6428F_0$

汽车覆盖件模具设计技巧、经验及实例

续表

斜楔种类	受力图	计算公式
倾斜悬吊斜楔		$\theta_1=40°$ $\theta_2=10°$ $P=1.138F$ $Q=0.5774F$ $V=1.156F+0.5F_0$

注：P—主动斜楔向下垂直方向的力，N；F—工作斜楔沿滑动方向所受的力，N；F_0—工作斜楔自身重力，N；Q—主动斜楔施加给工作斜楔的力，N；V—工作斜楔加给导滑面的力，N；θ_1—斜楔角，即斜面与垂直面夹角，(°)；θ_2—斜楔的倾斜角，(°)。

6.3.3 施于导板面上作用力的计算方法

施于导板面上作用力的计算方法见表 6-4。

表 6-4 施于导板面上作用力的计算方法

斜楔种类	受力图	计算公式
水平斜楔		Q、V：导板面上所受压力 F：加工所需力 P：斜楔滑块重量 $Q=F/\cos\theta$ $V=F/\tan\theta$
正向倾斜斜楔		$Q=F/\cos(\theta_1-\theta_2)$ $V=F/\tan(\theta_1-\theta_2)$
逆向倾斜斜楔		$Q=F/\cos(\theta_1+\theta_2)$ $V=F/\tan(\theta_1+\theta_2)$

注：P—主动斜楔向下垂直方向的力，N；F—工作斜楔沿滑动方向所受的力，N；Q—主动斜楔施加给工作斜楔的力，N；V—工作斜楔加给导滑面的力，N；θ_1—斜楔角，斜面与垂直面夹角，(°)；θ_2—斜楔的倾斜角，(°)。

6.3.4 斜楔行程示意图的作法

(1) 斜楔行程示意图应表达的内容

根据斜楔机构形式的不同,斜楔行程示意图应表达的包括以下部分或全部内容:斜楔滑块行程 S;斜楔行程 L;斜楔作业行程 W;斜楔卸料板行程 C;斜楔角度 θ;滑块倾角 β;滑块运动方向与斜楔竖直运动方向所成的角度 γ;上顶出器动作开始点 P;上、下模导向啮合点 G。

(2) 斜楔行程示意图的作法

反映斜楔与滑块之间运动关系的图称为斜楔行程示意图,它是设计和选择斜楔的重要依据。图6-20所示为斜楔受力及行程示意图,其中 α 角为斜楔倾角,β 角为滑块倾角,γ 为滑块运动方向与斜楔竖直运动方向所成的角度,L 为斜楔开始与滑块接触运动至下止点(O点)的距离(斜楔行程),S 为滑块行程(也称滑块移动距离)。

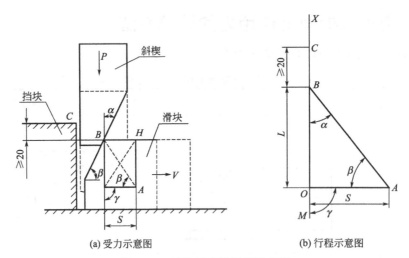

图 6-20 斜楔运动及行程示意图

斜楔行程示意图的作法是:

① 首先根据加工工艺确定滑块的行程 S,并给定斜楔倾角 α、滑块倾角 β 及滑块运动方向与斜楔竖直运动方向所成的角度 γ,作出如图6-20(a)所示的斜楔受力示意图。

② 在竖直线 XM 上取 O 点,由 O 点沿滑块移动方向(即与 OX 成 γ 角方向)作直线 $OA=S$,由 A 点作 $\angle OAB=\beta$ 交 MX 于 B 点,则 B 点即为斜楔与滑块开始接触点。

③ 斜楔与滑块开始接触前必须与后挡块预先有不小于20mm的导向量,并由此决定后挡块与斜楔开始导向点 C。

④ 根据卸料板或压制件的需要决定卸料板或压制件的起始点 E 点。

⑤ 综合分析斜楔模的动作关系后,如有问题,则必须对滑块行程 S 及滑块倾角 β 作适当调整。这样即可作出如图6-20(b)所示的行程示意图。

实例 以图6-21(a)倾斜斜楔运动示意图为例,说明斜楔行程示意图的作法。

作图步骤:

① 画水平、垂直方向相交直线。

② 取角 θ_2。

③ 取 S、C、W。

④ 按式(6-4)求取 L。

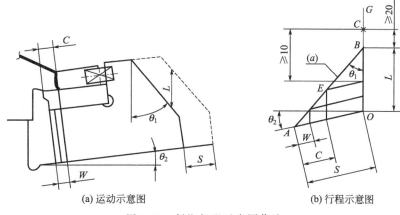

(a) 运动示意图　　　　　　　(b) 行程示意图

图 6-21　斜楔行程示意图作法

⑤ 取 C、G 点；
⑥ 引出 a 线与各个点的关系。

注意：比较一下图 6-21(b) 与图 6-17(b) 的区别。

6.3.5　斜楔滑块行程的设计基准

① 利用斜楔下部，如图 6-22 所示。

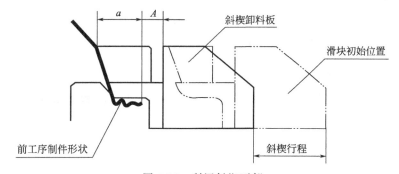

图 6-22　利用斜楔下部

$$斜楔行程 \geqslant a + A + 斜楔卸料板行程 \tag{6-9}$$

式中　a——制件送入或取出的空余量，mm；
　　　A——自动化冲压取 30mm，手工作业取 50mm。

② 利用活动凹模，如图 6-23 和图 6-24 所示。

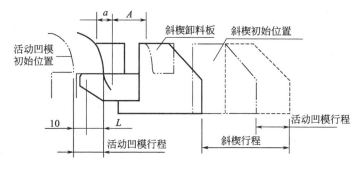

图 6-23　利用活动凹模（一）

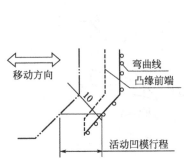

图 6-24 利用活动凹模（二）

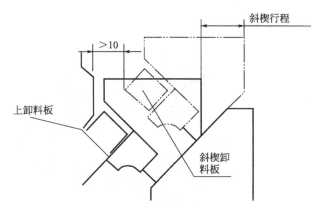

图 6-25 悬吊斜楔滑块行程的确定

对于图 6-23：

$$活动凹模行程 \geqslant L+10 \tag{6-10}$$

式中 L——翻边长度，mm。

$$斜楔行程 \geqslant a+A+斜楔卸料板行程+活动凹模行程 \tag{6-11}$$

对于图 6-24，翻边线变化时，活动凹模行程的决定方法按图示反转时确定。

③ 悬吊斜楔，上卸料板的间隙要在 10mm 以上来定斜楔行程，如图 6-25 所示。

6.3.6 设计斜楔滑块行程的注意事项

① 斜楔角 α 不但影响到滑块行程的大小，同时对力的传递和效率也有很大影响。

② 对图 6-26 所示的水平斜楔，滑块行程 S 是设计数据，斜楔角 α 一般取 40°（或根据具体情况确定）。在闭合状态时，斜楔距底面的距离不小于 25mm（图中 a 尺寸），斜楔行程可以计算得出。主动斜楔开始与滑块的接触长度 b 应保持一定尺寸，应不小于相对滑动行程的 1/4，这样滑块高度 H 就确定了，斜楔高度 H_1 应根据结构需要的闭合高度确定。

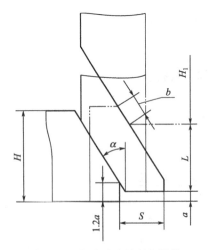

图 6-26 水平运动的斜楔滑块

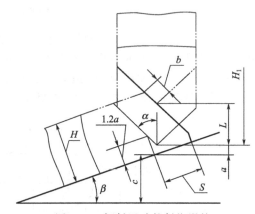

图 6-27 倾斜运动的斜楔滑块

③ 对图 6-27 所示的倾斜斜楔，滑块行程 S 是设计数据，倾斜角 β 是覆盖件表面所要求的修边（或冲孔等）方向决定的，斜楔角 α 一般取 $40°+\beta/2$（或根据具体情况确定）。主动斜楔距底面的距离 a 不小于 15mm，滑块距下模座上平面的距离 c 是根据滑块位置和倾斜角

β 计算得出的,斜楔行程 L 也是计算得出的。斜楔开始与滑块的接触长度 b 应保持一定尺寸,这样滑块高度 H 就相应地确定了,斜楔高度 H_1 应根据结构需要的闭合高度确定。

④ 当 $\alpha=0$ 时,为水平斜楔机构;当 $\alpha\neq0$ 时,为倾斜斜楔机构。

⑤ 既然滑块行程 S 是设计数据,因此要求根据前一道工序制件的形状应有足够的上料空间,同时又要有利于本工序制件的送入与取出以及废料的排除,如图 6-28 和图 6-29 所示。在满足上述条件的基础上,要使行程尽量小,这样可减小斜楔机构的轮廓尺寸。自动化作业时,$a\geqslant30\mathrm{mm}$;人工操作时,$a\geqslant50\mathrm{mm}$。

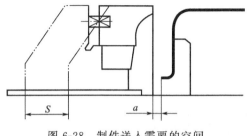
图 6-28 制件送入需要的空间

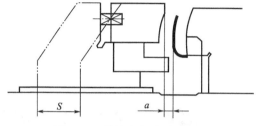
图 6-29 制件取出需要的空间

⑥ 有翻边时,制件取出要注意平面的形状,如图 6-30 所示。翻边是曲线时 h 要大,即 $h_2>h_1$。

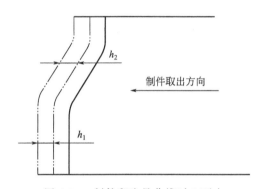
图 6-30 制件翻边是曲线时 h 要大

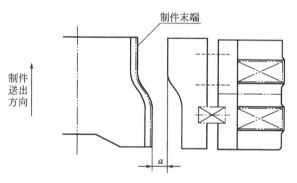
图 6-31 制件是曲线时要保证 a 的距离

⑦ 不管 5、6 哪种情况,在平面形状状态下,当制件是曲线时,要保证 $a\geqslant50\mathrm{mm}$ 的距离,如图 6-31 所示。

⑧ 逆向倾斜斜楔采用活动定位块、顶出机构等均不能将制件取出时,则应让凸模移动,实现制件取出的形式。还要注意凸模强度、动作顺序及制件定位等问题。

此类斜楔滑块正压力较大,在工艺设计时不可避免逆向倾斜加工情况下可以使用(一般情况下不使用)。

⑨ 为了更换带凸缘的凸模,留出能够取出卸料板的余量;为了更换钢球锁紧的凸模,留出能够在卸料板锁紧状态取出凸模的余量。

⑩ 斜楔模滑块行程不得与上卸料板干涉,留出研磨空间不小于 $50\mathrm{mm}$。

经验

> 经多年来对国外、国内模具使用的统计分析,得出普通斜楔滑块行程的经验公式:

$S=$ 凸缘斜楔修边或冲孔、翻边的距离+上工序制件边缘宽度+$(20\sim30)\mathrm{mm}$。

> 制件送、取最小距离,如果是自动化冲压为 $30\mathrm{mm}$,人工操作时应为 $50\mathrm{mm}$,如图

6-32所示。

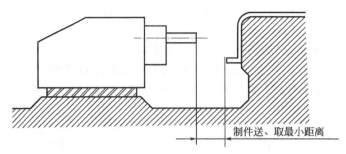

图 6-32　制件送、取最小距离

➢ 悬吊斜楔滑块行程：
S＝凸缘到斜楔修边、冲孔或者翻边的距离＋20mm。

6.4　斜楔机构的定位和防侧向力措施

6.4.1　斜楔机构的定位

斜楔机构的定位，一般分为销定位（代码为 N）与键定位（代码为 K）两种。

① 如果采用销定位时，必须设计一个靠背，即挡墙，这样对销的受力有好处，如图 6-33 所示。

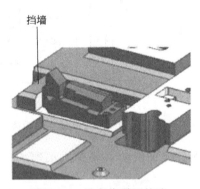

图 6-33　销定位需要挡墙

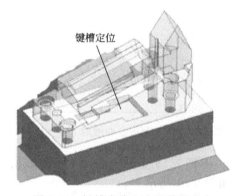

图 6-34　键槽定位左右及前后方向

② 使用键定位有三种情况：一种是定位斜楔机构左右方向，此种情况下必须有靠背（挡墙）；另一种是定位斜楔机构左右及前后方向，如图 6-34 所示，这种情况下不需要挡墙；还有一种是定位斜楔机构前后方向。

6.4.2　防侧向力措施

① 在单面侧修边、侧整形或是侧翻边时，要考虑防侧向力，注意斜楔侧向力的平衡，增加导板和挡墙，如图 6-35 所示。

② 如果加工的材料是厚板料（≥2.2mm）或是高强度板料，必须要制作防侧向力部件，如图 6-36 所示。

③ 为了平衡水平或倾斜运动的斜楔的侧向力，一般在斜楔的背面都设计反侧块，如图 6-37 所示斜楔修边模中的件 6。

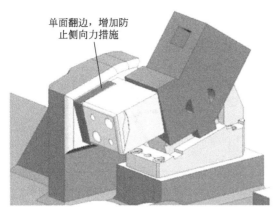

图 6-35 单面翻边防侧向力装置

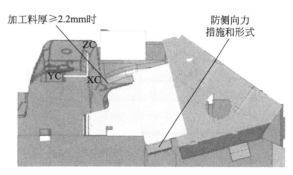

图 6-36 加工厚板料的防侧向力装置

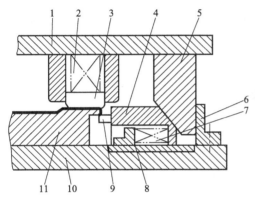

图 6-37 斜楔修边模
1—上模座；2,7—弹簧；3—卸料板；4—从动斜楔；
5—主动斜楔；6—反侧块；8—滑板；9—凸模；
10—下模座；11—凹模

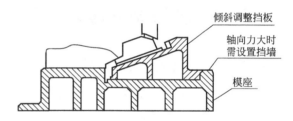

图 6-38 斜楔滑块倾斜时要设置倾斜基座

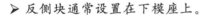

➤ 反侧块通常设置在下模座上。

④ 斜楔滑块倾斜时要设置倾斜基座（斜楔滑块与基座一体时，机械加工比较困难），如图 6-38 所示。

6.4.3 设计斜楔机构的其他注意事项

① 比较宽的从动斜楔，主、从动斜楔不需要在宽度方向全部接触；而窄的从动斜楔应全部接触。

② 为使从动斜楔充分复位，复位弹簧应有预压力。

③ 为保证从动斜楔复位的可靠性，应增加强迫复位装置，如图 6-39 所示。

④ 对同时需要完成垂直修边与斜楔修边的组合模具，应首先进行斜楔修边，然后再进行垂直修边。

⑤ 在使用斜楔机构时应考虑要有足够大的驱动面。

⑥ 根据零件形状，预测板料回弹量来确定悬吊斜楔角度范围：$45°\geqslant \theta' \geqslant \theta$（翻边时），

如图 6-40 所示。

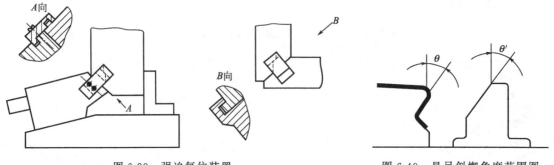

图 6-39　强迫复位装置　　　　　　　　图 6-40　悬吊斜楔角度范围图

⑦ 修边冲孔、翻边整形等模具中作用力大或者对机械加工有利时，可以采用斜楔滑块与基座一体结构，但需要考虑加工和调整。

⑧ 对于悬吊斜楔应确保没有钣金废料散落在导滑面上，导滑面必须具有棱柱形状。

⑨ 悬吊斜楔必须通过设置在操作者一侧的控制装置（压力表）检查氮气缸（复位用）的压力。

6.5　斜楔机构的斜楔和滑块

6.5.1　斜楔的形状及尺寸

斜楔的形状及尺寸如图 6-41 所示。一般汽车覆盖件使用的斜楔模具及承受较大的侧向力时，则需采用后挡块。

图 6-41 中 W 和 H 分别为斜楔的长度与宽度尺寸。

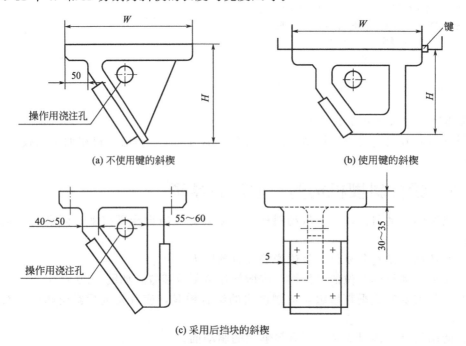

图 6-41　斜楔的形状及尺寸

当侧向力较小或侧向力虽大但采用了后挡块时，可以不使用键，否则需要使用键，以部分抵消斜楔所受的侧向力。

斜楔的数量与宽度可根据滑块的宽度按表 6-5 选取。

表 6-5 斜楔的数量与宽度的选取

滑块宽度/mm	斜楔宽度/mm	斜楔数量/个
<300	70～120	1
300～600	70～120	2
>600	100～150	2～3

6.5.2 斜楔的角度与材料的确定

斜楔的角度与材质，应根据工作条件确定。

(1) 水平斜楔的角度与材料

① 水平斜楔角度的定义如图 6-42 所示。

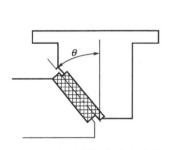

图 6-42 水平斜楔角度的定义

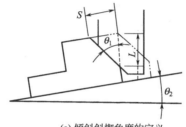

(a) 倾斜斜楔角度的定义

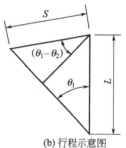

(b) 行程示意图

图 6-43 倾斜斜楔角度与行程示意图

水平斜楔角度与模具类型的关系见表 6-6。

表 6-6 水平斜楔角度与模具类型的关系   (°)

模具类型		角度 θ	
		单侧导板	双侧导板
冲切模		≤40	≤45①
成型模	变薄	≤40	≤45①
	挤切断	≤30	≤30②

① 对冲切模及成型模中的变薄等，自动化模具受空间的制约，不能获得行程的特殊情况。
② 平面加工有挤切断；大型斜楔或者施加大压力情况下需要。

② 水平斜楔所使用的材质为 S50C，热处理硬度 50～60HRC。

(2) 倾斜斜楔的角度与材料

① 倾斜斜楔角度的定义及行程示意图如图 6-43 所示。

斜楔行程与滑块行程及角度关系见式(6-4)。

倾斜斜楔角度与模具类型的关系见表 6-7。

② 倾斜斜楔材质的选取方法参照水平斜楔所使用的材质。

表 6-7　倾斜斜楔角度与模具类型的关系　　　　　　　　　　　(°)

模具类型		角度 θ	
		单侧导板	双侧导板
冲切模	$\theta_2 \leqslant 30$	$1/2\theta_2 + 40$	$1/2\theta_2 + 45$[①]
	$\theta_2 > 30$	$S \leqslant L$ 的角度	$S \leqslant L$ 的角度 +5[①]
成型模	变薄	$S \leqslant L$ 的角度	$S \leqslant L$ 的角度 +5[①]
	挤切断	挤切断模具 −10	挤切断模具 −10

① 对冲切模及成型模中的变薄等，自动化模具受空间的制约，不能获得行程的特殊情况。

6.5.3　滑块大小的确定

一般地应选取以下两种情况下大的那个长度。

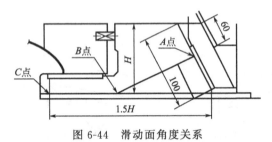

图 6-44　滑动面角度关系

① 根据滑动面角度关系确定，如图 6-44 所示。

a. 斜楔最初与滑块接触面的长度最小为 50mm，大型斜楔最小为 80mm。

b. 从驱动面上 2/3 处 A 点向倾斜面引垂线至滑动面交于 B 点，在点 C 的内侧。

c. 实际作业开始时行程 S 的 2/3 以上接触斜楔。

② 根据加工长度确定，如图 6-45 所示。

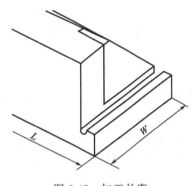

图 6-45　加工长度

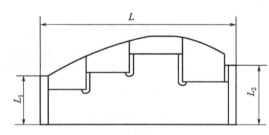

图 6-46　两侧导向长度不同

考虑斜楔滑块不产生变形，需要保证下述尺寸：

$$W \geqslant 1/3\,L \tag{6-12}$$

式中　W——导向部位的长度，mm；
　　　L——斜楔长度，mm。

③ 两侧的导向部位长度不同时，按小的一侧（L_1）为基准考虑，如图 6-46 所示（$L_2 > L_1$）。

④ 滑块的高度在最高时与其长度相等。一般情况下是滑块高度小于滑块长度。

⑤ 滑块的宽度不能比滑块长度大，否则稳定性不好。如果滑块宽度必须大时，一定要增加滑块长度，以增强其稳定性。

6.6 斜楔滑块回位力的计算原则与方法

6.6.1 回位力的计算原则

在斜楔滑块返回状态时，按下述原则计算回位力：
① 水平斜楔（斜楔滑块总重量×1.0）以上。
② 倾斜斜楔（斜楔滑块总重量×1.5）以上。
③ 切边、冲孔加工，没有卸料板的情况下（翻边加工除外），除上述情况之外，斜楔滑块开始返回（咬边脱离时），要施加不小于脱模力的力。

图 6-47 所示是采用弹簧情况下的行程和回位力的关系。

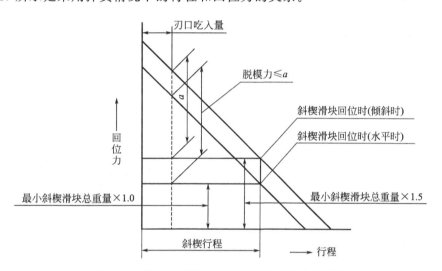

图 6-47 采用弹簧情况下的行程和回位力的关系

6.6.2 回位力的计算方法

① 水平斜楔，如图 6-48 所示。

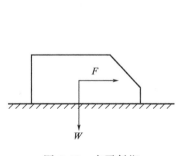

图 6-48 水平斜楔

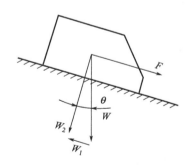

图 6-49 正向倾斜斜楔

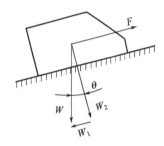

图 6-50 逆向倾斜斜楔

$$F = \mu W \tag{6-13}$$

式中 F——回位力，N；
　　W——斜楔机构的重量，N；
　　μ——滑动面的摩擦因数，一般取 0.251。

② 正向倾斜斜楔，如图 6-49 所示。

$$F=\mu W_2+W_1 \quad (6-14)$$
$$W_1=W\sin\theta \quad (6-15)$$
$$W_2=W\cos\theta \quad (6-16)$$

式中　W_1——滑块下滑力，N；
　　　W_2——滑块垂直滑动面正压力，N；
　　　θ——倾斜角，(°)。

③ 逆向倾斜斜楔，如图 6-50 所示。

$$F=\mu W_2-W_1 \quad (6-17)$$

6.7　斜楔滑块的回位方式

(1) 普通斜楔滑块回位方式

普通斜楔滑块回位有如下几种方式：

① 弹簧，如图 6-51 所示。

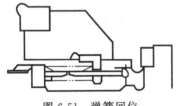

图 6-51　弹簧回位

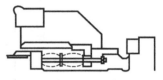

图 6-52　聚氨酯弹簧回位

② 聚氨酯弹簧，如图 6-52 所示。

③ 气缸，如图 6-53 所示。

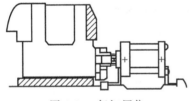

图 6-53　气缸回位

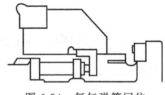

图 6-54　氮气弹簧回位

④ 氮气弹簧，如图 6-54 所示。

⑤ 其他方式。

(2) 选择标准

一般情况选取弹簧和氮气弹簧作为回位力源，下述情况需要考虑用气缸等其他的回位方式：

① 零件投入时，稳定性不好。

② 斜楔的行程比较长，弹簧不能满足行程要求。

③ 双动斜楔，需要重新定位。

(3) 旋转斜楔滑块回位方式

旋转斜楔滑块回位有如下几种方式：

① 电气复合控制驱动。

② 机械式驱动。

③ 氮气弹簧或矩形弹簧回复驱动。

6.7.1 使用弹簧回位

详见 7.4.1 弹簧有关内容。

6.7.2 聚氨酯弹簧回位

详见 7.4.2 聚氨酯弹簧有关内容。

6.7.3 使用氮气弹簧回位

详见 7.4.3 氮气弹簧有关内容。

6.7.4 使用气缸回位

(1) 与斜楔滑块的连接方法

① 间接连接，如图 6-55 所示。此方法是优先采用的连接方法。

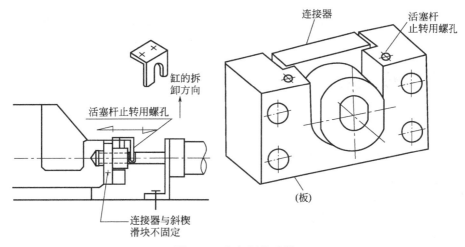

图 6-55 气缸间接连接

② 直接连接，如图 6-56 所示，此方法使用了安装用底板，是为了与气缸芯配合容易，要留有过孔，容易拆卸。

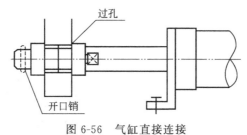

图 6-56 气缸直接连接

(2) 气缸行程

斜楔滑块回位时，要留有 5mm 空余量；模具闭合时，要留有 30mm 空余量，如图 6-57 所示。

(3) 气缸安装

缸径小于 ϕ80mm 时，采用内六角螺钉＋平垫圈＋弹簧垫圈与底座连接；大于 ϕ80mm

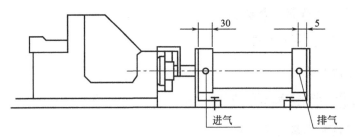

图 6-57 气缸行程

时，采用内六角螺钉＋顶销与底座连接。

旋转斜楔机构回程采用气缸带旋转的传统的方式。

经验

➢ 在斜楔模具结构设计时，一定要综合考虑在不需要拆卸模具大的构件的前提下，便可以更换或维修弹簧或者是气缸。

➢ 在斜楔模滑块上安装弹簧、气缸时，尽可能安装在接近导滑面处（高度方向）以及安装在接近斜楔滑块两端的导轨部位（水平方向），来获得整体的平衡。

6.8 斜楔模具凸模与凹模设计

6.8.1 凸模设计

包括凸模的符型面和凸模镶块。

(1) 凸模的符型面

① 凸模符型面的设计原则

a. 要充分保证零件压料面积。

b. 要保证零件定位可靠（零件放在凸模上，要充分考虑零件的几何特征来设定凸模符型面形状）。

② 侧向力

a. 加工点的高度尽可能设计得低一些，且加工点的高度 B 和基准面的长度 A 的关系为 $A \geqslant 2B$，如图 6-58 所示。

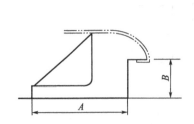

图 6-58 高度 B 和基准面长度 A 的关系

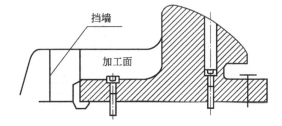

图 6-59 螺栓设置在加工面附近

b. 凸模受侧向力较大时需要设挡墙，并且尽可能在加工面上部设置挡墙。螺栓尽可能设置在加工面附近（注意型面精度），如图 6-59 所示。加工面下面尽可能设置紧固安装台座，如图 6-60 所示。

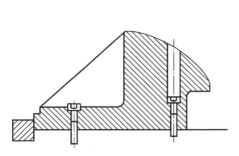

图 6-60　加工面下面设置紧固安装台座

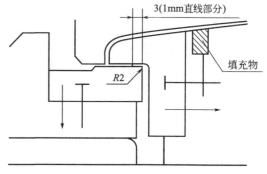

图 6-61　翻边凸模镶块

(2) 凸模镶块

① 翻边凸模较长、顶端形状强度较弱时，或修边刃口强度较弱的情况下采用镶快，如图 6-61 所示。

② 对于有承受向上的力时，翻边镶块要镶键，如图 6-62 所示。

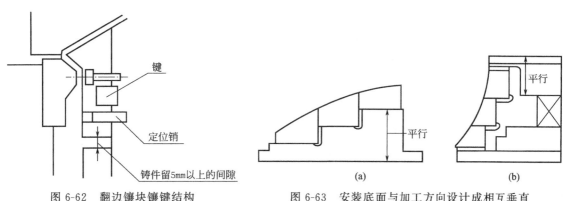

图 6-62　翻边镶块镶键结构　　　　图 6-63　安装底面与加工方向设计成相互垂直

6.8.2　凹模设计

包括凹模的分块原则和安装方法。

(1) 凹模的分块原则

① 为方便加工，有时翻边凹模也采用一体式，要事先考虑加工、调整的难度，一般切边时采用一体式，整形时采用分体式。

② 凹模的分块尽可能考虑减少机械加工。

③ 凹模安装底面与加工方向尽可能设计成相互垂直，如图 6-63 所示。

(2) 凹模的安装方法

考虑到侧向力等因素，一般采用如图 6-64 所示的形式，图 6-65 所示的形式在小型模具

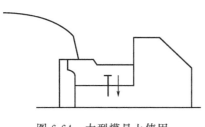

图 6-64　大型模具上使用

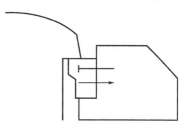

图 6-65　小型模具上使用

上使用。

6.9 斜楔模具的废料处理

斜楔模的废料处理分三种情况,即修边废料的处理、冲孔废料的处理和切断(或切口)废料的处理。

6.9.1 修边废料的处理

斜楔修边废料的处理方法,根据不同的情况应该充分考虑,采取以下措施。

① 一般情况下,由于废料旋转脱落原因,模具要设计比废料最大宽度还要大的废料过孔,如图6-66所示。斜楔修边较长(大的)时,还要充分考虑模座的强度。

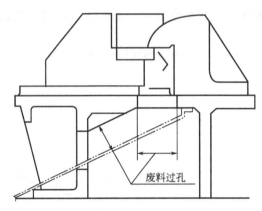

图6-66 铸出孔要比废料最大宽度大

➢ 设计模具时,注意废料不要下落到滑块面上。

② 废料较长时要进行切断处理,这样废料容易下落。有两种情况:

a. 与修边同时废料切断。

b. 修边废料落下后切断(此种形式废料刀只是在产品面上不倾斜情况下使用)。

➢ 切刀高度相对于废料宽度要留有余量,单侧最小5mm。

➢ 切刀断面形状与废料形状可以不相同,但要注意切入时不要将废料挤压到切刀上面来。

➢ 剪切力非常大的情况下,注意错开修边和切断的时间差。

➢ 对于废料旋转下落的情况,设计时考虑好废料滑板和切刀形状,不要让废料进入废料滑板与切刀之间。

6.9.2 冲孔废料的处理

① 让废料从水平方向排出时,如图6-67所示,镶块短为宜,$L>2/3L_1$。

➢ 为使废料排出时废料不倒,将从凹模套孔到废料排出孔尺寸设计不相同,应逐渐加大。

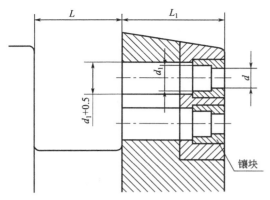
图 6-67 水平方向排出废料

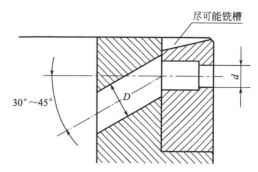
图 6-68 倾斜排出采用镶块结构

➤ 如果废料排出方向有墙壁，需考虑废料粘连现象，确保 L 尺寸。

② 倾斜排出时，有以下两种情况：

a. 采用镶块的情况下，如图 6-68 所示。优先采用此方案，此时 $D>2d$。

b. 采用凹模套，其后面为实体时，如图 6-69 所示。

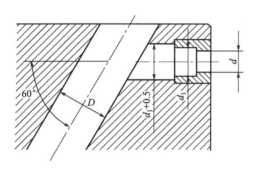
图 6-69 倾斜排出采用凹模套后面为实体结构

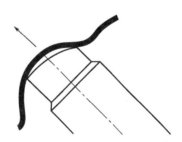
图 6-70 废料因回弹向外凸出

③ 废料因回弹向外凸出时，如图 6-70 所示。为确保废料一片一片排除落下，应采取加大刃口入模量或安装废料顶出装置等措施。

经验

➤ 既想让废料一个一个排出，又想控制废料下落时的状态，此时应采用弹性顶销式凸模（或凹模）。

④ 当需要导料装置时，在废料排出侧没有空位的情况下，应将其转换成直角方向垂直下落结构，如图 6-71 所示。此时 $\theta=90°\sim120°$，垂直孔尽可能大，最小应是冲孔直径的 2 倍以上（$D>2d$）。

⑤ 如果是两侧同时冲孔，需要增加分料销。

6.9.3 切断（或切口）废料的处理

在切断（或切口）工作完成后，有时废料是分散下落的。此时的废料刀设置应采取下述措施：

① 让刀刃周边进入时，前端由中间凸出部位导正废料下落，如图 6-72 所示。

② 有时废料下落时，没有落入废料槽孔中。为了防止落到导板上，应设置防护板。在安装防护板时要注意不要与前工序件形状和斜楔滑块干涉。

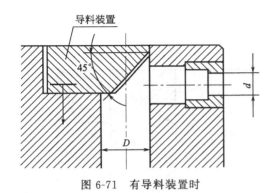

图 6-71　有导料装置时　　　　　图 6-72　由凸出部位导正废料下落

经验

> 注意废料的重心。
> 应将废料刀设置在废料较窄处，这样有利于废料一边旋转一边快速下落。

6.10　斜楔模具的卸料板设计

斜楔模具的卸料板对制件的定位变形起防止作用。卸料板可以划分为上卸料板、侧卸料板及侧压料和正压料共用卸料板三种类型。应根据卸料板凸起形状、动作方向和个数等，选择卸料板的类型。

6.10.1　上卸料板

其优点是压紧力比较大，能保证制件稳定不变形，如图 6-73 所示；接近垂直壁面且靠近侧壁端面，用上卸料板分离，如图 6-74 所示。

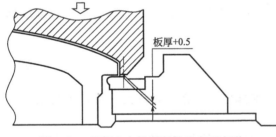 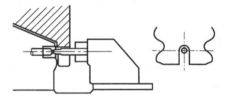

图 6-73　压紧力大保证制件稳定不变形　　　图 6-74　接近垂直壁面且靠近侧壁端面

6.10.2　侧卸料板

如图 6-75 所示，为确保制件不变形，θ 角应小于 15°。

经验

> 压紧力的大小请参照修边冲孔模和翻边整形模相关内容。
> 制件加工部位较大时，为了避免滑移，要保证有足够的压料面和压紧力。
> 卸料板的行程必须大于冲头进入卸料板的长度，否则将导致冲头折断。
> 变薄翻边等上卸料板压紧力不足时，可使用聚氨酯弹簧等增强压力部件。

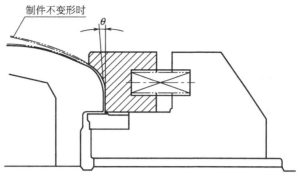

图 6-75　侧卸料板的 θ 角应小于 15°

6.10.3　侧卸料板和正卸料板共用

当侧卸料板的压紧力不足、制件不稳定时采用。

侧卸料板的行程以平面加工时卸料板行程为基准，上卸料板较侧卸料板提前 10mm 以上压紧制件（要注意回弹量），如图 6-76 所示。当冲孔凸模触到制件之前，上卸料板必须压紧制件。

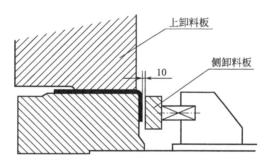

图 6-76　上卸料板较侧卸料板提前 10mm 以上压紧制件

上卸料板和侧卸料板并用时，最好是在侧卸料板压紧状态下来确定上卸料板的压紧力。

6.10.4　卸料板的导向

包括上卸料板的导向和侧卸料板的导向。

(1) 上卸料板的导向

图 6-77 所示的四种上卸料板的导向结构形式可根据模具寿命、精度要求等进行选择。

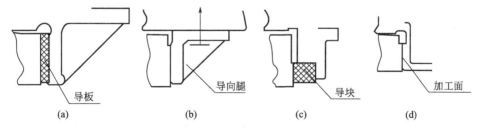

图 6-77　上卸料板的四种导向结构形式

(2) 侧卸料板的导向

① 如图 6-78 所示，侧卸料板的导向采用导向板和滑块槽面导向结构形式。顶出器导滑

与凹模面空开，$B=(1.0\sim1.5)A$。

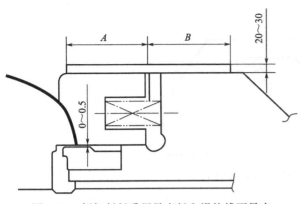

图 6-78　侧卸料板采用导向板和滑块槽面导向

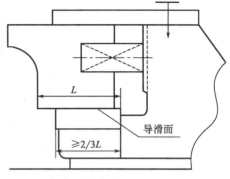

图 6-79　侧卸料板保持在导滑面的 2/3 以上

② 即使侧卸料板在自由状态时，也应保持在导滑面的 2/3 以上，如图 6-79 所示。

6.11　斜楔模具零部件材料

斜楔模具主要零部件材料见表 6-8。

表 6-8　斜楔模具主要零部件材料

序号	名称	材料	热处理
1	下模座	HT300	退火
2	上模座	HT300	退火
3	镶块	SKD-11	60～62HRC
4	滑块	FC250＋MoS$_2$	50～55HRC
5	斜契	S50C	50～60HRC
6	卸料板	MoCr	55～60HRC
7	垫板	S45C	30～32HRC

6.12　轿车左/右侧后门内板零件斜楔模具设计实例

工件名称：左/右侧后门内板。
生产批量：大批量。
制件尺寸：1245mm×1039mm×200mm。
制件材料：BUSD。
材料厚度：0.80（1.4）mm。

①"轿车左/右侧后门内板产品数模（3D 图）"可在出版社网站 www.cip.com.cn 中"资源下载"区下载，见文件"第 6 章 zuocehoumenneiban.igs（右侧后门内板与左侧后门内板对称）"。

② 轿车左/右侧后门内板侧冲孔/冲孔工序简图如图 6-80 所示，为该件的第四道工序。

6.12.1　零件的工艺分析

该制件为汽车内覆盖件，经过拉延、修边及整形后，制件形状呈 3D 曲面，表面质量精

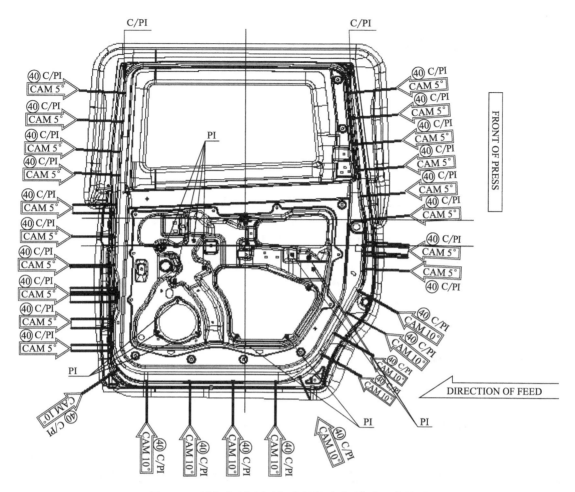

图 6-80 轿车左/右侧后门内板侧冲孔/冲孔工序简图

度要求比汽车外覆盖件低。

本工序侧冲孔/冲孔为该制件的最后冲压工序,完成后便可与外板焊接(或包边)合成一体。该左/右后侧门内板是由两种厚度材料(0.8mm 和 1.4mm),采用激光焊接等工艺制成的(或称拼焊板),其目的是增加汽车覆盖件的刚性与强度,避免因经常开关车门而使其变形。

由图 6-80 所示的工序简图可以看出,本工序所要完成的工作是侧冲孔/冲孔。侧冲孔将要对左后侧门内板左面、右面和下面的不同规格的孔进行冲制(右后侧门内板也如此)。左面共有 20 个需要冲制的孔,即 $12 \times \phi 5$、$4 \times \phi 12$、$2 \times \phi 6.6$、30×25 长方孔和 40×28 长圆孔;右面共有 18 个需要冲制的孔,即 $14 \times \phi 5$、$\phi 6.2$、$\phi 7.6$、7.4×6.1 长圆孔和 1 个锁型孔;下面共有 5 个需要冲制的孔,均为 $\phi 5$ 孔。冲孔主要是对左后侧门内板上面的 12 个孔进行冲制(右后侧门内板也如此),即 $3 \times \phi 3.5$、$\phi 6.5$、$4 \times \phi 7.0$、$\phi 40$、7×9 与 8×6.5 长圆孔和 1 个锁型孔(见 3D 产品数模)。

本侧冲孔/冲孔工序模具的冲压方向,除了上面的 12 个孔是由上向下垂直冲制外,其他的三个面的冲压方向都与侧壁成 5°、10°及 75°等。

"轿车左/右侧后门内板工程图(DL 图)"可在出版社网站 www.cip.com.cn 中"资源下载"区下载,见文件"第 6 章 左、右侧后门内板 DL.dwg"。

6.12.2 冲压力的计算

该侧冲孔/冲孔模具侧面采用斜楔机构冲孔,并且冲孔数量较多,因此只计算 $\phi 5$ 孔的冲压力。由于篇幅关系,其他孔径冲压力就不一一在此计算了,留给读者自己计算(方法与此相同,只是轮廓线长度不同而已)。

(1) $\phi 5$ 孔冲裁力的计算

按式(4-2)有

$$F_{修边} = Lt\sigma_b$$

冲孔轮廓线长度 L,约为 15.7mm;板料厚度 t,为 0.80mm 与 1.4mm;材料抗拉强度 σ_b,取 350MPa。

板料厚度为 0.80mm 上面共有 18 个 $\phi 5$ 孔,因此冲裁力为

$$F_{冲1} = 18Lt\sigma_b = 18 \times 15.7 \times 0.80 \times 350 \approx 79\text{kN}$$

板料厚度为 1.4mm 上面共有 13 个 $\phi 5$ 孔,因此冲裁力为

$$F_{冲2} = 13Lt\sigma_b = 13 \times 15.7 \times 1.4 \times 350 \approx 100\text{kN}$$

所以,冲制 $\phi 5$ 孔的总冲裁力为 $F_{冲} = F_{冲1} + F_{冲2} = 79 + 100 = 179\text{kN}$

(2) $\phi 5$ 孔卸料力的计算

按式(4-6)有

$$F_{卸} = (0.03 \sim 0.07)F_{冲} = 0.05 \times 179 = 8.95\text{kN}$$

(3) $\phi 5$ 孔推件力的计算

当 $t \leqslant 2$mm 时,按式(4-4)有

$$F_{推} = 0.05 F_{冲} = 0.05 \times 179 = 8.95\text{kN}$$

6.12.3 侧冲孔/冲孔模具结构设计

冲压工艺方案确定以后,通过分析选择合理的模具结构及部件,使其能够满足的要求是:能冲出符合技术要求的制件;能满足大批量生产的需要;模具制造、维修方便;模具易于安装、调试和使用;模具有足够的寿命等。

① 首先根据 DL 图和 3D 数模确定斜楔机构角度。普通斜楔角度是从 0°至 45°,悬吊斜楔角度是从 0°至 60°,部分斜楔机构角度可以达到 85°。角度是按 5°幅度递增的。

② 根据 DL 图和 3D 数模确定工作部件的大小(冲头、凹模套以及冲头固定座)。

③ 根据冲头固定座的固定角度就确定了斜楔在模座上平面大概位置。

④ 确定使用斜楔机构的类型,普通斜楔、悬吊斜楔还是旋转斜楔,对于侧冲孔、侧修边等尽量使用 V 形导板类型的斜楔机构(V 形导板导滑精度高)。本模具选用普通斜楔机构。

⑤ 斜楔机构的类型、角度和大小确定以后,接下来就是如何摆放斜楔机构。如在斜楔冲孔模具中,从理论上讲冲孔中心轴线应垂直于斜楔机构的工作面,但实际上很少有绝对垂直的。因为标准斜楔机构的角度是 5°一单位,产品上的孔相对水平面不可能都是 5 的倍数,因此只能取近似角度值,但这个近似角度一定是 0°或是 5°的倍数。一般情况下 DL 图中摆放角度已经给好,不过还是要确定一下是否正确合理,是否最接近垂直角度。还要保证斜楔机构的 X、Y、Z 向高度是整数(尾数是 0 或 5),以方便调试。如果斜楔机构工作面相对 X 轴或是 Y 轴不是垂直的,那么只保证 Z 向是整数,最好是 5 的倍数。

⑥ 摆放斜楔机构时要注意斜楔机构距板件边缘的距离。如果是普通斜楔,应保证滑块回位后,安装在滑块上的工作部件边缘距板件边缘的最小距离 30mm;悬吊斜楔应保证底座边缘距板件边缘最小距离 30mm(这里所指的板件边缘是上工序工作完成的板件边

缘)。

⑦ 选择斜楔机构的定位方式,是销定位还是键定位。销定位时,必须有挡墙。对于使用键定位,如果只是左右方向定位,同样必须有挡墙。

⑧ 对单面侧修边、侧整形或是侧翻边,还要考虑防侧向力,增加导板和挡墙。

⑨ 斜楔机构工作中与压料行程关系一定要注意,安装在斜楔机构上的工作部件(如冲孔凸模等)在接触到制件前必须保证卸料板先压住板料。

⑩ 如果是自动线,要注意安装在下模上的斜楔机构部件不得超出干涉曲线范围。

⑪ 废料的处理。冲孔废料过孔尽可能开大,如图 6-81 所示。为了防止废料堵塞,侧冲孔的废料也可以增加导料装置。

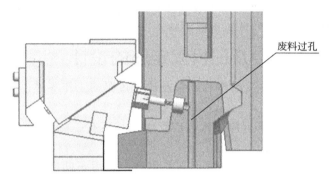

图 6-81　冲孔废料过孔尽可能开大

⑫ 本侧冲孔/冲孔模具使用单动压力机。

⑬ 本侧冲孔/冲孔模具采用成双冲压加工的模具结构。

⑭ 侧冲孔/冲孔退料方式选择聚氨酯弹簧,直接固定在冲头上。

⑮ 本侧冲孔/冲孔模具的闭合高度为 900mm。

6.12.4　斜楔机构设计

(1) 确定斜楔滑块行程

本侧冲孔/冲孔模具采用自动化冲压,按式(6-9)有斜楔滑块行程为

$S \geqslant$ 制件送入或取出的空余量+30+斜楔卸料板行程

根据 DL 图和 3D 数模,确定制件送入或取出的空余量为 103mm(取最大值);由于退料方式选择聚氨酯弹簧,直接固定在冲头上,因此斜楔卸料板行程(聚氨酯弹簧)为 5mm(取最大值)。所以,斜楔滑块行程为 $S=138$mm。

选用标准斜楔时,由于斜楔的行程已经固定,因此需要考虑的是制件顺利送取与上卸料板和冲头不论在什么状态都不得干涉,以及冲头维修和拆卸方便。其行程要保证不小于凸缘边缘的宽度+凸缘斜楔修边或者冲孔、翻边的距离+(20~30)mm(注意,如果是自动化冲压为 30mm,人工操作时应该为 50mm)。另外,斜楔滑块行程不得与上卸料板干涉,留出研磨空间不小于 50mm。

(2) 斜楔滑块回位方式

① 可供选取的方式有弹簧、聚氨酯弹簧、气缸及氮气弹簧。

② 一般情况选取弹簧和氮气弹簧,下述情况需要考虑选用气缸:

a. 零件放入时,稳定性不好。

b. 零件放入时,定位不好及考虑零件变形时。

c. 双动斜楔,需要重新定位。

本侧冲孔/冲孔模具的斜楔回位方式为弹簧回位。

（3）定斜楔滑块工作面的大小

根据冲头固定座的大小来确定斜楔滑块工作面的大小，即确定斜楔的型号，本侧冲孔/冲孔模具选用的斜楔型号见模具明细表。

（4）斜楔机构的固定

本侧冲孔/冲孔模具使用的斜楔均采用螺钉＋销钉的固定方式，螺钉规格为 $M12\times 45$，销钉规格为 $\phi 12\times 45$。

（5）回位力的计算

普通斜楔滑块回位力的计算，分水平斜楔、正向倾斜斜楔和逆向倾斜斜楔三种情况，可按式(6-13)～式(6-17)分别计算。由于本侧冲孔/冲孔模具使用的斜楔均选用标准件，回位力的大小已确定，因此回位力的计算可以省略。

6.12.5 凸模、凹模及凹模固定座的设计

在侧冲孔/冲孔模具中，冲孔凸模和凹模是比较重要的工作零件。

（1）冲孔凸模

① 冲孔凸模除了表 4-11 所列应用比较广泛之外，还有一些其他的结构形式。其种类和品种较多，适用范围各不相同。

② 凸模的固定有多种方法，应根据不同的用途，采用不同的固定方法。图 7-33 所示的是圆凸模的几种固定方法。

③ 异形冲孔凸模的固定有销式和槽式两种，注意异形冲头需有止转面。

④ 在斜楔模具中，多采用凸模固定块来固定冲孔凸模。本模具斜楔机构上所用的冲孔凸模便采用凸模固定块来固定冲孔凸模。

⑤ 凸模材料选用 SKD11。热处理硬度 60～62HRC。

（2）冲孔圆凸模尺寸计算

① 根据经验算法，有

凸模直径尺寸＝孔的基本尺寸＋孔的下偏差＋0.75×(孔的上偏差－孔的下偏差)

以轿车左/右侧后门内板上最多的 $\phi 5$ 孔为例，计算凸模尺寸，产品偏差为 $\pm 0.20mm$，则冲 $\phi 5$ 孔凸模尺寸为 $5-0.20+0.4\times 0.75=5.1mm$。

② 凸模长度应根据模具结构确定，一般为 90mm。

③ 异形冲孔凸模的尺寸计算请参阅相关资料。如图 6-82 所示的是锁形孔凸模。

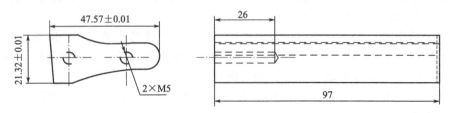

图 6-82 锁形孔凸模

（3）斜面冲孔凸模尺寸的确定

在斜楔模具中，凸模尺寸的确定应遵循以下原则：

① 当斜面与冲压方向夹角不超过 7°时，冲头直径与产品图要求的相一致。

② 当倾斜角超过 7°、对孔径精度要求比较高时，就需要进行孔径的预确定。在了解孔用途的基础上，决定用与不用。如果保证加工后的孔呈圆形孔，需要把冲孔凸模和凹模变成

椭圆。

(4) 冲孔刃口切入量的确定

① 平面冲孔时一定要保证凸模进入凹模 3～5mm（扣除板厚之后）。

② 在倾角小于 15°时，凸模端面做成平的，如图 4-18 所示。

③ 当倾角大于 15°时，为防凸模因侧向力折断（或刃口破损），需将刃口形状设计成如图 4-19 所示的样式。

④ 当孔径大于 $\phi 6$mm 时，取 3～5mm。

⑤ 孔径小于 $\phi 6$mm 时，取 2mm 以下。

(5) 冲孔凸模的导向

有无导向和有导向之分，在斜楔冲孔模具中，由于采用了斜楔机构，精度得到保证，一般不增加导向附件。

(6) 冲孔间隙的确定

冲孔间隙是冲孔模具设计中一个重要的工艺参数，设计冲孔模具时一定要选择一个合理的间隙值。轿车左/右侧后门内板使用了两种厚度的材料，分别是 0.80mm 与 1.4mm，因此其冲孔间隙是不同的。

不同料厚的冲孔间隙值可查表 4-5。

(7) 冲孔凹模

① 在汽车覆盖件斜楔冲孔模具中，冲孔凹模一般都使用圆筒式凹模套结构，这对于维修和更换比较方便。凹模套的种类和品种比较多，现在普遍采用定位销止动型凹模，有普通凹模、防废料回跳凹模（内表面加工有两条以上的斜槽）、斜面逃料凹模和火焰淬火用凹模等类型，分经济型和普通型。

② 圆形冲孔凹模的固定：冲孔凹模的固定方法有多种，图 7-39 所示是其中的几种安装方法。

③ 使用圆筒式凹模套时，为便于更改孔位置，必须采用镶块座。

④ 将圆筒式凹模装入淬火钢材时，必须装入 45 钢的镶套。

⑤ 堆焊部分的圆筒式凹模的装入，从刃口到圆筒凹模套外圈为止的最小距离为 6mm。

⑥ 圆筒式凹模下面的壁厚为不小于 25mm。

⑦ 非圆形凹模套（或凸模）必须设置防转销。

⑧ 同规格异形冲头的止转面尽量相同，以方便互换。

(8) 冲孔圆凹模尺寸的计算

① 冲孔凹模尺寸按式(4-22)计算：

$$d = d_1 + 2Z$$

式中　d——凹模直径尺寸，mm；

　　　d_1——凸模直径尺寸，mm；

　　　Z——单面间隙，mm。

② 凹模套直径尺寸按式(4-23)计算：

$$D = \sqrt{d^2 + (16t+10)d + 25}$$

式中　D——凹模套直径尺寸，mm。

现在仍以轿车左/右侧后门内板上最多的 $\phi 5$ 孔为例，计算凹模及凹模套直径尺寸。

将 $d_1 = 5.1$mm、$Z_1 = 0.04$mm、$Z_2 = 0.08$mm（查表 4-7）代入式(4-22)得到料厚为 0.8mm 和 1.4mm 的凹模直径尺寸分别是 $d = 5.18$mm 和 $d = 5.26$mm。

将凹模直径尺寸 5.18mm 和 5.26mm 代入式(4-23)得到料厚为 0.8mm 和 1.4mm 的凹

模套直径尺寸分别是 $D=13mm$ 和 $D=15mm$。

凹模套高度尺寸 H，随外形 D 变化，以 15～30mm 为标准。

③ 异形冲孔凹模的尺寸计算请参阅相关资料。

(9) 标准凸模、凹模套及冲头固定座的选用

轿车左/右侧后门内板制件侧冲孔/冲孔模具所使用的凸模、凹模套及冲头固定座，大多数都是选用的标准件。冲孔凸模只有序号 357（方形孔）与序号 376（锁形孔）是采用加工或附图定制的；冲头固定座只有序号 353-2、355-3、374-2 和序号 406 是采用加工或附图定制的。

(10) 凹模固定座的设计

轿车左/右侧后门内板制件侧冲孔/冲孔模具所使用的凹模套，都镶嵌在凹模固定座上，这就要求凹模固定座上的凹模套孔位置必须十分准确。

零件放在凹模固定座上，要充分考虑零件的几何特征来设定凹模固定座符型面形状。

凹模固定座设计成整体结构，材料选用 HT300，退火处理，固定在下模座上。

"轿车左/右侧后门内板侧冲孔/冲孔模具凹模固定座零件图"可在出版社网站 www.cip.com.cn 中"资源下载"区下载，见文件"第 6 章　凹模固定座.dwg"。

6.12.6　卸料板的设计

① 本模具采用上卸料板结构。一定要注意斜楔滑块回位后卸料板取出与滑块上的安装部件没有干涉，一般回位后的工作部件边距压料边 10mm 以上。

② 卸料板采用导板导向，如果有特殊要求的可以增加导柱导向（根据客户具体要求设计），如图 6-83 所示。卸料板和下模座之间也可以设计锥形定位器，可以提高卸料板的导向精度，如图 6-84 所示。

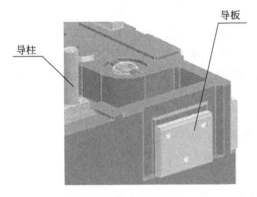

图 6-83　导板＋导柱导向

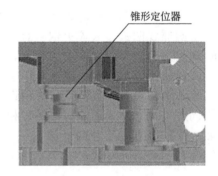

图 6-84　锥型定位器

③ 大型汽车覆盖件的卸料板多采用实型铸造结构。此种结构既可节省材料，通过铸造得到较复杂的内、外部结构，又可减少加工余量，缩短铸件及型面加工周期，大大降低成本。

本模具卸料板采用实型铸造结构，材质为 GM246，退火处理。卸料板周圈料型面采用仿形制造，与上模座的导向采用 8 个导板导向。

④ 卸料板的压紧力选用氮气弹簧，本模具卸料板使用 20 个氮气弹簧。

⑤ 卸料板的型面实质也是定位面，应按制件表面的模型研符，研符率≥70%。

⑥ 为保证在侧冲孔/冲孔时制件不产生位移及滑动，除要求氮气弹簧有一定的预压量外，还要使卸料板有适当行程。本模具取卸料板的行程为 50mm。

⑦ 卸料板的限位除了使用6个侧销以外，还增加了16个 $\phi 50 \times 20$ 的限位块，参见模具装配图中的序号206。

⑧ 当冲孔凸模触到零件之前，卸料板必须将制件压紧。

⑨ 卸料板的行程必须大于冲头进入卸料板的长度+5mm，否则将导致冲头折断。

"轿车左/右侧后门内板侧冲孔/冲孔模具卸料板零件图"可在出版社网站www.cip.com.cn中"资源下载"区下载，见文件"第6章　卸料板.dwg"。

6.12.7　制件的定位

合理确定制件在模具中的定位，是模具设计中至关重要的环节之一。它既关系到产品的质量是否稳定、可靠，又直接影响到操作者的操作是否简单、方便及模具的使用寿命。

侧冲孔/冲孔件的定位主要从以下几个方面考虑：

① 形状定位。对于侧冲孔/冲孔时出现制件易偏离的情况，一般是利用压料面作为定位面。

② 外形定位。一般拉延件都是空间曲面变化复杂的覆盖件，其外形已满足了定位的要求。

③ 用拉延时冲或穿的工艺孔（或修边冲孔工序中的孔）定位。操作者用工艺孔套定位销比较麻烦，并且拉延模还要增加冲或穿工艺孔结构，制造比较复杂，应尽量少采用。

④ 本工序模具利用拉延件工序形状，采用符型定位的方法定位，既安全可靠，又方便操作；四周采用6个定位板（或称材料定位架、素材定位器），用于制件与模具之间的定位，其位置在模具内，制件外，参见模具装配图中的序号331。

6.12.8　模具导向及限位设计

斜楔模导向要求比较高，特别是有侧冲孔、侧修边时。因为冲孔的间隙比较小，这样的模具一般都是导柱＋导向腿（导板）的导向模式，如图6-85所示。

图6-85　导向腿＋导柱导向

① 为保证侧冲孔/冲孔的凸、凹模间隙，上、下模座导向精度要求高，且稳定性要好，使用导板导正，作为模具的导向。

上、下模座导向间隙为 (0.03 ± 0.02) mm。

② 卸料板可在上模座内上、下运动，为保证其与上模座保持一定的配合间隙，采用导板导正，在卸料板的四周共设置8块导板，与上模座内的导滑面滑配，导向间隙为 (0.05 ± 0.02) mm。

③ 目前，在汽车覆盖件模具中使用最广泛的是采用侧销限位，它具有安全、可靠、方便等综合特点。本侧冲孔/冲孔模具便采用侧销限位，卸料板使用6个，其中2个安全侧销，

4个工作侧销（数量为左件模具加工使用数）。参见模具装配图中的序号313。

④ 上、下模座的限位使用了4个限位器，参见模具装配图中的序号333。

6.12.9　模架设计

(1) 模具外形尺寸

根据实际制件尺寸和在大批量冲压生产线中，要求全工序模具外形尺寸及闭合高度应尽可能相同，这样既可便于压力机的选择，有利于模具的安装，又方便模具的存放和管理。因此，本侧冲孔/冲孔模具外形尺寸为长×宽×高＝2490mm×2010mm×900mm。

(2) 上、下模座

上、下模座采用实型铸造结构。

上、下模座材料为HT300，退火处理。

上、下模座设计有用于模具运输的运输连接板用螺纹，规格为M16×25。

上、下模座设计有与压力机工作台T形槽距离相同的压板槽（数量不相同），方便模具安装。

上、下模座设计有起重孔，为四个，其位置在四个角上。

"轿车左/右侧后门内板侧冲孔/冲孔模具上模座零件图"可在出版社网站www.cip.com.cn中"资源下载"区下载，见文件"第6章上模座.dwg"。

"轿车左/右侧后门内板侧冲孔/冲孔模具下模座零件图"可在出版社网站www.cip.com.cn中"资源下载"区下载，见文件"第6章下模座.dwg"。

6.12.10　设备的选择

工厂（公司）现有冲压设备状况，不但是模具设计时选择设备的依据，而且对工艺方案的设计有直接影响。冲压设备的类型、规格、先进与否是确定工序组合程度、选择各工序压力机型号、确定模具类型的主要依据。

冲压设备（压力机）的选择应根据冲压工序的性质、生产批量的大小、冲压件的几何尺寸和精度要求、模具的外形尺寸以及现有设备等项内容综合考虑后进行选择。

(1) 选择压力机的先决条件

① 所选压力机的公称压力必须大于冲压所需总冲压力，即 $F_{压机}>F_{总}$。

② 压力机的行程大小应适当。

③ 所选压力机的闭合高度应与冲模的闭合高度相适应。

④ 压力机工作台面的尺寸必须大于模具下模座的外形尺寸，还要留有安装固定余量。

(2) 一些数据

① 制件下料尺寸 1500mm×1250mm×(0.80/1.4)mm。

② 制件重 7.80kg。

③ 坯料重 5＋8.5＝13.5kg。

④ 材料利用率为 57.8%。

(3) 压力机的选用

包括选择压力机类型和压力机规格两项内容。

根据模具闭合高度及模具外形尺寸要求，本模具选用的压力机规格为 JB36—630（闭式双点单动压力机）。

其主要计算参数为：公称压力630t；滑块行程500mm；最大装模高度800mm；最大装模高度调节量340mm；导轨间距离3360mm；滑块底面前后尺寸1500mm。

6.12.11 模具总装配图、模具零件明细表及部分零件图

① "模具装配图（3D）"可在出版社网站 www.cip.com.cn 中"资源下载"区下载，见文件"第6章 mujuzhuangpeitu.part"。

② "模具装配图（2D）及模具零件明细表"可在出版社网站 www.cip.com.cn 中"资源下载"区下载，见文件"第6章 模具装配图.dwg"。

③ "轿车左/右侧后门内板侧冲孔/冲孔模具部分零件图"可在出版社网站 www.cip.com.cn 中"资源下载"区下载，见文件"第6章 模具零件图.dwg"。

第 7 章 汽车覆盖件模具标准件设计

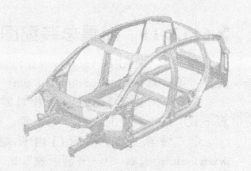

标准件在汽车覆盖件冲压模具的设计与制造过程中使用的数量很多。说是标准件，只是使用某一企业标准里的标准件，应用在同一副模具中。对于不同公司生产制造的模具，并不具有互换性。现在的状况是，模具的生产制造公司，接到订单后，在设计和生产制造过程中，完全按客户的要求，使用客户指定的某一企业标准里的标准件。目前，绝大多数汽车覆盖件模具所使用的标准件并不完全是 GB 标准或 ISO 标准，基本上使用的都是企业标准。

标准件种类及品种繁多，本章只介绍部分标准件，更多的可参考相关资料。

另外，建议在选用标准件时，最好在同一家供应商选用同套产品。

7.1 导向件

导向件是在模具中起导向作用的零件。主要有自润滑导板、导柱、导套等。

7.1.1 自润滑导板

自润滑导板是以平面导向的板状零件，用于保证上模座与下模座两者间或凸模、压边圈与凹模三者间的两两相互对准、滑动，有三种，即 2 螺栓孔型、3 螺栓孔型和 4 螺栓孔型。初期使用时涂抹润滑脂，效果会更好。

(1) 自润滑导板（2 螺栓孔型）

这种自润滑导板使用的材料有铸铁（FC250＋石墨）和铜合金（高力黄铜＋石墨）两种，如图 7-1 所示。宽度有 $W=28\sim75\text{mm}$ 和 $W=100\sim150\text{mm}$ 两种系列，厚度均为 20mm，具体尺寸规格详见表 7-1。

(2) 自润滑导板（3 螺栓孔型）

这种自润滑导板使用的材料是铜合金（高力黄铜＋石墨），如图 7-2 所示。宽度在 $W=80\sim160\text{mm}$ 之间，厚度均为 20mm，具体尺寸规格详见表 7-2。

(3) 自润滑导板（4 螺栓孔型）

这种自润滑导板使用的材料有铸铁（FC250＋石墨）和铜合金（高力黄铜＋石墨）两种，如图 7-3 所示。宽度在 $100\sim150\text{mm}$ 之间，厚度均为 20mm，具体尺寸规格详见表 7-3。

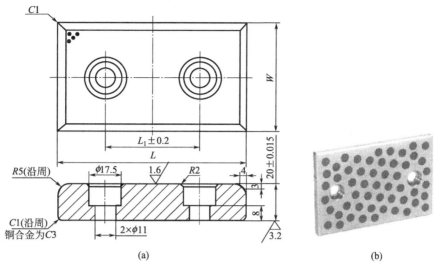

图 7-1 自润滑导板（2 螺栓孔型）

表 7-1 自润滑导板（2 螺栓孔型）尺寸规格

系列	W	L	L_1	系列	W	L	L_1
$W=28\sim75$（铸铁）	28	75	45	$W=100\sim150$（铸铁）	100	100	50
		100	50			125	75
		125	75			150	100
		150	100			200	150
	38	75	45		125	125	75
		100	50			150	100
		125	75			200	150
		150	100			250	200
		200	150		150	150	100
	48	75	45			200	150
		100	50			250	200
		125	75	$W=28\sim75$（铜合金）	28	75	45
		150	100			100	50
		200	150			150	100
	58	75	45		38	75	45
		100	50			100	50
		150	100			150	100
	75	75	45		48	75	45
		100	50			100	50
		125	75			125	75
		150	100			150	100
		200	150			200	150

续表

系列	W	L	L_1	系列	W	L	L_1
$W=28\sim75$（铜合金）	58	75	45	$W=100\sim150$（铜合金）	100	100	50
		100	50			125	75
		150	100			150	100
	75	75	45			200	150
		100	50		125	125	75
		125	75			150	100
		150	100			200	150
		200	150			250	200
					150	150	100
						200	150
						250	200

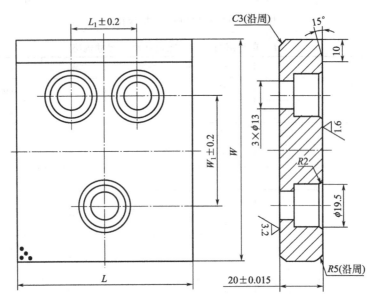

图 7-2 自润滑导板（3 螺栓孔型）

表 7-2 自润滑导板（3 螺栓孔型）尺寸规格

L	L_1	W	W_1	L	L_1	W	W_1
80	30	80	30	125	75	100	50
		100	50			125	75
		125	75			160	110
		160	110			200	150
		200	150				
100	50	100	50	160	110	100	50
		125	75			125	75
		160	110			160	110
		200	150			200	150

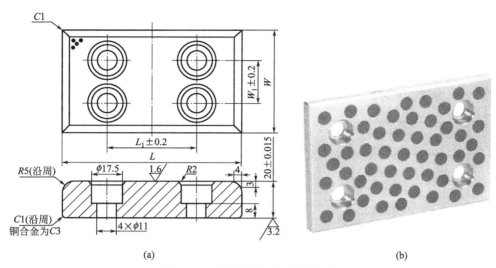

图 7-3 自润滑导板（4 螺栓孔型）

表 7-3 自润滑导板（4 螺栓孔型）尺寸规格

材料	W	W_1	L	L_1	材料	W	W_1	L	L_1
铸铁	100	50	100	50	铜合金	100	50	100	50
			125	75				125	75
			150	100				150	100
			200	150				200	150
	125	50	125	75		125	50	125	75
			150	100				150	100
			200	150				200	150
			250	200				250	200
	150	100	150	100		150	100	150	100
			200	150				200	150
			250	200				250	200

技巧

➤ 汽车覆盖件模具所有的导板都应用自润滑形式。

➤ 上、下模座，压料芯，卸料板，顶出器上的垂直导板可用铸铁基自润滑导板。

➤ 下列情况，采用铜合金自润滑导板：

安放在下模的斜楔机构，如图 7-4 所示。

安放在上模的斜楔机构，如图 7-5 所示。

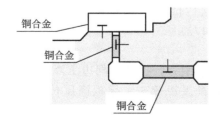

图 7-4 安放在下模的斜楔机构

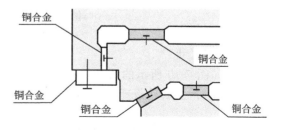

图 7-5 安放在上模的斜楔机构

(4) 使用范围

① 小导板用于有较大的侧向力的导向件，如模具的上、下模座的导向，压边圈与凸模的导向，如图 7-6 所示。

② 大导板适用于上、下模的导向。基本上有两种形式，如图 7-7 所示。

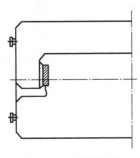

图 7-6 小导板导向

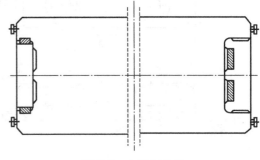

图 7-7 大导板导向

a. 单头导向，安装在上模，使上模与下模导向。
b. 双头导向，安装在压边圈上。

(5) 模具导板的布置形式及设计尺寸

① 模具导板的布置形式　导板原则上采用铜合金（高力黄铜＋石墨）导板，试制及小批量时可采用铸铁导板。导板的布置形式如图 7-8 所示。

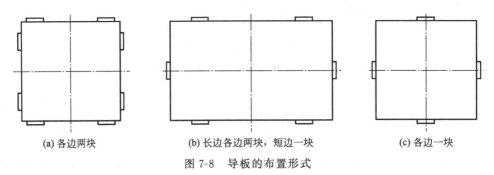

图 7-8 导板的布置形式

经验

➤ 一般尽量采用图 7-8(a) 的形式。

② 模具导板的设计尺寸

a. 宽度尺寸　如图 7-9 所示的两种情况，其宽度设计尺寸为：

$$W_2 \geq A \times 1/8 \text{（或 } B \times 1/8)$$
$$W_1 \geq A \times 1/5 \text{（或 } B \times 1/5)$$
$$\text{偏心} \leq A \times 1/4 \text{（或 } B \times 1/4)$$
$$P \geq A \times 1/2 \text{（或 } B \times 1/2)$$

b. 长度尺寸

ⅰ. 如图 7-10 所示的两种情况，其长度设计尺寸分别为：拉延、翻边 $E \geq 0.6H$；修边 $E \geq 0.5H$；下止点导板超出滑配面 5～10mm；导板高度应统一；导板高度位置 $h = H \times 1/2$。

ⅱ. 模具加工起始点导板配合量：拉延 90mm；修边 60mm；翻边整形 75mm。

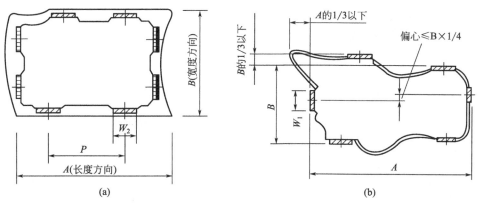

图 7-9 导板的宽度尺寸

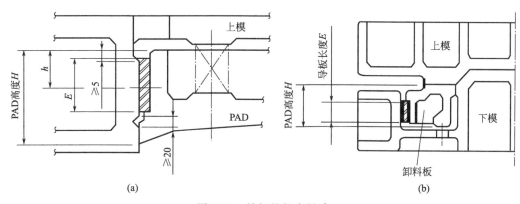

图 7-10 导板的长度尺寸

经验

➤ 导板允许使用垫板,用螺栓固定在基体上,不允许使用调整薄片。在模具设计时应充分考虑在试模时可能发生调整等情况。

➤ 导板导向,采用软硬配对规则。使用两块导板时,必须至少有一块是带有固体润滑剂的青铜导板。

实例 不同位置导板距离边缘的距离如图 7-11 所示。

实例 使用双重导板时,其导向方式不选择图 7-12(a) 所示的安放方式,应选择图 7-12(b) 所示的安放方式。

7.1.2 导柱与导套

导柱(导套)是为上、下模座相对运动提供精密导向的圆柱形零件,多数固定在下模座(上模座),与固定在上模座(下模座)的导套(导柱)配合使用。

导柱、导套始终是成套使用,适用于模具导向精度要求比导板高的时候。在汽车覆盖件模具上一般不单独使用(落料模除外)。因为汽车覆盖件冲模中的侧向力一般都比较大,所以要求与导板结合使用,成为复合导向。

(1) 导柱 ($D \leqslant 50mm$)

上、下模导向用的导柱结构如图 7-13 所示,部分尺寸规格见表 7-4。

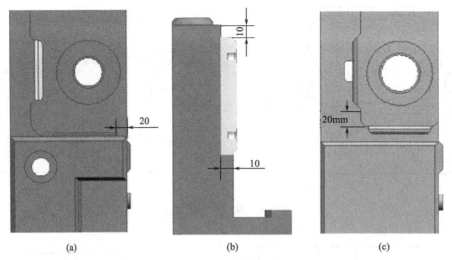

图 7-11 导板距离边缘的距离

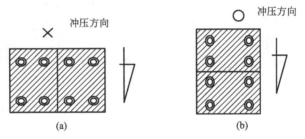

图 7-12 双重导板

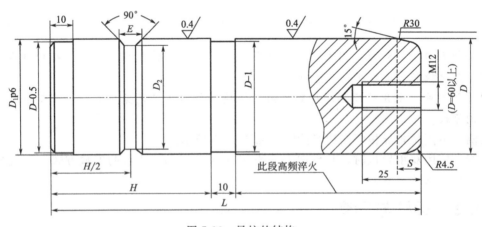

图 7-13 导柱的结构

材质：S45C。

硬度：55HRC。

（2）导柱设计尺寸要求

① 导柱直径的选用参见表 7-5。

② 导柱长度的确定（考虑以下两个状态，特别要注意联合安装时的特殊情况）。

a. 模具工作时，如图 7-14 所示。

表 7-4 导柱的部分尺寸规格

D	D_1 p6	D_2	H	E	S	L	D	D_1 p6	D_2	H	E	S	L
30	30 $\begin{array}{c}+0.035\\+0.022\end{array}$	26	40	8	5	100	60	60 $\begin{array}{c}-0.010\\-0.020\end{array}$	55	90	12	10	200
						120							220
						140							250
						160							300
						180		$\begin{array}{c}+0.051\\+0.032\end{array}$					350
40	40 $\begin{array}{c}-0.005\\-0.015\end{array}$	36	50			120	80	80	75	120			250
						140							300
						160							350
						180							400
						200		$\begin{array}{c}-0.010\\-0.025\end{array}$					300
50	50 $\begin{array}{c}+0.042\\+0.026\end{array}$	45	70	10	10	160	100	100	95	150			350
						180							400
						200		$\begin{array}{c}+0.059\\+0.037\end{array}$					450
						250							500
						300							

表 7-5 导柱直径的选用　　　　　　　　　　　　　　　　　　　mm

模具长度	>4000	3000～4000	2200～3000	1500～2200	800～1500	<800
导柱直径	120	100	80	60(80)	50(60)	40(50)

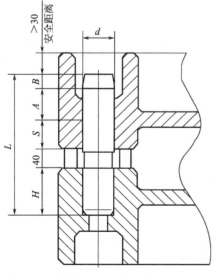

图 7-14 模具工作时导柱长度的确定

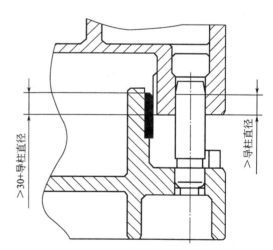

图 7-15 模具存放时导柱长度的确定

$$L = H + 40 + S + A + B \tag{7-1}$$

式中　H——导柱安放深度，mm；

　　　S——模具加工行程，mm；

　　　A——导柱直径，mm；

B——导柱引导长度，mm；
L——按导柱标准取上一级标准长度，如计算结果为 290，则选取导柱长度为 300mm。

b. 模具存放时，如图 7-15 所示。

③ 导柱在模具结构设计中的细部尺寸，如图 7-16 和表 7-6 所示。

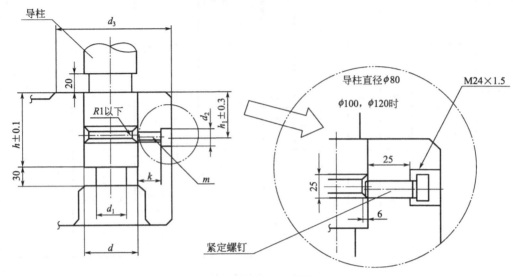

图 7-16　导柱的细部尺寸

表 7-6　导柱的细部尺寸　　　　　　　　　　　　　　　　　mm

d	d_1	d_2	h	h_1	k	m	d_3
40	30	16			20	M8	100
50	30	20			25	M12	120
60	40	20	根据导柱标准确定		25	M12	140
80	60	20(32)			25	M20(M24)	180
100	80	32			25	M24	200
120	100	32			25	M24	220

经 验

➢ 导柱装配前应放置在干冰（固体二氧化碳）环境下 24h 以上。

➢ 国外有采用液氮预冷 -80℃ 的装配方法。

(3) 带压紧槽导柱

卸料板的导向经常使用带压紧槽导柱，如图 7-17 所示，其尺寸见表 7-7。

(4) 普通导套

普通导套的结构尺寸如图 7-18 所示，其部分尺寸规格见表 7-8。

材质：高力黄铜（CAC304）+石墨（镶嵌）或 FC250+石墨（镶嵌）。

① 导套在模具结构设计中的细部尺寸如图 7-19 所示。

② 导套尺寸的确定。

D：根据导柱直径选择。

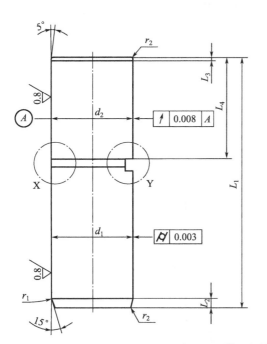
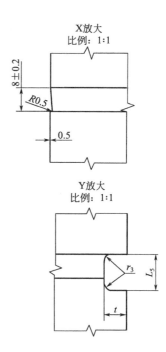

图 7-17 带压紧槽导柱

表 7-7 带压紧槽导柱尺寸 mm

d_1 f6	d_2 r6	L_1 −1.5								L_2 +0.8	L_3 +0.8	L_4 +0.8	L_5	r_1	r_2	r_3	t
25	25	125	140	160	180					8	4	40	7	3	2.0	1	3.0
32	32		140	160	180	200						45					
40	40		140	160	180	200	224	250	280			55	10			2	4.0
50	50			160	180	200	224	250	280	315	355			70		5	2.5		5.0
63	63				180	200	224	250	280	315	355	400	10		80	12	6			6.5
80	80						224	250	280	315	355	400			100		8	3.0		8.0

注：长度 160mm、200mm、250mm、315mm 和 355mm 优先采用。

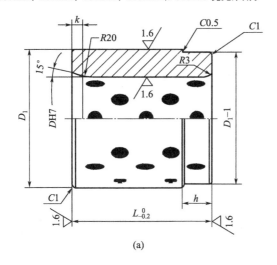

图 7-18 普通导套

表 7-8 普通导套部分尺寸规格 mm

D_1		DH7		L	h	k
50	±0.008	30	+0.021 0	50	10	5
60	±0.0095	40	+0.025 0	60		
70		50		75	15	
80	±0.011	60	+0.030 0	90	20	10
100		80		120		
120	±0.013	100	+0.035 0	150	25	

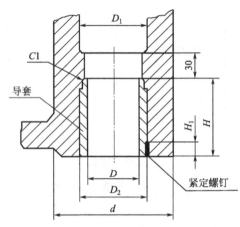

图 7-19 导套的细部尺寸

D_1：$D+20$mm。

D_2：导套外径，配合关系为 H7/s6。

H：参考导套标准，一般等于导套直径。

H_1：$D \leqslant 60$mm 时为 15mm，其他的为 21mm。

紧定螺钉：$D \leqslant 60$mm 时为 M8～15，其他的为 M10～20。

d：参考导柱结构设计细部尺寸。

③ 导套原则上尽可能不采用铸铁材料。

(5) 使用压板固定的导套

使用压板固定的导套的结构尺寸如图 7-20 所示，其部分尺寸规格见表 7-9。

表 7-9 使用压板固定的导套尺寸规格 mm

d_1 H7	d_2 h6	d_3 −0.25	d_4 −0.8	d_6 ±0.3	L_1	L_2	L_3 +0.1	L_4	r_1
25	32	32	40	58	40	30	6.3	3	3
32	40	40	50	66	50	40		4	
40	50	50	63	79	63	50		5	
50	63	63	71	89	71	56		6.3	5
63	80	80	90	123	80	63	10	8	6
80	100	100	112	143	100	80		10	8
100	125	125	140	168	125	106		12.5	10
125	160	160	180	203	160	132		16	12
160	200	200	220	243	200	170			18

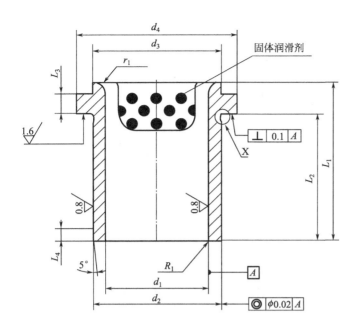
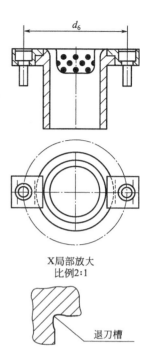

图 7-20 使用压板固定的导套

7.1.3 导柱压板与导套压板

(1) 导柱压板

导柱压板的结构如图 7-21 和图 7-22 所示，其尺寸规格见表 7-10。

表 7-10 导柱压板的结构尺寸　　　　　　　　　　　　mm

d_1	d_2	L_1	L_2	L_3	L_4	L_5	L_6	L_7	螺钉
25	9	32	5	20	16	3	19.5	1	M8×20
32							23		
40	11	40	8	25	24	4	28.5		M10×30
50						5	32.5		
63	14	50	10	32	30	6.5	41	2	M12×30
80						8	48		
100		63		40	40	10	60		
125		80			50	12	70.5		
140	18	100	16	50	60	13	82	3	M16×40
160						15	90		

材质：S235JR。

(2) 导套压板

导套压板的结构如图 7-23(a) 所示，安装形式如图 7-23(b) 所示，其尺寸规格见表 7-11。

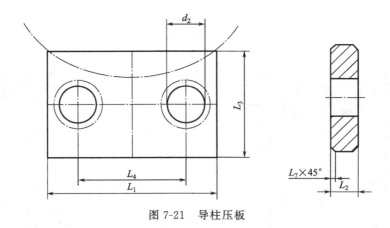

图 7-21 导柱压板

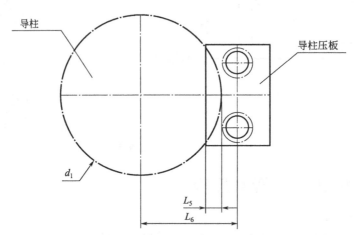

图 7-22 导柱与导柱压板

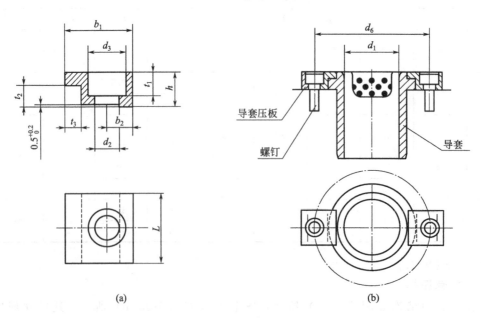

图 7-23 导套压板

表 7-11 导套压板的结构尺寸　　　　　　　　　　　　　　　　　　　　mm

d_1	d_2 +0.2	d_3 +0.2	d_6 ±0.3	h h11	L −0.4	t_1 +0.2	t_2	t_3 +0.3	b_1 h9	b_2	数量
25	7	11	68	10	20	7	6.3	5	20	7.5	2
32			66								
40			79								
50			89								
63	11.5	17.5	123	16	32	11.5	10	10	32	11	
80			143								
100			168								
125			203								
160			243								

7.2 定位件

定位件是对模具及制件起定位作用的零件。主要有定位板、导料板、定位器、定位销、定位键、导料销等。

7.2.1 定位板

定位板（或称为材料定位架、素材定位器）主要用于拉延模、落料模及修边冲孔模的材料（制件与模具之间的）定位。位置在模具内，制件外，如图 7-24 所示。

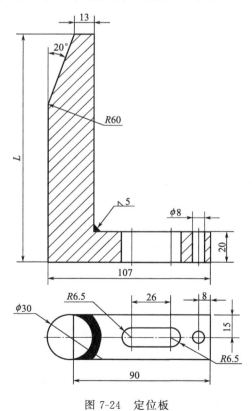

图 7-24 定位板

L 系列长度为 65mm、90mm、120mm、150mm、250mm。

定位板有多种型号与规格。

7.2.2 导料板

图 7-25 所示的导料板，主要用于落料模或级进模中对条（带）料起初始导正作用。材料接触面镀硬铬，厚度为 $10\sim30\mu m$。尺寸规格见表 7-12。

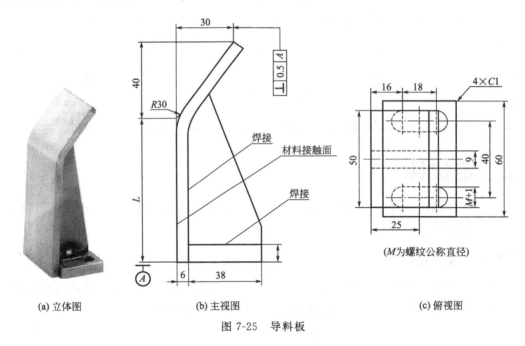

(a) 立体图　　　(b) 主视图　　　(c) 俯视图

图 7-25　导料板

表 7-12　导料板尺寸规格　　　　　　　　　　　　mm

L	安装螺钉孔
75,80,85,90,95,100	M10
105,110,115,120,125,130,135,140,145,150	M12

材质：SS400。

7.2.3 带感应器板件定位器

图 7-26 所示为带感应器板件定位器，用于自动化生产拉延模具材料有无投入的检测部件，选择带感应器的形式。感应器应根据压机匹配选择。

实例　图 7-27 所示为带感应器板件定位器立体图，图 7-28 所示为带感应器板件定位器在材料投入前、后示意图。

> **经验**

➤ 一般拉延模采用 7.2.1 所列形式的定位板，自制。要求板件四边定位，根据板件的尺寸决定每边两个或一个。

➤ 如果是自动化生产时，要求在拉延模上采用 7.2.3 形式板件定位器，保证 X 和 Y 向各一个，距离为设计导正架位置对角最远设置。

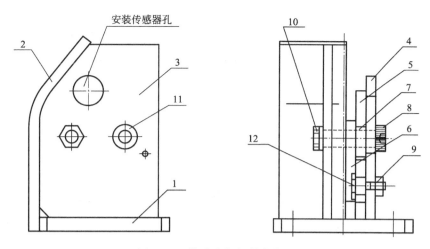

图 7-26 带感应器板件定位器
1—底板；2—导板；3—支承板；4—连接板；5—接触板；6—连接块；7—套；
8,12—连接螺栓；9—螺母（M5）；10—螺母（M8）；11—连接轴（2个）

图 7-27 带感应器板件定位器立体图

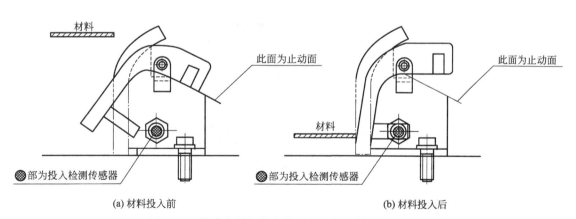

(a) 材料投入前　　　　　　　　　　(b) 材料投入后

图 7-28 带感应器板件定位器材料投入前、后示意图

7.2.4 定位键

定位键用于模具零件相互定位，结构如图 7-29 所示，其尺寸规格见表 7-13。

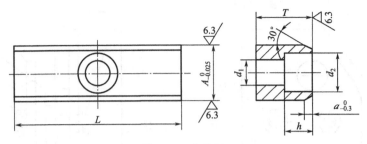

图 7-29 定位键

表 7-13 定位键尺寸规格   mm

A	T	d_1	d_2	h	a	L
20	20	9	14	10	3	60
						80
25						60
						80
					4	100
28	25	11	18	10		60
						80
						100
32					5	60
						80
						100

材质：S45C。

实例 图 7-30 所示是定位键应用。

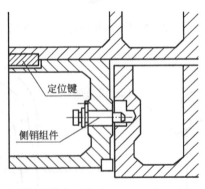

图 7-30 定位件应用

7.2.5 定位销及导料销

定位销的主要作用是对模具内的零件（已冲孔）起定位作用，保证工序件在模具内有固定不变位置的零件。特点是一旦定住就不好调整。

导料销是引导块（带、卷）料进入凹模的柱状导向零件。

定位销及导料销种类较多，应用广泛，想了解更多的内容，可参考相关资料。

> 拉延模以外后序模具靠形状定位不可靠时，要求使用板件定位器或者定位销形式进行板件定位。
> 优先使用板料定位的形式为：固定式→上下活动式→左右或前后活动式定位。

7.3 冲压元件

冲压元件主要是指冲孔凸模、凸模固定块及凹模等。

7.3.1 冲孔凸模

① 冲孔凸模的种类和品种比较多，图 7-31 所示的是其中的一种球锁紧顶料型凸模，尺寸参数见表 7-14。

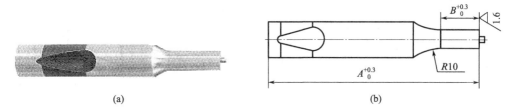

图 7-31 球锁紧顶料型凸模

表 7-14 球锁紧顶料型凸模尺寸参数　　　　mm

D	A	图 7-32(a)	图 7-32(b)、(c)、(d)、(e)		B
		L	L(最大)	W(最小)	
10		3.00～9.97	9.90	2.50	13
13		6.00～12.97	12.90	3.00	
16	63,71,80,90,100,110,125	10.00～15.97	15.90	4.00	
20		13.00～19.97	19.90	5.00	19
25		18.00～24.97	24.90	6.00	
32		22.00～31.97	31.90	7.00	

注：表中的 D、W、L 如图 7-32 所示。

② 刃口形状如图 7-32 所示。

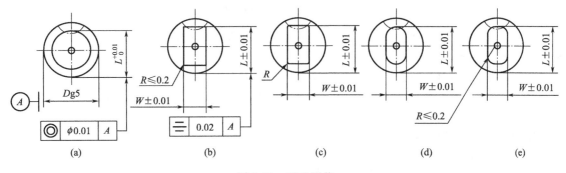

图 7-32 刃口形状

对图 7-32(b)，$L \geq W$；可指定 $R=0$。
对图 7-32(c)，$L \geq W$；$0.2 \leq R < W/2$。
对图 7-32(d)，$L > W$。
对图 7-32(e)，$L > W$。

技巧

➢ 直径 $\phi 6mm$ 以上的冲孔凸模需配置弹顶销。

③ 凸模的固定有多种方法，应根据不同的用途，采用不同的固定方法。图 7-33 所示是圆形凸模比较常见的几种固定方法。

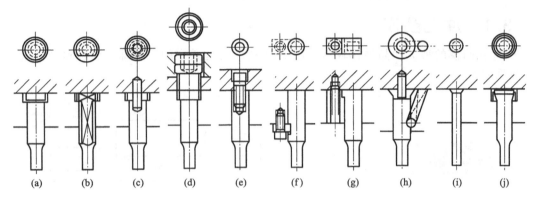

图 7-33　凸模的几种固定方法

实例　图 7-34 所示是凸模的两种固定方法。

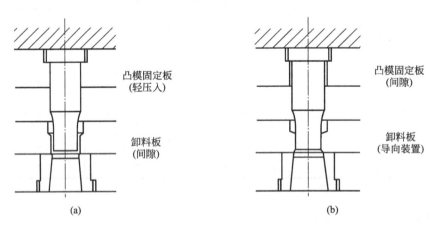

图 7-34　凸模的两种固定方法

图 7-34(a) 所示的固定方法是以凸模固定板为基准的，而图 7-34(b) 所示的固定方法是以卸料板为基准的。

④ 凸模的导向有无导向和有导向之分，如图 7-35 所示。

图 7-35(a) 与 (b) 所示的是无导向结构，而图 7-35(c) 与 (d) 所示的是有导向结构，并且有 $h=(1\sim 2)d$ 关系存在。

⑤ 凸模材料：SKD11。

热处理硬度：$60 \sim 62HRC$。

其他的请参阅 4.8 冲孔凸模与凹模设计相关内容。

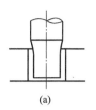 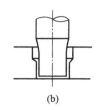 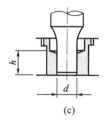 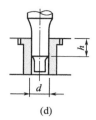

(a)　　　　　　(b)　　　　　　(c)　　　　　　(d)

图 7-35　凸模的导向

经验

➤ 更换凸模时要谨防凸模跳落碰伤刃口。

➤ 在压力机上更换凸模时应视模具的大小，保证最少有 350mm 的行程空间，并使用专用工具（开销锥）来进行。

➤ 凸模安装前要检查尺寸规格是否相符。安装时应将柄部插入固定板安装孔内，并稍微转动，直到能感觉到钢球已进入柄部球座为止，再稍微转动，这时应不能转动。异形凸模尤其要注意此点。

➤ 球锁式凸模卸料装置可采用钢质卸料板或聚氨酯弹簧卸料套，具体应用可根据模具结构自行选择。当模具上不能采取这两种结构形式时，在选择快换凸模时，刃口尺寸应尽量靠近固定部分尺寸，这样才能体现快换凸模的优势。

7.3.2　凸模固定块

① 凸模固定块的种类和品种比较多，图 7-36 所示的是其中的一种球锁紧固定块（重载荷与轻载荷），其尺寸参数见表 7-15。

 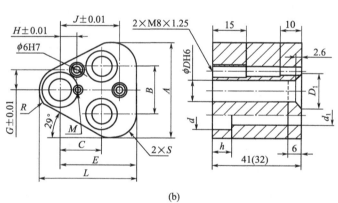

(a)　　　　　　　　　　　　　　(b)

图 7-36　球锁紧固定块

表 7-15　球锁紧固定块（重载荷与轻载荷）尺寸参数　　　　　　　　　mm

D	L	A	B	C	S	J	G	H	R	d	d_1	D_1
10	44.5	43.7	22.2		12.0	26.925	9.0	7.5	9.5			16
13	50.8	50.0	28.6	19.0	15.2	29.970	12.0	6.5	12.7	14	9	19
16	54.0	53.2	31.8		16.8	31.750	13.5	6.0	14.3			22
20	60.3	59.5	35.0		20.0	33.530	16.5	5.0	17.5	17	11	26

续表

D	L	A	B	C	S	J	G	H	R	d	d_1	D_1
25	69.9	69.1	39.6	23.8	24.7	40.640	22.0	7.0	22.2	19	13	31
32												38
38	77.4	76.6	48.0	27.0	28.5	43.993	26.0	10.0	26			44
40												46

注：图 7-36 中的 M 均为 4。

② 凸模固定块使用的螺钉规格分别为 M8、M10 和 M12。

③ 凸模固定块材质为 SNCM220；热处理硬度为 58～60HRC。

经验

➤ 重载荷的凸模固定块应使用重载型凸模，不要使用轻载型凸模。

7.3.3 凹模

① 凹模的种类和品种比较多，现在汽车覆盖件模具普遍采用定位销止动型凹模，有普通凹模、防废料回跳凹模（内表面加工有两条以上的斜槽）、斜面逃料凹模和火焰淬火用凹模等类型，分经济型和普通型。图 7-37 所示是普通凹模、防废料回跳凹模、斜面逃料凹模，图 7-38 是火焰淬火用凹模，表 7-16 是普通凹模、防废料回跳凹模和斜面逃料凹模尺寸参数。

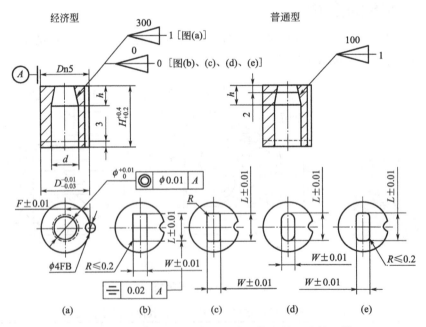

图 7-37 普通凹模、防废料回跳凹模和斜面逃料凹模

图 7-37(b) 和图 7-37(c) 中，$L \geqslant W$。

图 7-37(d) 和图 7-37(e) 中，$L > W$。

图 7-37(d) 仅适用于拉延强度为 1177MPa 以下的被加工材料，被加工材料的厚度以及间隙用作防废料回跳凹模的加工数据。

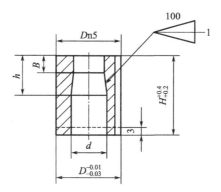

图 7-38 火焰淬火用凹模

表 7-16 普通凹模、防废料回跳凹模和斜面逃料凹模尺寸参数　　mm

Dn5		D	H	φ	图 7-37(b)～(e)		h	d	F
					L(最大)	W(最小)			
10	+0.016 +0.010	10	16、20、22、 25、28、30、 32、35	2.0～6.0	6	1.2	6	6.4	6
13	+0.020 +0.012	13		3.0～8.0	8	1.5		8.4	7.5
16		16		5.0～10.0	10	2.0		10.6	8
20	+0.024 +0.015	20		7.0～12.0	12	3.0		12.6	10
22		22		8.0～14.0	14	3.0		14.6	11
25		25		10.0～16.0	16	3.0		16.6	12.5
32	+0.028 +0.017	32	16、20、22、 25、30、35	15.0～20.0	20	4.0	8	20.6	16
38		38		19.0～26.0	26	5.0		26.6	19
45		45	20、22、25、 30、35	25.0～35.0	35	6.0		36.0	22.5
50		50		33.0～40.0	40	7.0		41.0	25
56	+0.033 +0.020	56		38.0～45.0	45	8.0		46.0	28

图 7-37(c) 中，0.2≤R<W/2 以下。

图 7-38 火焰淬火用凹模中，刃口尺寸是火焰淬火前的尺寸。B 的尺寸分别为 6mm、8mm、10mm、14mm 四种。根据火焰淬火的状况不同，可能会有一些尺寸出现细微的变化。

② 凹模的安装方法有多种，图 7-39 所示的是其中的几种安装方法。

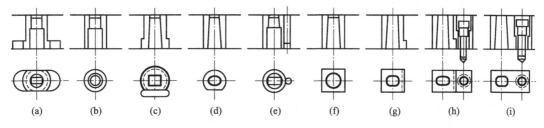

图 7-39 凹模的安装方法

图 7-39(a) 为两面止动结构，凹模与孔的配合为 m5/H7。
图 7-39(b) 为压入结构，凹模与孔的配合为 n5/H7。

图 7-39(c) 为单面止动结构，凹模与孔的配合为 $m5/H7$。
图 7-39(d) 为 D 形止动结构，凹模与孔的配合为 $n5/H7$。
图 7-39(e) 为定位销固定结构，凹模与孔的配合为 $n5/H7$。
图 7-39(f) 为压入结构。
图 7-39(g) 为凸缘固定结构。
图 7-39(h) 为压块固定结构。
图 7-39(i) 为螺钉固定结构。
③ 凹模的材料为 $SKD11$，硬度为 $60\sim63HRC$。
其他请参阅 4.8 冲孔凸模与凹模设计相关内容。

实例 球锁紧顶料型凸模与球锁紧凹模应用如图 7-40 所示。

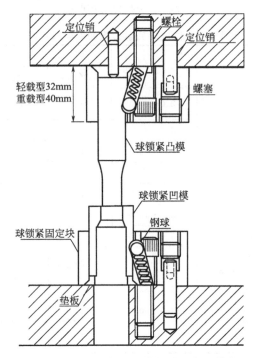

图 7-40 球锁紧顶料型凸模与球锁紧凹模应用

7.4 弹性元件

目前在模具行业中广泛使用的弹性元件有弹簧、聚氨酯弹簧、气垫和氮气弹簧等，这些弹性元件满足了各种弹性储能的需要。

现在模具技术和模具制造水平有了很大的发展和提高，而原有的常规弹性元件（弹簧、聚氨酯弹簧等）存在一定的缺点，往往会影响到冲压件的质量，使模具结构设计变得比较复杂，影响了模具维修及磨损件更换的时间；同时常规弹性元件占用模具空间大，增大了模具制造的成本。另外，弹簧、聚氨酯弹簧均需预紧才能达到设计所需的弹压力，而它们的弹压力又是随行程加大而明显地增大，这种弹压力不恒定的性能，可能导致零件不能成型，对拉延力是很不理想的。对于复杂的拉延成型零件，这个矛盾就显得特别突出，有时只好采用增加工序的办法来解决这类问题。再如，弹簧、聚氨酯弹簧的起始力都不大，这一点对要求起始力比较大的弯曲、翻边等工艺，也不理想。由此产生的结果是，冲压制件的质量不稳定，调整模具费时费力。对于密集型冲头的冲裁工艺，如采用弹簧和聚氨酯弹簧卸料，往往会遇到模具的卸料空间不够安放，因而需要加大模具尺寸来解决的问题。弹簧、聚氨酯弹簧等还存在着老化问题。为此，只能采用气垫来弥补这些不足。但是采用压力机气垫时，模具的调整不方便；由于气压的波动和管道节流损失，气垫所提供的力量也不是很准确；它所占有的空间比较大；需要配备专用的压缩空气站，并且并非所有的压力机均配有气垫。在使用气垫时，模具设计均要受气垫顶杆位置的限制，模具安装调试也不方便。氮气弹簧这种新型的弹性功能部件正逐步代替常规的弹性元件，它能够弥补弹簧、聚氨酯弹簧和气垫的不足，简化模具设计、制造、方便模具调整；它可以作为独立部件，安装在模具中使用，也可以设计成一种排管式弹簧，作为模具的一部分参加工作，可以在系统中很方便实现弹压力恒定和延时动作，是一种具有柔性性能的弹性部件。

7.4.1 弹簧

现在汽车覆盖件模具所用的弹簧分为圆钢丝及扁钢丝。圆钢丝主要适用小载荷，大行程。扁钢丝弹簧主要适用于大载荷。

(1) 弹簧的安装方式

弹簧的安装方式有窝孔式安装、芯轴式安装、窝孔芯轴结合的安装方式与适用于大型斜楔的回程弹簧组件特殊安装方式，如图 7-41 所示。

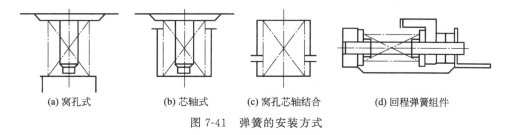

图 7-41 弹簧的安装方式

➢ 首先是弹簧设计使用寿命一般考虑以 30 万次为标准。其次要以客户具体的技术协议为准。

(2) 弹簧的布置原则

① 弹簧布置时要考虑整体的平衡性。

② 弹簧的压力要满足模具动作要求。

③ 模具有中心贯通键槽时，如果 e 小于 20mm，应避免在键槽上布置弹簧，如图 7-42 所示。

(3) 弹簧固定方式

① 一般选用两侧用导正销进行固定的方式，如图 7-43(a) 所示。

② 如果选用单侧进行固定时，导正销一般固定在上模板或者下模板上，压料芯应该设计弹簧沉孔作为接触面，沉孔深度根据模具的结构确定，一般 $D=d+5$mm，如图 7-43(b) 所示（D 为弹簧座面直径，d 为弹簧直径）。

(4) 弹簧座的设计

① 一般弹簧支承座设计方式如图 7-44(a) 所示的形式。弹簧安装面与上模座或者下模座其他标准件（如碇死块等）安装面高度一致，弹簧凸出压料芯，凸出尺寸根据具体模具结构确定。

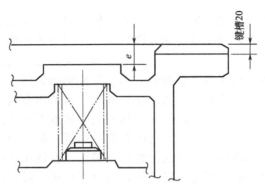

图 7-42 避免在键槽上布置弹簧

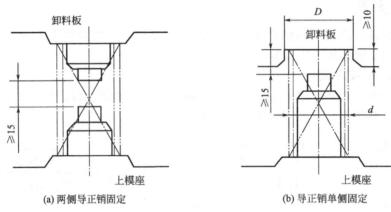

(a) 两侧导正销固定　　　　(b) 导正销单侧固定

图 7-43 弹簧固定方式

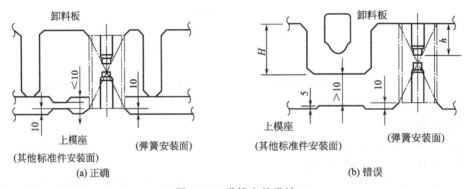

(a) 正确　　　　(b) 错误

图 7-44 弹簧座的设计

② 尽量不选择如图 7-44(b) 所示的安装方式。弹簧安装面与其他标准件（如镦死块等）安装面高度不一致，或者弹簧凸出压料芯过长（图中 $H>h$）。

7.4.2 聚氨酯弹簧

聚氨酯弹簧的特点是力量大，行程小，使用次数少，需经常更换。

(1) 聚氨酯弹簧在汽车覆盖件模具中的作用

① 作缓冲器作用。与行程导管结合安装在模具的外侧，一般大型模具使用 4 个，小型模具使用 2 个。详见 7.5.1 弹性限位装置。

② 与弹簧作用一样是压料力的来源，使用在压料器上。

③ 缓冲及消音的作用，如安装在斜楔后面的滑块回程限位块（见图7-45）。

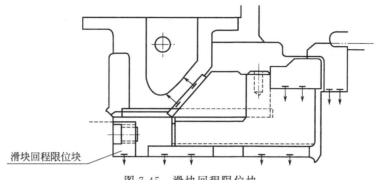

图 7-45 滑块回程限位块

(2) 聚氨酯弹簧选用原则
① 聚氨酯弹簧容易被油腐蚀损坏，因此原则上压力源不使用聚氨酯弹簧。
② 聚氨酯弹簧固定在压料芯上。
③ 聚氨酯弹簧压缩率使用时应参照有关标准。
④ 聚氨酯弹簧使用长度不得大于其直径的2倍。
⑤ 聚氨酯弹簧压缩后，其直径参照聚氨酯弹簧支承座部位结构。

(3) 聚氨酯弹簧安装空间
聚氨酯弹簧在安装时，如图7-46所示，应考虑以下几点：
① 聚氨酯弹簧存放接触面应该为 $D+20\text{mm}$。
② 聚氨酯弹簧压缩后直径为 D_1。
③ 聚氨酯弹簧设计安装的最小空间为 D_2。
④ 聚氨酯弹簧未压缩的直径为 D。
⑤ 压缩状态下的高度为 H。

7.4.3 氮气弹簧

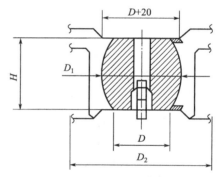

图 7-46 聚氨酯弹簧在安装时应考虑的几点

氮气弹簧是以氮气为气源的一种具有弹性功能的部件。它将高压氮气密封在确定的容器中，外力通过柱塞杆将氮气压缩，当外力去除时靠高压氮气膨胀来获得一定的弹压力，这种部件称为氮气缸或气体弹簧，简称氮气弹簧。它以稳定的弹压力、较小的体积、可靠的工作性能和较长的使用寿命等优势，正在逐渐替代弹簧、聚氨酯弹簧和气缸等弹性元件，而广泛应用于汽车覆盖件模具上。

(1) 氮气弹簧的组成
氮气弹簧由缸体、密封组件、气门组件、润滑剂和柱塞杆等组成。其缸体采用非焊接的整体材料加工成型，具有很高的安全可靠性；柱塞杆表面采用了最先进的纳米陶瓷和金刚石镀层进行了特殊的硬化和镜面加工，具有低摩擦因数和超强的耐磨性等优点。

(2) 氮气弹簧的工作原理
在一个密封的环境里，充上高压的氮气，来产生压力。工作时通过施加压力给柱塞杆，来压缩氮气，在体积变小压力变大的情况下来增加压力。

(3) 氮气弹簧的特点
① 行程大：在7～300mm之间。

② 压力大：氮气弹簧在 20℃时充气的压力为 5～18MPa，所提供的弹压力在 300～18300N 之间。

③ 寿命长：氮气弹簧行程使用寿命可以达到 100～200km［相当于（100～200）×10^4 次］。

④ 氮气弹簧的正常工作温度是在 0～40℃之间。

⑤ 柱塞杆行程速度小于 0.8m/s，工作频率小于 2 次/s。

⑥ 最高冲压频率为 80 次/min。

⑦ 单位温度弹压力增量为±0.3%/℃。

(4) 氮气弹簧与几种弹性元件的比较

氮气弹簧与弹簧、聚氨酯弹簧和气缸等弹性元件的比较如图 7-47 所示。

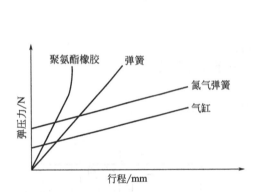

图 7-47 氮气弹簧与弹簧、聚氨酯弹簧和气缸等弹性元件的比较

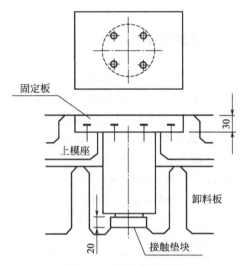

图 7-48 底部直接固定

从图 7-47 中可以看出，氮气弹簧与气缸一开始就有弹压力，但氮气弹簧比气缸的弹压力大，弹压力的增加比较平缓，是线性关系。弹簧的弹压力增加也是线性关系，而聚氨酯弹簧的弹压力的增加是非线性的。当压缩聚胺酯弹簧时，聚氨酯弹簧要胀大，而氮气弹簧、气缸和弹簧不会变形。

(5) 氮气弹簧的安装

氮气弹簧安装主要有以下两种固定方式。如果设计时需要其他的固定方式，请参考相应标准上其他的安装方式。

① 氮气弹簧底部直接固定，如图 7-48 所示。

② 氮气弹簧固定块固定：分为正面固定和反面固定，具体固定方式见图 7-49（a）和图 7-49（b）。

> **经验**
>
> ➢ 氮气弹簧接触垫块厚度设计为 20mm，并且与氮气弹簧接触面需要进行调质处理，硬度在 40HRC 以上。
>
> ➢ 使用氮气弹簧时，模具在非工作状态下，氮气弹簧顶端与压料芯的接触垫块不能接触，使氮气弹簧处于自由状态（氮气弹簧端头与接触垫块之间的间隙为 1mm）。

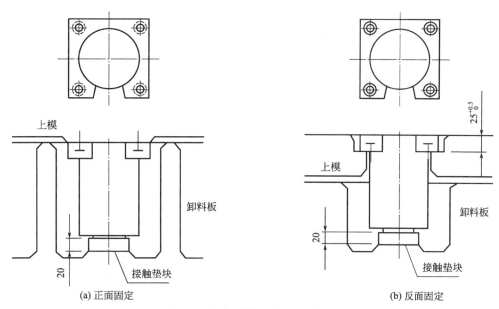

(a) 正面固定　　　　　　　　　　　(b) 反面固定

图 7-49　氮气弹簧固定块固定方式

（6）氮气弹簧的管路连接系统

氮气弹簧可连接成为一个或多个系统使用。在一个系统回路中，每个氮气弹簧都具有相同的压力。多个系统组合使用时，各个系统回路中的压力可以相同，也可以不同，也可以根据需要进行压力的调节，以达到最满意的使用效果。氮气弹簧的管路连接系统由氮气弹簧、接头、连接管、控制板和安装附件等组成。图 7-50 和图 7-51 分别为氮气弹簧的串联和并联管路连接。

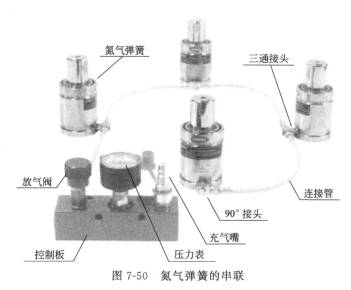

图 7-50　氮气弹簧的串联

> 用于斜楔的氮气弹簧需有单个或多个压力表来控制其压力。

（7）氮气弹簧的主要标准和品牌

现在汽车覆盖件模具使用的氮气弹簧的标准和品牌主要有 ISO11901 和 GB/200914 以及

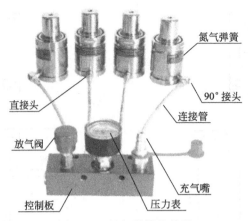

图 7-51 氮气弹簧的并联

KALLER（瑞典）、DADCO（美国）、HYSON（美国）、TECAPRES（西班牙）、RENAULT（法国）和 HI-WELL（加拿大）、VW（德国大众）等品牌。

(8) 氮气弹簧选用原则

① 空间小，压力不足时。

② 氮气弹簧配置形式优先考虑独立形式，在对平衡性和均压要求严格的前提下考虑选用串联管路进行连接。

③ 保持负载平均。

(9) 使用氮气弹簧的注意事项

① 氮气弹簧的柱塞杆在运输、安装、调试和使用过程中，应避免受到碰撞、挤压、划伤，否则将缩短使用寿命或报废。

② 确保留出公称行程至少 3～5mm（公称行程 50mm 以上的至少需留 10% 以上）不要使用，要设置可靠的限位装置以确保不超行程工作，否则有可能造成氮气弹簧的损坏或爆裂，发生人身安全事故。

③ 确保氮气弹簧固定牢靠，支承氮气弹簧底部的受力面应大于氮气弹簧缸筒的外径。

④ 氮气弹簧的柱塞杆顶部平面应与接触表面完全贴合，接触表面应大于柱塞杆外径并与柱塞杆面平行。柱塞杆严禁接长或截短使用，在工作时避免偏载（偏心量应小于 0.03/100）并避免有障碍物。

⑤ 当工作温度高于 40℃时，应采取冷却措施将温度降至 40℃以下方可使用，但不得低于 0℃。

⑥ 严禁非专业人员对氮气弹簧进行拆解和充气，严禁任何改造或加工以及在 20℃充气时超过最大充气压力。

⑦ 在旧模具中更换氮气弹簧时，应对旧模具进行调整或修整，否则有可能影响氮气弹簧的正常使用和寿命。

⑧ 已达到使用寿命的氮气弹簧，严禁继续使用，必须更换新的氮气弹簧。

⑨ 不得浸在润滑油中使用。

(10) 氮气弹簧的作用

① 缓冲作用。

② 方便装模。

③ 平衡上滑块。

④ 存放。

随着氮气弹簧的标准化及客户对模具使用要求的逐步提高，越来越多的客户要求在模具的四个角上加装氮气弹簧支承，其基本形式如图 7-52 所示。

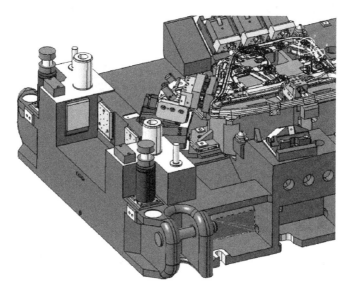

图 7-52　氮气弹簧支承的基本形式

实例　氮气弹簧的应用如图 7-53 所示。

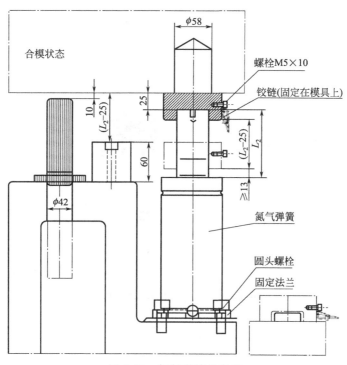

图 7-53　氮气弹簧的应用

7.4.4　拉簧

拉簧（见图 7-54）在汽车覆盖件模具里使用得比较少。只有当需要的力不大的情况下才使用，如包边模里的包边机构就使用的是拉簧。

图 7-54 拉簧

(a) 角用包边机构

(b) 双动平行包边机构

图 7-55 拉簧的应用

实例 拉簧的应用如图 7-55 所示。

7.5 限位装置

限位装置主要分为弹性限位装置和刚性限位装置以及运动件的限位三种。

7.5.1 弹性限位装置

主要有聚氨酯缓冲器、限位套管和氮气弹簧。

(1) 聚氨酯缓冲器

在要求比较低的模具中使用聚氨酯缓冲器,如图 7-56 所示,具体尺寸见表 7-17。

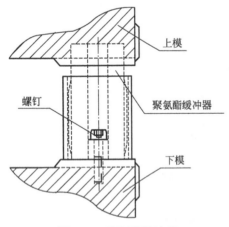

图 7-56 聚氨酯缓冲器

图 7-57 聚氨酯缓冲器的两种类型

表 7-17 聚氨酯缓冲器具体尺寸   mm

聚氨酯			行程挡管					螺栓	颜色
D	L	d	D_1	L_1	d_1	d_2	t		
40	80	14	60.5	60	52.9	9	3.8	M8×45	红色 黄色
50	110		89.1	85	80.7		4.2		
70			101.6		93.2				
90	140	22	139.8	110	130.8	14	4.5	M12×45	
100			152.5		142.5		5.0		

① 聚氨酯缓冲器有以下特点：
a. 单次成本低。
b. 能安全地保护模具。
c. 使用周期不长。
d. 所承受的力量比较低。

② 聚氨酯缓冲器的两种类型，如图7-57所示，颜色有红色和黄色。

(2) 限位套管

限位套管一般应用于汽车覆盖件模具的卸料板、压边圈及类似部件的限位。该元件可以替代限位螺栓使用。限位行程比工作行程大20mm。限位套管一般有两种结构形式：一种不带减振元件；另一种带减振元件。

① 不带减振元件的限位套管结构形式如图7-58所示，其尺寸规格见表7-18。

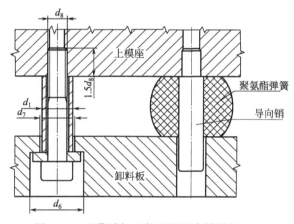

图7-58 不带减振元件的限位套管结构形式

表7-18 不带减振元件的限位套管尺寸规格　　　　mm

d_1	d_6	d_7	d_8	拧紧力矩/N·m
13	22	15	M8	25
16	28	18	M10	49
20	34	22	M12	86
25	42	27	M16	210
30	50	32	M20	410
36	60	38	M24	670

② 带减振元件的限位套管结构形式如图7-59所示，其尺寸规格见表7-19。

表7-19 带减振元件的限位套管尺寸规格　　　　mm

d_1	d_6+1	d_7	d_8	拧紧力矩/N·m
13	38	15	M8	25
16	42	18	M10	49
20	47	22	M12	86
25	58	27	M16	210
30	65	32	M20	410
36	80	38	M24	670

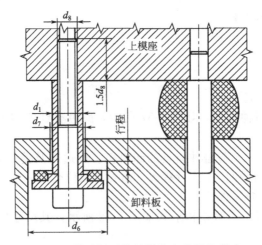

图 7-59 带减振元件的限位套管结构形式

③ 材质：限位套管为 SPCC，聚氨酯块为 SGP，硬度为肖氏 A90。

(3) 氮气弹簧

在要求比较高的模具中使用氮气弹簧，如图 7-60 所示。其特点是：

① 单次成本高。
② 使用周期长，比一些模具的寿命还长。
③ 能长期有效地保护模具。
④ 所承受的力比较高。
⑤ 可回收利用（详见 7.4.3 氮气弹簧）。

(4) 弹性限位装置的适用范围

聚氨酯缓冲器、限位套管和氮气弹簧适用于所有的汽车覆盖件模具。

7.5.2 刚性限位装置

定义：当模具到位后，冲压过程已完成，为了不损伤模具而采用的一种保护措施。这种装置主要有（行程）限位块。

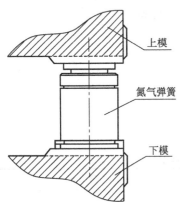

图 7-60 在模具中使用氮气弹簧

模具限位块主要包括：模具上、下模之间的限位，如拉延模中的镦死块（大小规格统一为 100mm×50mm×40mm）等；卸料板与上模之间的限位；卸料板与下模之间的限位；齿形限位块。

(1) 行程限位块

① 行程限位块的结构形式如图 7-61 所示，其尺寸规格见表 7-20。

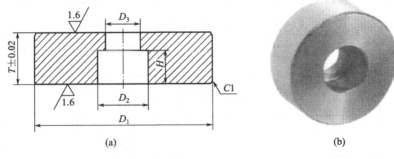

图 7-61 行程限位块

表 7-20　行程限位块尺寸规格　　　　　　　　　　　　　　　mm

D_1	D_2	D_3	T	H	颜色	螺钉规格
40	17.5	11.5	20	12	红色	M10×20
			30	14		M10×30
50	17.5	11.5	20	12		M10×20
			30	14		M10×30
60	17.5	11.5	20	12	黄色	M10×20
			30	14		M10×30
			40	20		M10×35
			50	25		M10×40
70	20	13.5	20	12	正常	M12×20
			30	14		M12×30
			40	20		M12×35
			50	25		M12×40

② 行程限位块一般布置在模具的四个角上，最少布置四个。在手动生产时，限位块需要考虑工序件放入和取出的方便性，不得高于型面。限位块如果作调压块使用，如图 7-62 所示，其间距见表 7-21。

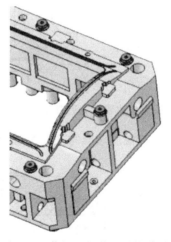

图 7-62　作调压块使用的限位块

表 7-21　作调压块使用的限位块间距　　　　　　　　　　　　mm

模具长度	设计间距	螺钉规格
至 2500	200	M12×35
2501～3200	300	M12×35
≥3201	400～600	M12×55

③ 材料：一般用 45 钢制作。
④ 表面处理：四氧化三铁保护膜。
⑤ 对限位块的一般要求：
a. 必须保证 80% 的面积相接触。
b. 限位块下的垫片不超过两片。

c. 限位块下垫片必须略小于限位块，安装后垫片边缘不超出限位块的外边缘。
d. 对限位块编号防错。
e. 限位块下应为实心体或加强筋。

经验

➢ 拉延模一般不设计行程限位块，采用平衡块，安装在上模座与压边圈之间。后工序模具原则上必须设计行程限位块。

➢ 规格中 T 根据设计行程确定，以保证模具在存放状态下弹性元件不被压缩为标准。

实例 图 7-63 所示是限位块放置在压边圈与压力机滑块之间。

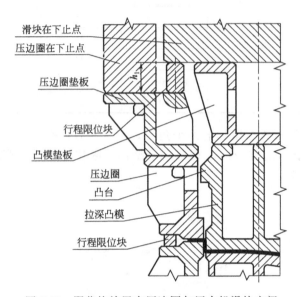

图 7-63 限位块放置在压边圈与压力机滑块之间

实例 图 7-64 所示是限位块放置在压边圈与凸模垫板之间。

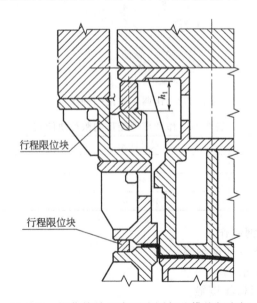

图 7-64 限位块放置在压边圈与凸模垫板之间

> 用在液压压力机上的汽车覆盖件模具在压边圈和滑块之间（或压边圈和凸模之间）必须有限位块。在机械式拉深压力机中必须把限位块拆下。

(2) 卸料板与上模之间的限位

图 7-65 所示是卸料板与上模之间的限位，图 7-66 所示是局部放大图。冲头根部与卸料板的空隙距离 h_1 应尽量设计成比 h_2 大。在大、中型模具中，当 $h_1 > h_2$ 时，则在模具底板和卸料板间配置限位块。增加限位块的目的是防止模具上模在翻转时，卸料板重量压在冲头上，造成冲头损坏或位置变动。限位块同样适用于弹簧驱动的卸料板。限位块固定在下落方向。

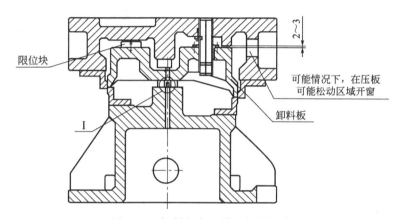

图 7-65　卸料板与上模之间的限位

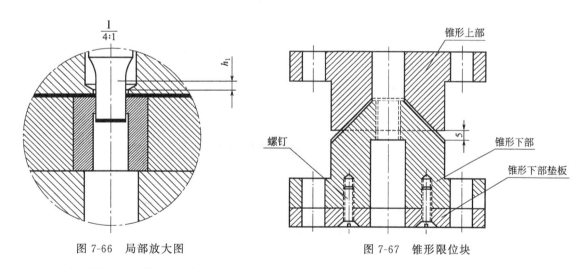

图 7-66　局部放大图　　　　　图 7-67　锥形限位块

(3) 卸料板与下模之间的限位

对于汽车外覆盖件模具的卸料板与凸模之间的间隙要求均匀，仅靠导板满足不了要求。因此，目前在中高档外覆盖件模具的设计与制造时，都设计了锥形限位块，主要应用在斜楔模具中。有斜楔藏在压料芯里面的模具结构，需要设计锥形限位块，如图 7-67 所示。数量视模具大小而定，每副模具设置 3~4 个锥形限位块。主要作用是：

① 防止在未放工序件的情况下，悬吊斜楔上冲头或刀口由于干涉损坏。

② 使模具的研配精度受压力机平衡度的影响降至最低，增加模具在不同压力机上互换

时压料芯的导向精度。

③ 便于钳工在装配冲头时可以按照有料厚状态进行冲头和凹模套间隙的调整。

④ 材质：Cr12，热处理硬度 58～62HRC。

实例 锥形限位块在模具中的应用如图 7-68 所示。

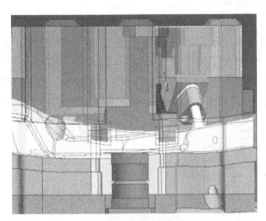

图 7-68 锥形限位块在模具中的应用

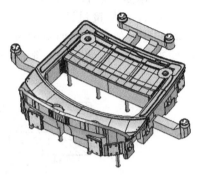

图 7-69 锥形限位块的设置

经验

➢ 锥形限位块为模具研配基准，不能对锥形限位块研配。

实例 当锥形限位块在型腔内无法布置时，按图 7-69 所示结构设置。

(4) 齿形限位块

齿形限位块，一般多用于外板件压边圈的限位，如图 7-70 所示，图 7-71 所示的是 A 向视图。

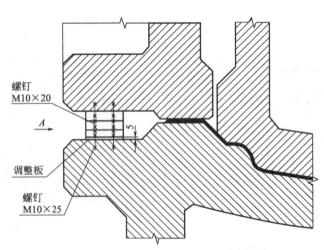

图 7-70 齿形限位块的应用

① 齿形限位块每齿 0.02mm。

② 安装时，长孔总是朝外，打上清晰可见的标记。

0：在中间的基础位置（用手动研磨枪磨出符号"0"）。

＋：往右调整为正。

－：往左调整为负。

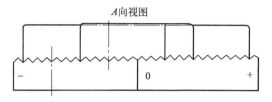

图 7-71 A 向视图

③ 调节范围：槽数为 12 时，每条槽之间的高度差为 0.02mm，即得出调节范围为 0.24mm，最小支承面积为 80mm×60mm；槽数为 14 时，每条槽之间的高度差为 0.02mm，即得出调节范围为 0.28mm，最小支承面积为 100mm×80mm。

经验

➢ 压力机到下止点时，限位块压实。限位块安装时上下不能装反，长圆孔要靠外。

7.5.3 运动件的限位

① 使用卸料螺钉限位。

② 使用侧销限位。侧销所起的作用与卸料螺钉相同。因其安装在模具的侧面，因此比卸料螺钉安全和方便。

现在很多模具制造厂家都优先选用侧销，其次是侧销与卸料螺钉结合使用，最后才是仅用卸料螺钉。其方便之处在于：

a. 拆装模具比较方便。

b. 模具在压力机上便可修模。因为当模具在下止点时，把侧销插入卸料板的孔后，用侧销挡板锁住侧销。这样工作零件露出压料面，就可修模。

③ 使用行程压板或行程挡块限位。

④ 斜楔模具中用于斜楔滑块与滑块座之间。如前面提到的滑块回程限位块，其也分为刚性和弹性限位块。图 7-61 所示的滑块行程限位块，既起缓冲作用又起限位及消音作用。

(1) 侧销

侧销可分为工作侧销和安全侧销两种，一般每副模具使用数量为 4 个（较小的模具可使用 2 个）工作侧销和 2 个安全侧销。工作侧销的选用依据主要应根据卸料板的重量，见表7-22。

表 7-22 工作侧销的选用　　mm

卸料板重量 g \ 侧销直径 m	32	40	50	56	63
100	2	—	—	—	—
250	2	—	—	—	—
500	3	—	—	—	—
750	3	—	—	—	—
1000	4	—	—	—	—
1250	4	—	—	—	—
1500	—	4	—	—	—
1750	—	4	—	—	—

续表

侧销直径 mm 卸料板重量 g	32	40	50	56	63
2000	—	4	—	—	—
2500	—	—	4	—	—
3000	—	—	4	—	—
3500	—	—	—	4	—
4000	—	—	—	4	—
4500	—	—	—	4	—
5000	—	—	—	—	4

从表7-22可以看出，卸料板超过5t的，按照最大的标准设计，即侧销直径为63mm。

① 工作侧销　图7-72所示是工作侧销，具体尺寸见表7-23。

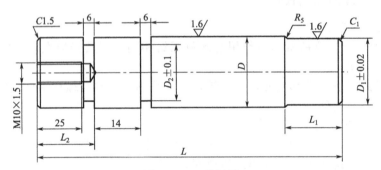

图7-72　工作侧销

表7-23　工作侧销的具体尺寸　　　　　　　　　　　mm

D	D_1	D_2	L				L_1	L_2	冲击负载/N(kgf)
32	30	22	131	151	171		25	32	10493(1070)
40	38	30	136	156	176	196	30		22182(2160)
50	48	40		166	186	206	40		41286(4210)
63	61	50			196	216	236	50	60703(6190)

注：负载（kgf）=负载（N）×0.101972。

② 安全侧销　图7-73所示是安全侧销，具体尺寸见表7-24。

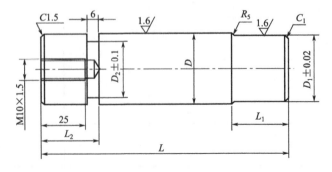

图7-73　安全侧销

表 7-24 安全侧销的具体尺寸　　　　　　　　　　　　　　　mm

D	D_1	D_2	L					L_1	L_2
32	30	22	117	137	157			25	32
40	38	30	122	142	162	182		30	
50	48	40		152	172	192		40	
63	61	50			182	202	222	50	

③ 工作侧销和安全侧销的设计原则

a. 工作侧销,如图 7-74 所示,具体尺寸见表 7-25。

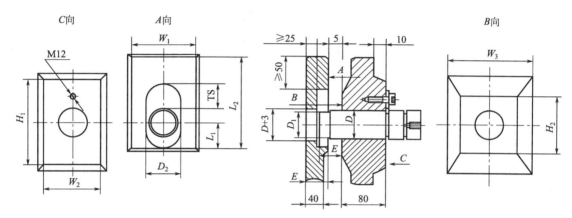

图 7-74　工作侧销

表 7-25　工作侧销的具体尺寸　　　　　　　　　　　　　　　mm

D	D_1	E	H_2	W_3	L_1	W_1	D_2	H_1	W_2
32	30	25	90	90	40	90	36	120	90
40	38	30	100	100	50	110	50	130	100
50	48	30	120	120	60	130	60	140	120
63	61	35	140	140	70	160	70	150	140

b. 安全侧销,如图 7-75 所示。

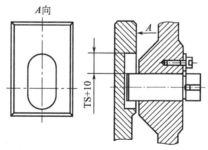

图 7-75　安全侧销

c. 工作侧销和安全侧销并排设计,如图 7-76 所示。图 7-77 所示的是空间不足时的设计要求。

d. 工作侧销和安全侧销使用的材质为 S45C,调质处理,表面有四氧化三铁保护膜。

示例　侧销的应用如图 7-78 所示。

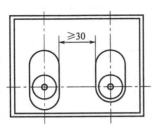

图 7-76 工作侧销和安全侧销并排设计

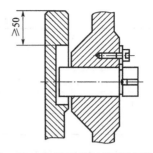

图 7-77 空间不足时的设计要求

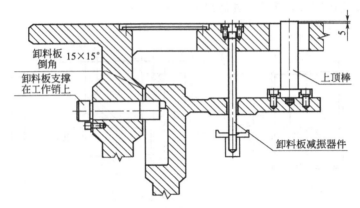

图 7-78 侧销的应用

(2) 限位螺栓

限位螺栓（行程）如图 7-79 所示，具体尺寸见表 7-26。

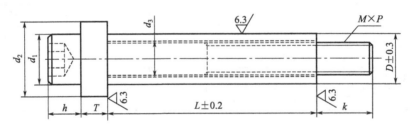

图 7-79 行程限位螺栓

表 7-26　行程限位螺栓尺寸　　　　　　　　　　　　　　mm

D	d_1	d_2	d_3	h	T	$M×P$	k	L
25.4	24	36	17.4	16	13	16×2	27	100,110,120,130,140,150,160,170,180,190,200,210,
31.8	30	45	21.8	20	16	20×2.5	34	220,230,240,250,260,270,280,290,300

① 其作用与侧销类似。

② 行程 H＝卸料板行程（工作用），行程 H＝卸料板行程＋20mm（安全用）。

③ 限位螺栓在同一模具部件内使用时要求规格统一，安全和工作的 H 高度通过加工面的高度控制，如图 7-80 所示。

(3) 行程压板和行程挡块

除了侧销和限位螺栓，运动件的限位有时使用行程压板或行程挡块。

① 行程压板　原则上不允许采用，只是在侧销和限位螺栓都无法使用时才采用，如图 7-81 所示。

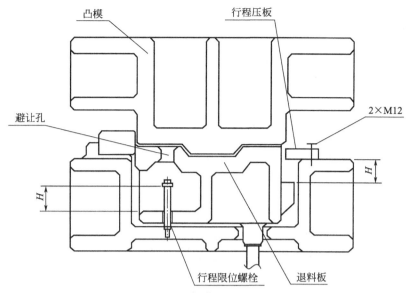

图 7-80 限位螺栓的高度控制

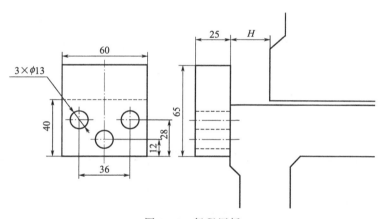

图 7-81 行程压板

② 行程挡块　在斜楔等有复位机构的结构中需设计行程挡块，如图 7-82 所示。

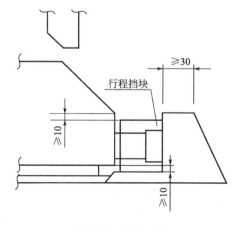

图 7-82 行程挡块

7.6 起吊件

起吊件是模具中用于模具方便搬运的部件。主要的注意事项是安全,每一种起吊件都有不同的使用方法及范围。除了 2.13.1 模具吊耳和吊棒及 2.13.2 铸造式圆吊耳外,本节继续介绍其他的起吊件。

7.6.1 用于板式零件的起吊件

① 用于板式零件起吊的零件主要有起吊螺栓等,如图 7-83 所示,其尺寸规格见表 7-27。

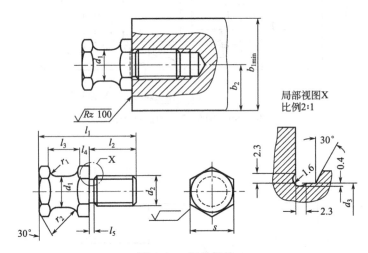

图 7-83 起吊螺栓

表 7-27 起吊螺栓尺寸   mm

承载力/kg	d_1 ±0.1	d_2	d_3 h11	l_1 ±1	l_2 ±0.5	l_3	l_4	l_5	r_1	r_2	s	$b_1$min	b_2
250	16	M16	12	58	28	20	5	3	5	8	24	48	30
500	20	M20	16	68	34	22	6	3	5	8	30	60	35
1000	25	M24	19	78	38	25	8	4	6	10	36	70	38
1500	32	M30	24	95	45	32	10	5	6	10	41	80	40
2500	40	M36	30	118	56	40	12	5	8	12	50	98	45

② 其安装方式为:用螺纹直接与板形零件相连接,螺栓应经常检查是否扭紧。

③ 其承载力的大小完全按螺栓的大小、数量、连接的长度及强度来决定,所以起吊螺栓的强度必须保证。

7.6.2 用于铸件的起吊件

(1) 吊棒组件

吊棒组件的应用如图 7-84 所示。

① 吊棒 结构如图 7-85 所示,其尺寸规格见表 7-28。

材料:45 钢或 42CrMoS4。

热处理:40~45HRC。

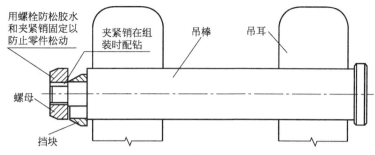

图 7-84 吊棒组件

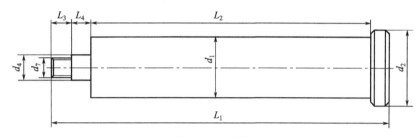

图 7-85 吊棒

表 7-28 吊棒结构尺寸　　mm

承受重量/kg	d_1(h11)	d_2	d_4(h11)	d_7	L_1 +1.0	L_2 +1.0	L_3 +0.2	L_4 +0.2
≤3200	32	40	M10	M10	190	160	10	10
≤5000	40	50	M12	M12	225	188	13	14
≤8000	50	60	M16	M16	273	230	15	17
≤12500	63	75	M24	M24	347	295	20	18
≤31500	76	95	M36	M36	402	340	27	20

经验

➤ 吊棒与吊杆衬套的间隙要求最少 2mm。

② 挡块　结构如图 7-86 所示，其尺寸规格见表 7-29。

表 7-29 挡块结构尺寸　　mm

承受重量/kg	d_1(h11)	d_5	d_6(h12)	L_5+0.2
≤3200	32	24	21	9
≤5000	40	30	28	13
≤8000	50	38	36	15
≤12500	63	48	45	17
≤31500	76	60	56	19

材料：45 钢或 42CrMoS4。

③ 螺母　结构如图 7-87 所示，其尺寸规格见表 7-30。

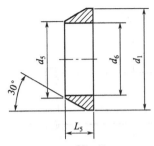

图 7-86 挡块

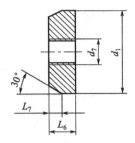

图 7-87 螺母

表 7-30 螺母结构尺寸　　　　　　　　　　　　mm

承受重量/kg	d_1(h11)	d_7	$L_6+0.2$	L_7
≤3200	32	M10	10	5
≤5000	40	M12	13	6
≤8000	50	M16	16	7
≤12500	63	M24	20	8
≤31500	76	M36	27	9

材料：45 钢或 42CrMoS4。

(2) 吊杆衬套

图 7-88 所示是吊杆衬套应用，吊杆衬套尺寸见表 7-31。

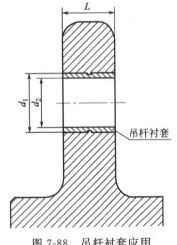

图 7-88 吊杆衬套应用

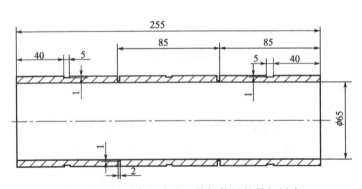

图 7-89 针对直径为 ϕ63 吊杆使用的吊杆衬套

表 7-31 吊杆衬套尺寸　　　　　　　　　　　　mm

d_1	d_2	L	槽的数量	使用数量
44	34	45	1	8
52	42	55	1	8
62	52	65	1	8
65	65	85	1	8
88	88	105	2	8

图 7-89 所示是针对直径为 $\phi63$ 吊杆使用的吊杆衬套,采用 $\phi76$ 钢管加工制造。

经验

➢ 吊杆衬套应用的方法是将吊杆衬套放入铸造用泡沫的上模(或下模)吊杆衬套孔中,待铸造完成后,将多余段敲下。

材质:45 钢。

(3) 短规格吊耳(也称板式吊耳)

① 短规格吊耳结构如图 7-90 所示,其尺寸规格见表 7-32。

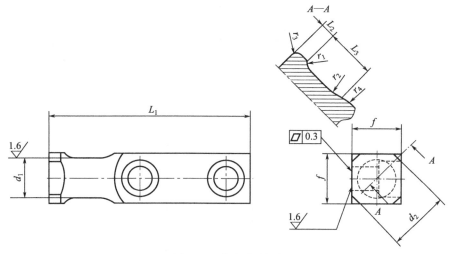

图 7-90 短规格吊耳

表 7-32 短规格吊耳尺寸　　　　　　　　　　　　mm

模具重量/kg	d_1	d_2	L_1	L_2	L_3	r_1	r_2	r_3	r_4	f	嵌入深度
640	16	24	80	6	20	6	10	3	12	20	6
1260	20	30	90	8	25	8	12			25	8
2500	25	40	100		30	10	15		15	35	10
4000	32	50	120	10	32				20	40	
6400	40	60	140		40	12.5	20			50	12
10000	50	70	160	12	45			5	25	60	14
16000	63	90	200		50	15	25		35	80	16
25000	80	110	250	15	65	20	35		45	100	18
40000	100	130	300		80	25	40		55	120	20

材质:45 钢或 42CrMo4,调质至 700~800MPa。

技巧

➢ 吊耳起重能力应按两个吊耳能吊起整套模具重量来计算。

➢ 固定螺钉用扭矩扳手拧紧(拧紧值见表 7-33),螺钉加锁紧胶水。

② 表 7-32 中序号 1~6 的吊耳的螺钉布置如图 7-91 所示,其尺寸规格见表 7-33。

③ 表 7-32 中序号 7~9 的吊耳的螺钉布置如图 7-92 所示,其尺寸规格见表 7-33。

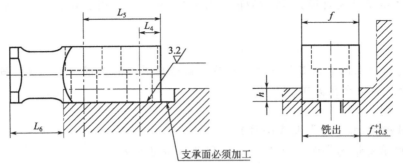

图 7-91　序号 1~6 的吊耳的螺钉布置

表 7-33　吊耳的螺钉布置尺寸　　　　　　　　　　　mm

序号	d_3	d_4	L_4	L_5	L_6	t	f	沉头螺钉	数量	扭矩/N·m
1	9.5	14.5	10	44	26	9	20	M8×30	2	23
2	11.5	17.5	10	47	33	11	25	M10×35	2	26
3	14	20	12	50	38	13	35	M12×40	2	79
4	18	26	16	62	42	17.5	40	M16×55	2	195
5	23	33	18	72	50	21.5	50	M20×70	2	390
6	27	39	22	81	57	25.5	60	M24×70	2	670
7	23	33	20	98	62	21.5	80	M20×100	4	390
8	27	39	25	125	80	25.5	100	M24×110	4	670
9	33	48	30	155	95	32	120	M30×130	4	1350

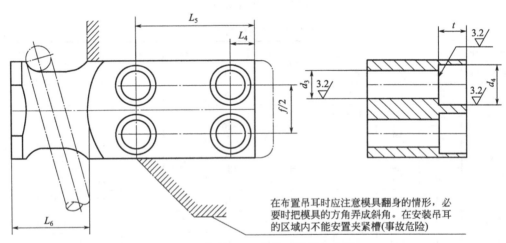

图 7-92　序号 7~9 的吊耳的螺钉布置

(4) 分体铸造式吊耳

分体铸造式吊耳结构如图 7-93 所示，其结构尺寸见表 7-34。

表 7-34　分体铸造式吊耳结构尺寸　　　　　　　　　　　mm

每根吊棒承载力/kg	d_1	d_2	d_3	d_4 -0.5	L_1 -1	L_2	L_3 -1	L_4 $±0.5$	L_5 $+1$	r_1 $+0.5$	r_2	r_3
400	20	40	22	30	80	45	51	71	15	3	10	6
630	25	50	30	40	94	60	66	86	20	4	10	7

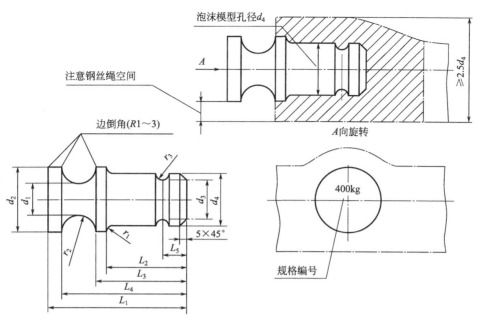

图 7-93 分体铸造式吊耳结构

> **经验**

➢ 吊耳的高度位置一般要求设计在上、下模的高度中间位置。

(5) 起吊螺纹孔及吊环

起吊螺纹孔及吊环结构如图 7-94 和图 7-95 所示，其尺寸规格见表 7-35。

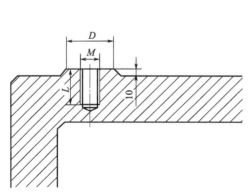

图 7-94 起吊螺纹孔

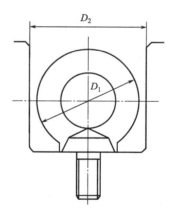

图 7-95 吊环

表 7-35 起吊螺纹孔及吊环尺寸 mm

M	M8	M10	M12	M16	M24	M36
L	20	25	30	40	60	90
D	30	35	40	45	50	60
D_1	36	45	54	63	90	126

图 7-95 所示的吊环如果出现需避让的情况，则避让孔 D_2 比吊环最小要大 20mm，即 $D_2 \geqslant D_1 + 20$mm。

吊环螺钉的标准号是 GB825—88。

不同情况下的吊环螺钉承载能力见表 7-36。

表 7-36　不同情况下的吊环承载能力

简图	G	G G	G	G G	α G	α G
起吊点	1	2	1	2	2	3 或 4
起吊角度	0°		90°		0°～45° | 45°～60°	0°～45° | 45°～60°
螺纹	承载能力/t					
M12	1.0	2.0	0.6	1.2	0.8 | 0.6	1.3 | 0.9
M16	1.5	3.0	1.3	2.6	1.8 | 1.3	2.7 | 2.0
M20	2.5	5.0	2.0	4.0	2.8 | 2.0	4.2 | 3.0
M24	4.0	8.0	3.5	6.7	4.9 | 3.5	7.4 | 5.3
M30	10	20	5.0	10	7.0 | 5.0	10.5 | 7.5
M36	13	26	8.0	16	14 | 10	21.2 | 15
M42	15	30	10	20	20 | 14	31.5 | 22.5
M45	20	40	15	30	21 | 15	42 | 30
M48	22.4	45	20	40	28 | 20	48 | 36

注：图中 α≤60°。

经验

➢ 在 45°起吊时残留安全载荷重 30%，而在 90°起吊时残留安全载荷重 25%。因此，建议使用侧向旋转吊环螺钉。

技巧

➢ 起吊螺纹孔除了和吊环螺钉配合使用外，还可以和起吊螺栓配合使用。

➢ 同一副模具上的起吊螺纹孔应保持一致。

➢ 模具上的铸、锻件重量超过 30kg 的，应根据不同情况加工起吊螺纹孔。

➢ 模具设计时需考虑钢丝绳在模具起吊或翻转时，不应该出现急剧折弯的现象。

➢ 卸料板或镶块的起吊需考虑受力的平衡（主要是不对称时）。

7.7　顶杆

7.7.1　上顶杆

有上气垫的压力机可以使用上顶杆作为压力源，上顶杆安装方式如图 7-96 所示。

顶杆长度大于 300mm 时，上模座顶杆通过孔为钻孔；顶杆长度小于 300mm 时，上模座顶杆通过孔为自由浇注孔，直径为 φ80mm，如图 7-97 所示。

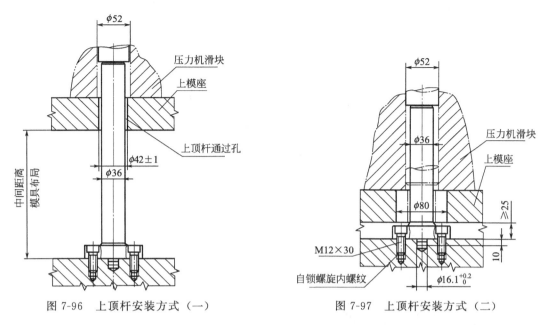

图 7-96 上顶杆安装方式（一）　　　　　图 7-97 上顶杆安装方式（二）

上顶杆有 5 种规格，图 7-98 所示为规格 1。图 7-99 所示为规格 2。

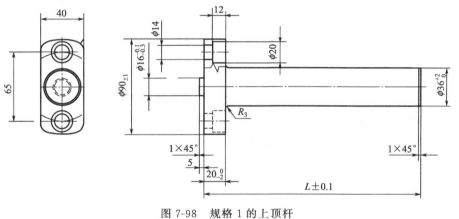

图 7-98 规格 1 的上顶杆

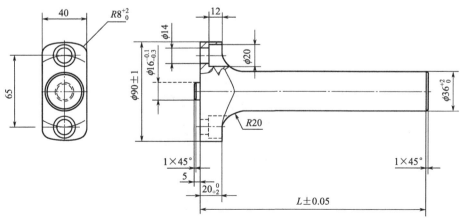

图 7-99 规格 2 的上顶杆

图 7-100～图 7-102 所示的分别为规格 3、规格 4 和规格 5 上顶杆的头部视图。

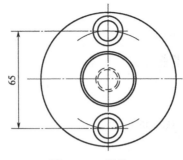

图 7-100　规格 3

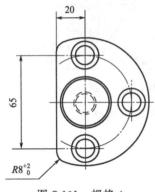

图 7-101　规格 4

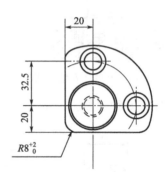

图 7-102　规格 5

7.7.2　顶杆腿

拉延工序及后工序模具使用的顶杆腿组件如图 7-103 所示。

① 压力机顶杆要求全顶出时，有

$$L_2 = S_1 - S_2 - 10 \text{（mm）} \tag{7-2}$$

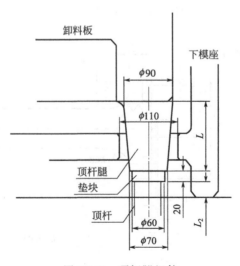

图 7-103　顶杆腿组件

② 压力机顶杆高度可调时，有

$$L_2 = S_1 - L - 10 \text{ (mm)} \tag{7-3}$$

式中　S_1——压力机气垫顶出行程，mm；
　　　S_2——拉延深度，mm。

③ 当 $L > 200$mm 时，可采用如图 7-104 所示结构。

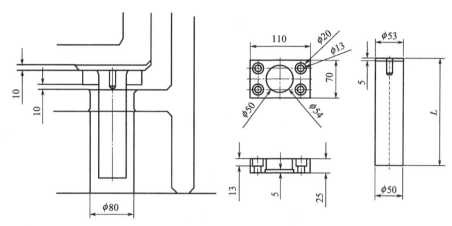

图 7-104　当 $L > 200$mm 时可采用的结构

7.8　其他零件

7.8.1　拉延模排气管

拉延模排气管如图 7-105 所示。

实例　拉延模排气管的应用如图 7-106 所示。

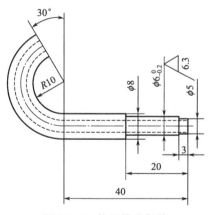

图 7-105　拉延模排气管

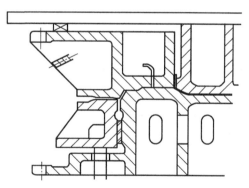

图 7-106　拉延模排气管的应用

有两种材料制成的拉延模排气管，一种是黄铜（C2600T），另一种是聚氨酯，肖氏硬度 A90，此时的 ϕ6mm 尺寸的上偏差为 +0.2。

经验

➤ 安装时，使用环氧树脂系列粘接剂固定。

7.8.2 运输连接板（搬运固定板）

① 考虑模具的运输，要求所有模具必须设计运输连接板。
② 模具左右两侧各设置两个安装运输连接板的平台。
③ 运输连接板设计要求：
连接板长度

$$L = L_1 + 40 + 40 + S + 20 \tag{7-4}$$

式中　S——卸料板或其他与模具有相对运动行程部件的行程，取最大值。

式中其他符号的意义如图 7-107 所示。

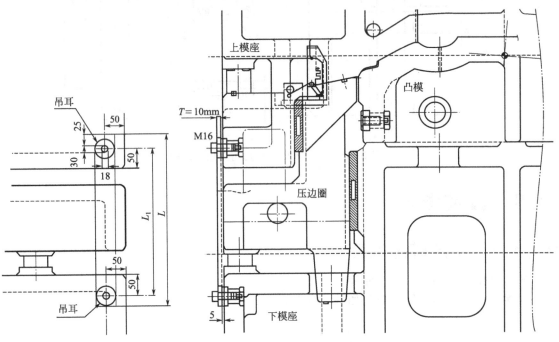

图 7-107　运输连接板设计要求

④ 运输连接板结构如图 7-108 所示，其尺寸参数见表 7-37。

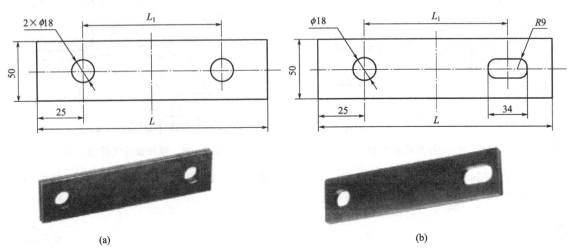

图 7-108　运输连接板

表 7-37 运输连接板尺寸参数　　　　　　　　　　　　mm

L	L_1	厚度
200	120,125,130,135,140,145,150	10
250	170,175,180,185,190,195,200	
300	220,225,230,235,240,245,250	
350	270,275,280,285,290,295,300	
400	320,325,330,335,340,345,350	

7.9 轿车后门外板拉延模工作侧销及安全侧销零件设计实例

工件名称：轿车后门外板。
生产批量：大批量。
制件尺寸：2335mm×1445mm×203mm。
制件材料：CR210B2。
材料厚度：0.65mm。

7.9.1 确定工作侧销的直径

工作侧销的使用有两种形式：一是不带阻尼器，如图 7-109 所示；二是带有阻尼器，如图 7-110 所示。

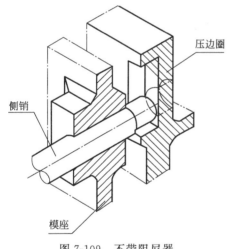

图 7-109 不带阻尼器

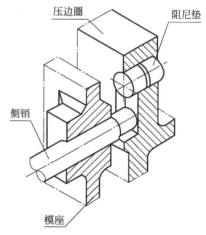

图 7-110 带阻尼器

轿车后门外板拉延模压边圈（见图 7-111）设计采用的是不带阻尼器的结构，因此工作侧销零件直径应根据表 7-38 来确定，即根据移动部件的重量（指压边圈），来确定工作侧销的直径。

表 7-38 移动部件的重量与工作侧销直径的关系

移动部件的重量/kg	D/mm	D_1/mm
$m \leqslant 130$	20	18
$130 < m \leqslant 300$	25	23
$300 < m \leqslant 500$	32	30

续表

移动部件的重量/kg	D/mm	D_1/mm
500＜m≤700	40	38
700＜m≤1200	50	48
1200＜m≤1900	63	61
1900＜m≤4100	80	78

注：D 与 D_1 的含义见图 7-72。

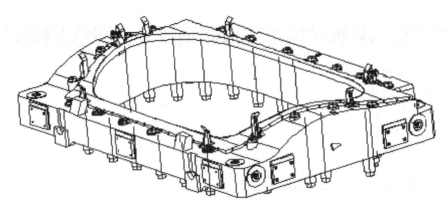

图 7-111 轿车后门外板拉延模压边圈

该压边圈的重量为 1180kg，查表 7-38 确定工作侧销的直径为 $D=50$mm，$D_1=48$mm。

7.9.2 确定工作侧销和安全侧销的数量

(1) 计算压边圈的动能

根据公式

$$EC = 1/2\, mv^2 \text{ (J)} \tag{7-5}$$

式中　EC——移动部件的动能，J；
　　　m——移动部件的质量，kg；
　　　v——移动部件的速度，一般取 0.5m/s。

轿车后门门外板拉延模压边圈的重量为 1180kg，移动速度 $v=0.5$m/s，代入式(7-5)中得到

$$EC = 1/2\, mv^2 = 1/2 \times 1180 \times 0.5^2 = 147.5\text{J}$$

(2) 确定使用工作侧销的数量

根据公式

$$\text{工作侧销数量} \geq EC/EC1 \tag{7-6}$$

式中　$EC1$——一个工作侧销所能承受的动能，焦耳 J。

查表 7-39 得到 $EC1=50$J。

表 7-39 工作侧销直径与一个工作侧销所能承受动能的关系

工作侧销直径/mm	$EC1$/J	工作侧销直径/mm	$EC1$/J
25	7	50	50
32	15	63	90
40	30	80	90

将 EC=147.5 和 EC1=50 代入式(7-6) 得

工作侧销数量≥EC/EC1=147.5/50=2.95≈3

根据模具结构和物体平衡原理，确定使用 4 根 φ50mm 的工作侧销。

(3) 确定使用安全侧销的数量

根据经验，确定采用与工作侧销同等规格的 2 根安全侧销。

7.9.3 工作侧销和安全侧销的零件图

根据 7.9.2 的计算结果，结合表 7-23 和表 7-24，最终设计完成轿车后门外板拉延模采用的工作侧销和安全侧销的零件图，如图 7-112 和图 7-113 所示。

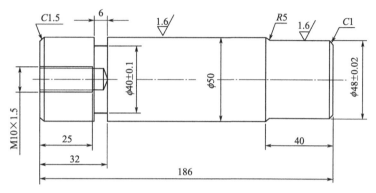

图 7-112 工作侧销

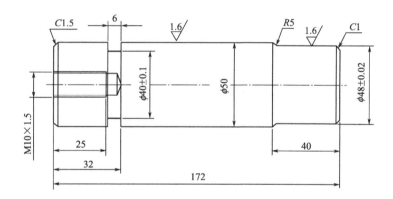

图 7-113 安全侧销

参 考 文 献

[1] JB/T 9176—1999 冲压件材料消耗工艺定额编制方法.
[2] GB/T 13914—2002 冲压件尺寸公差.
[3] GB/T15055—2007 冲压件未注公差尺寸极限偏差.
[4] GB/T 1804—2000 一般公差　未注公差的线性和角度尺寸的公差.
[5] 《模具实用技术丛书》编委会编. 冲模设计应用实例. 北京：机械工业出版社，2003.
[6] 《冲模设计手册》编写组编著. 冲模设计手册. 北京：机械工业出版社，2003.
[7] 《现代模具技术》编委会编. 汽车覆盖件模具设计与制造. 北京：国防工业出版社，1998.
[8] 崔令江编著. 汽车覆盖件冲压成型技术. 北京：机械工业出版社，2003.
[9] 廖伟编著. 冲模设计技法及典型实例解析. 北京：化学工业出版社，2012.